多语背景下新疆哈萨克族语言使用变异研究

A Study of Language Usages and Variations among Kazakhs in the Multilingual Context of Xinjiang

曹湘洪 著

科学出版社
北京

内 容 简 介

本书以新疆哈萨克族语言使用变异为研究对象，以社会语言学、文化人类学、社会心理学、跨文化交际学、实验语音学等学科的基本理论和研究方法为指导，采用定性和定量结合的方法，探讨了由于汉语影响所导致的哈萨克语在语言不同层面和不同语域中变化的总趋势与语言特征，以及社会变量与语言使用变异之间的相互关系。

本书对社会语言学的语言变异理论、跨文化交际理论及第二语言习得理论有着积极的参考价值，同时为新疆语言生态的掌握及语言规划的完善提供了强有力的智力支持。

图书在版编目（CIP）数据

多语背景下新疆哈萨克族语言使用变异研究 / 曹湘洪著.
—北京：科学出版社，2015.12
ISBN 978-7-03-046941-0

Ⅰ. ①多… Ⅱ. ①曹… Ⅲ. ①哈萨克语（中国少数民族语言）–民族语言学–研究　Ⅳ. ①H236

中国版本图书馆 CIP 数据核字（2015）第 310387 号

责任编辑：王洪秀 / 责任校对：郑金红
责任印制：肖　兴 / 封面设计：铭轩堂

科 学 出 版 社 出版
北京东黄城根北街 16 号
邮政编码：100717
http://www.sciencep.com

中国科学院印刷厂 印刷
科学出版社发行　各地新华书店经销

*

2015 年 12 月第 一 版　开本：A5（890×1240）
2015 年 12 月第一次印刷　印张：6 3/4
字数：214 000

定价：78.00 元
（如有印装质量问题，我社负责调换）

教育部人文社会科学研究一般项目"新疆哈萨克族语言使用及语言演变研究"（批准号：10YJA740008）的最终成果

新疆师范大学自治区重点学科"课程与教学论"建设经费资助出版

新疆师范大学博士点支撑学科"中国语言文学"建设经费资助出版

新疆师范大学自治区重点学科"课程与教学论"研究成果

新疆师范大学博士点支撑学科"中国语言文学"研究成果

前　言

　　语言接触与语言变化是密不可分的，语言接触是语言演变和发展的原动力之一。随着全球一体化进程的深入，不同民族之间的接触越来越频繁，语言的接触所带来的语言变异也越来越明显，并具有多样性和复杂性。因此，多语环境下的语言使用和语言变异已成为我国学界一项重要研究内容，同时也是政府和相关机构关注的一个重要社会现象。

　　本书以新疆哈萨克族语言使用变异为研究对象，以社会语言学、文化人类学、社会心理学、跨文化交际学、实验语音学等学科基本理论和研究方法为指导，以巴里坤哈萨克自治县及乌鲁木齐市为样板地，分析和讨论了①哈萨克族语音变异特征及代际之间的语音变异差异；②哈萨克语文字中的借词词源种类、借用方式及哈萨克族人对外来词的认可程度；③哈萨克族哈-汉语码转换语言特点及转换限制；④哈萨克族在日常交际中的语言使用变异状况，以及居住格局、语域、年龄、性别、收入、文化程度、教育类型、居住环境等因素对该民族语言生活的影响；⑤该民族未来的语言使用和演化趋势。研究结果表明：第一，语音层面。①与汉语发音类似的五个哈语元音/æ/、/ɑ/、/u/、/o/和/y/出现向汉语/ɛ/、/a/、/u/、/o/和/y/靠拢的趋势，并有不同程度的变异；哈语辅音/r/出现弱化，清音/t/继续保留。哈语 C-V-C 音节出现了在以/k/和/qʰ/结尾的词后增加音节的倾向。②哈语语音变异与代际有明显的相关性。祖代哈语语音保持不变；父代哈语语音出现既有保持，又有变化；孙代哈语语音明显向汉语语音靠拢。第二，词汇层面。①哈萨克语种的借词主要来源自四种语言，分别是阿拉伯语、俄语、波斯语和汉语，其中来自阿拉伯语的借词数量最大。②哈萨克语种的借词主要存在四种借入方式，即音译、意译、混合和兼译。其中，音译借词所占数量最大，而意译借词所占数量最小。③实义词是哈萨克语借词的主要组成部分，名词借词的数量最大，和生活用品有关的借词数量最多。第三，句法层面。①在哈汉句内语码转换中，嵌入的汉语单词数量居首，其次为短语，最次是句子。可以单独转换的汉语内容词素包括名词、动词、形容词、副词及系统词素中的数词和量词；②主体语——哈萨克语的基本语序决定了嵌入的汉语成分在哈汉语码转换句中的特定位置。除补语外，哈汉句内语码转换句中的各句法位置均有汉语单词或短语嵌入，而各句法位置上发生汉语成分转换的比重排序为宾语＞主语和谓语＞状语和定语；③主体语——哈萨克语对嵌入的汉语成分（单词或短语）产生句法形态上的影响，使其发生形态上的变化。其主要表现为汉语名词和名词性短语词尾加上哈萨克语格、复数和领属物词缀，汉语动词和动词性词组发生时态、名词化、形容词化和副词化的形态变化，汉语形容词及形容词词组发生名词格词缀、名词领属物词缀及动词词缀的形态变化。第四，日常会话层面。①首先，哈萨克语仍然是新疆地区哈萨克族人的强势语言。其次，该群体在同一次哈萨克语对话或交谈中兼用汉语的现象逐渐普遍，然而目前汉语使用仍然较低。②在不同居住区内，哈萨克语、哈汉夹杂和汉语的使用量上也有差别。从聚居区到杂居区再到散居区，哈萨克语的使用量呈下降趋势，而哈汉夹杂的使用量呈上升趋势。汉语在杂居区使用量最多，其次是散居区、聚居区。这一现象说明，随着与汉族及其他民族接触频率和接触面的扩大，哈萨克族的使用量逐渐减少，而哈汉夹杂和汉语的量逐渐增大。③哈萨克族人在不同语域中的语言选择模式和整体趋势基本一致，但哈萨克语、哈汉夹杂和汉语的使用量在不同语域中存在差异。在朋友域、工作域和公共场所域中，哈萨克语的使用量逐渐减少，而哈汉夹杂和汉语的使用量在增加，尤其是散居区哈萨克族居民在公共场所域中哈汉夹杂的使用量已经超过了哈萨克语。在社会因素对语言使用变异的影响作用方面，随年龄的增大，哈萨克语的使用量逐渐增大，而哈汉夹杂和汉语的使用量呈现减少的趋势；哈萨克族男性倾向于使用哈萨克语，而哈萨克族女性较多地使用哈汉夹杂和汉语；文化程度高的哈萨克族倾向于使用哈汉夹杂和汉语，而没有文化或者文化程度较低的人则倾向于使用哈萨克语；民考民成员哈萨克语的使用率低于民考汉成员，而民考民成员哈汉夹杂和汉语的使用率低于民考汉；哈萨克语的使用率随着收入水平的增高而呈下降趋势，而哈汉夹杂和汉语呈上升趋势；家中有民考汉成员的使用哈汉夹杂和汉语较多；反之则使用哈萨克语多。通过对各社会因素的影响力对比分析，我们发现，年龄、受教育类型及家中是否有民考汉成员对哈萨克族的语言使用变异有显著的影响作用，而性别、受教育程度及收入对语言使用变异没有显著的影响作用。本研究结果对社会语言学的语言变异理论、跨文化交际理论及第二语言习得理论有着积极的参考价值，同时为新疆语言生态的掌握及语言规划的完善提供了强有力的智力支持。

在本课题研究过程中，廖泽宇、方晓华、马德元、付红军及兰杰五位教授给予了理论及方法上的指导，在此衷心感谢。还要感谢笔者的研究生刘韶华、陈爽、刘娅莉、吴曦 韩蓉五同学分别在哈萨克语音变异分析（第四章）、哈萨克词汇变异分析（第五章）、哈萨克语法变异分析（第六章）及哈萨克语言使用变异分析（第七章）过程中的语料收集、整理分析方面所付出的辛勤努力。感谢新疆师范大学自治区重点学科《课程与教学论》和博士单位建设立项学科《中国语言文学》给予的出版经费资助；最后要特别感谢科学出版社为这本专著的出版所做的一切工作。

曹湘洪
2015 年 11 月 20 日

目 录

前言

第一章 绪论 ·· 1
    第一节 研究缘起及意义 ·· 1
    第二节 研究目标和内容、方法、特色创新 ······························ 5

第二章 哈萨克族概况 ·· 9
    第一节 新疆哈萨克族及其语言生活 ······································ 9
    第二节 新疆哈萨克族民族语言教育及双语教育 ····················· 12

第三章 理论框架及相关研究 ·· 15
    第一节 理论框架 ··· 15
    第二节 国内外语言使用变异的相关研究 ······························ 25
    第三节 前人研究局限性 ·· 44

第四章 哈萨克族语音变异分析 ··· 45
    第一节 引言 ··· 45
    第二节 研究方法 ··· 46
    第三节 结果分析 ··· 47
    第四节 讨论 ··· 66
    第五节 总结 ··· 70

第五章 哈萨克族语词汇变异 ·· 71
    第一节 词汇及借词 ··· 71
    第二节 研究方法 ··· 72

  第三节 结果与讨论 ································· 76
  第四节 总结 ······································· 99

第六章 哈萨克族语法使用变异分析 ···················· 101
  第一节 前言 ······································· 101
  第二节 研究方法 ··································· 102
  第三节 结果与讨论 ································ 103
  第四节 总结 ······································· 119

第七章 哈萨克族语言使用变异 ························ 120
  第一节 引言 ······································· 120
  第二节 研究方法 ··································· 121
  第三节 结果与讨论 ································ 124
  第四节 总结 ······································· 173

第八章 总结与启示 ···································· 175
  第一节 总结 ······································· 175
  第二节 启示 ······································· 178
  第三节 新疆哈萨克族民族语文及双语教育发展建议 ········ 180
  第四节 结语 ······································· 184

参考文献 ·· 185

第一章

绪　　论

第一节　研究缘起及意义

人类文明发展至今，世界上鲜有一个民族能够孤立地存在。贸易往来、文化交流、战争与冲突、移民杂居等都会使不同的民族和社会相互接触，而这种接触必然会引起语言的相互接触，而语言的接触又会带来语言的变化。语言接触与语言变化是不可分的，语言接触是语言演变和发展的原动力之一。随着全球一体化进程的深入，不同民族之间的接触越来越频繁，语言的接触所带来的语言变异也越来越明显，并具有多样性和复杂性。因此，多语环境下各种语言使用变异现象已成为我国学界一个重要研究内容，同时也是政府和相关机构关注的一个重要社会现象。

新疆是一个地域辽阔、资源丰富、多民族聚集地区，其少数民族人口占总人口的60%左右，历史上常住民族有维吾尔、汉、哈萨克、蒙古、回等13个民族，其中，维吾尔、汉、哈萨克三个民族数量众多，分布地域也较广。随着社会的发展，新疆各民族之间的接触、沟通、交往日益增多，一方面各民族因"大杂居、小聚居、互相交错"的居住格局而形成了多民族城市社区，另一方面使多民族城市社区的各民族文化形成了"你中有我，我中有你"的多元文化。此外，随着新疆西部大开发建设的深入及该地区现代化、工业化和城市化进程的加快，新疆少数民族语言生活也正在经历一个较大的变革：不同民族和族群的母语及第二语言使用状况出现了大的变化；汉语和少数民族语言之间、不同少数民族语言之间、汉语方言和普通话之间接触的广度、深度和频度都将超过以往任何时期。正是由于这些变革，新疆少数民族语言变化的速度和幅度不断加快和变广；使用汉语普通话和一种少数民族语言的双语现象越来越普遍，从而构成了新疆地区一幅特殊的语言生活画面。

但文献查询显示，目前学界对新疆哈萨克族——该地区第二大少数民族群体现阶段的语言使用变异现象，特别是由于语言接触的影响而造成的哈萨克语在语音、词汇、句法及日常交际中的语言使用变异的规律、特征、今后的发展趋势及社会因素与哈萨克语语言使用变异的相关性还缺乏系统的研究。基于以上思考，本书以新疆哈萨克族语言使用变异为研究对象，以社会语言学、文化人类学、社会心理学、跨文化交际学、实验语音学、统计学等学科的理论及研究方法为指导，采用定性和定量结合的方法，运用频数分析、方差分析和回归分析等统计手段，对乌鲁木齐市、巴里坤、木垒等地的哈萨克族语音变异特征及代际之间的语音变异差异，哈萨克语文字中的借词词源种类、借用方式及哈萨克族人对外来词的认可程度，哈萨克语句法层面上的哈-汉语码转换语言特点及转换限制机制，哈萨克族人在日常交际中的语言使用变异状况，居住格局、语域、年龄、性别、收入、文化程度、教育类型（民考民/民考汉）、居住环境等因素对该民族语言生活的影响，以及该民族未来的语言使用和演化趋势进行了深入细致的描写及讨论，并对新疆少数民族地区城市化进程中的语言接触及语言演变趋势做出科学的预测，为党和政府制定民族语文方针、有效地实施双语教育提供了有力的资讯支持。鉴于此，本书具有较强的理论价值和应用价值，具体表现在以下几方面。

一、理论价值

（一）丰富了双语现象理论研究

中国是一个多民族、多语言的国家，双语现象或双语混用十分普遍，其成因也非常复杂，目前世界上的双语学者十分关注中国区域的双语现象研究。因此，从多学科的视角对新疆哈萨克族在新时期环境下的语言演变的系统研究可在学术上为国内双语研究提供一个有益的研究个案,为进一步研究多民族杂居区域双语使用的特点及规律,恰如其分地估计语言变异在语言发展中的地位,进一步了解社会文化因素及个人心理特征对双语使用的影响作用及掌握少数民族双语和双文化现象提供了理论及实证依据。

(二)丰富了语言变异理论研究

社会语言学把语言变异作为研究的核心之一,该学科认为"任何一个正在被人使用的语言,都是一个复杂的变异网络系统",要真正了解一个活的、正在使用的语言,就必须了解它的许多变异形式(陈松岑,1999a:80-81)。新疆是一个以维吾尔、汉、哈萨克为三大主体民族的多民族共处和多语言相间的地区,民族和语言的接触导致了各自语言变异的出现。因此,对新疆哈萨克族语言使用变异现象进行系统的分析,可以帮助人们了解当下哈萨克族语言共时的变异,找出该语言的各种重要的语言变异形式与社会及个人因素的相关规律,并从这种研究中找出具有发展趋势的哈语语言变异形式,以此来指导我们对该语言发展的预测和干预。从这个意义上讲,本书对语言变异理论起到了一定的丰富作用。

(三)丰富了跨文化交际与理解研究

语言不仅是文化的重要组成部分,而且是文化的载体。研究新疆哈萨克族人的语言使用变异情况不仅可以从一个侧面展示新疆哈萨克族言语共同体的社会语言特点,同时也能折射出跨文化教育中的少数民族言语社区语言使用变异的某些特征和规律,总结这些特征和规律将为新疆少数民族地区跨文化语言政策的规划、制定和调整,以及跨文化教育方案及具体问题的处理提供科学依据和参考信息。

二、应用价值

(一)有助于了解新时期语言国情,加强语言国情研究

自20世纪30年代起,我国学者就开始了对少数民族语言的田野调查。1949年新中国成立后,国家组织开展了分阶段大规模的调查

研究。近20年内，调查研究向纵深发展，研究者基本查清了中国境内的少数民族语言使用情况，也涌现了一大批有质量的研究成果（朱学佳，2007）。但迄今为止，对少数民族和汉族语言接触带来的少数民族语言变异及变异与社会变量之间的关系的研究甚少。因此，基于多学科视角，对新疆哈萨克族语言使用及变化的研究可以看成是一项少数民族语言变异研究个案，这对我们进一步全面了解我国语言国情、加强和完善语言国情研究有着积极的意义。

（二）为新疆地区制定相应的语文方针和语言法规提供了依据

新时期的民族语文工作是我国民族语文工作的重要组成部分，而民族语文工作又是民族工作的一个重要方面。作为紧紧伴随少数民族投身我国现代化进程的少数民族语言，其语言结构特征及功能必然会随着民族地区的社会变化而变化（戴庆厦，2004）。从社会语言学的角度系统地调查和分析新疆哈萨克族语言使用变异特点、功能、动因及与社会变量之间的关系有助于党和政府了解新时期哈萨克族语言演变的特点及其功能，了解该民族在语言使用上的现实状况，从而制定更适合新疆少数民族地区的语文方针和语言法规，坚持语言文字平等，保障少数民族使用和发展自己语言的自由，促进新疆地区各民族团结、进步和共同繁荣。

（三）为新疆进一步有效地推广普通话提供了参考信息

实现在全国推广国家通用的语言文字——普通话和汉字，是"促进民族间交流，普及文化教育、发展科学技术、适应现代经济和社会发展的需要，是提高工作效率的一项基础工程"（徐思益，1997：1）。然而，要使推普工作有效地进行，除有力的政策外，还需要推普组织者和工作者对少数民族群众使用普通话的能力、学习普通话的态度及在不同语域中选择语言的趋势有所了解，从而使推普工作尽可能做到因势利导、有的放矢。研究新疆哈萨克族语言使用变化现象不仅可以客观、真实地反映该民族在语言使用方面的特点，而且还可以揭示不同人群语言使用变异的差异。分析得出的信息可以使相关人士得知该群体目前普通话的整体水平及使用汉语的特点、难点及使用层面，进而采取有效办法帮助该群体尽快缩小与普通话的距离，从此意义上讲，本书为新疆推广普通话提供了合理的参考信息。

（四）有助于新疆双语教育的发展

一个民族的双语发展取决于各种相关因素，其中包括社会、文化和教育。双语的发展并非完全自发的，也不是不可控制的，人们可以通过主观努力来有效地推动双语的发展。要实现这一点，人们必须做好一系列与双语相关的工作和配套工程，其中包括双语教材编写、双语教育实验、双语和双文化对比研究等（关辛秋，2001）。本书对新疆特有的"大杂居，小聚居"的双语现象及哈萨克族语言生活进行调查分析，剖析哈萨克族的双语社团和双语人的话语能力与双语教育的关系，对构建双语教育理论体系具有重要影响。一方面，本研究结果可为新疆哈萨克人双语教育的发展提供真实的语言运用实际范例，使哈汉双语文的编写和编译不断充实和改进。另一方面，本研究涉及的哈语语音、词汇、句法结构变化的特点、语言功能及语言习得等问题对提高哈萨克族人汉语学习的质量也会有一定的帮助。同时，通过了解哈萨克族语言使用的特点和变异状况，哈汉双语人和双语教师可以发现学习汉语的重点和难点，从而逐步建立起学习汉语基础知识和基本技能及其训练的体系。

第二节 研究目标和内容、方法、特色创新

一、研究目标和内容

本书以新疆哈萨克族语言使用变异现象为研究对象，以社会语言学、文化人类学、社会心理学、跨文化交际学、实验语音学、统计学等学科理论及研究方法为指导，采用定性和定量结合的方法，运用频数分析、方差分析和回归分析等统计手段，调查分析以下五个问题。

（1）哈萨克族人语音变异特征及代际之间的语音变异差异；

（2）哈萨克语文字中的借词词源种类、借用方式及哈萨克族人对外来词的认可程度；

（3）哈萨克语语言句法层面上的哈-汉语码转换语言特点及转换限制；

（4）哈萨克族人在日常交际中的语言使用变异状况，以及居住格局、语域、年龄、性别、收入、文化程度、教育类型（民考民/民考汉）、居住环境等因素对该民族语言生活的影响；

（5）该民族未来的语言使用和演化趋势，并对新疆少数民族地区城市化进程中的语言接触及语言演变趋势做出科学的预测，为党和政府制定民族语文方针、有效地实施双语教育提供有力的资讯支持。

二、研究方法

（一）文献检索

利用网上检索、文献收集和参与观察，对新疆哈萨克族的历史、文化、语言的起源与发展，以及民族教育和双语教育历史进行整理、分析和概述，为设计个案和实地调查大纲做好准备。

（二）实地调查

以新疆乌鲁木齐市、木垒哈萨克自治县、巴里坤哈萨克自治县为样板地，具体考察对象为样板地的不同阶层、年龄、性别、教育类别和教育程度的哈萨克城市居民。采用方法包括：①语言能力测试；②问卷；③访谈/座谈；④观察；⑤听课；⑥资料收集。然后，运用方差、回归分析等统计方法，得出该群体在不同语域中的语言使用变异现状。

（三）个案研究

结合实地调查的数据分析，对新疆首府乌鲁木齐市、两个哈萨克族自治县的哈萨克族真实的语言使用现状做深入的考察。具体考察对象是家庭域、朋友域、工作域、教育域和公共场所域的哈萨克族说话人。采用方法包括：①隐蔽录音；②参与观察；③访谈；④语料转写和翻译。然后建立起新疆哈萨克族自然话语语料库，并且从定量和定性的角度对所试对象的语言兼用、语码转换语言和语用特征、社会变量与语言使用和演变的互动作用进行识别、归类和讨论。

（四）实验方法

在个案调查的基础上，采用实验语音学声学分析方法及社会心理学中变语配对实验（matched guise）方法，考察哈萨克族人语音变异特点及代际在语音变异上的异同，言语集团对本族语、汉语和其他语言的语言态度，语言兼用的功能感知，以及对双语教育的评价和态度，以此进一步对个案和实地调查的统计结果进行合理性检验，同时为提出新疆哈萨克族语言发展趋势及相关语言对策奠定基础。

三、特色创新

（一）研究视角的创新

以往学术界大多只对哈语中出现的语言变异现象进行文字平面上的描写研究，鲜有将哈萨克族语言使用变异研究放置在一个融合了社会语言学、文化人类学、心理语言学、双语学及实验语音学这样庞大的理论和实证框架下进行综合分析与探讨。本书一开始就将哈萨克族语言使用变异看作一种与其他语言（主要为汉语）文化接触、干扰、吸收和融合的结果，这种多维度变异研究实现了对哈萨克族语言特征的综合分析、对语言变异的多维度描写及语言变异与社会变量之间的相互关系系统的考察。这样的多维视角研究补充和扩大了已有的哈萨克族语言变异研究的成果，从全新的视角对哈萨克族语言变异进行了宏观及微观上的描述及探讨，大大扩展了我们对语言变异的认识。

（二）研究方法及手段上的创新

已有的对哈萨克族语言特点变化的研究，如语音变异和词汇变化，大多都停留在定性讨论上，分析结果往往都带有一定的主观性。本书结合定量和定性研究的方法，采用问卷调查、入户访谈、文献语料采集、个案研究、自然话语录音、实验室听辨和计算机语音识别等研究手段，考察了哈萨克族在不同居住格局和不同语域语言使用变异的分布概率及是否有显著性差异，对哈萨克族现阶段在语言不同层面上的变异现象进行了详细的描写及分析，这种多种研究方法结合的方式加强了研究结果的可信度，同时也为今后的相关研究奠定了较好的理论和方法基础,这将也是语言变异研究的必经之路。

(三)研究结论上的创新

以往的相关研究大多局限于对研究结果进行简单的描写,对哈萨克族语言使用变异的规律、特点及成因缺乏深层次的探讨和解释。本书依据社会语言学、文化人类学、心理语言学等多学科理论,对多元文化背景下的哈萨克族语言使用变异现象进行分析、综合、比较、归纳,从而建立起哈萨克族语言使用变异与社会因素之间的互动模式,揭示了多语言、多文化接触造成的哈萨克族语言生活的内涵及外延,展现出新疆少数民族语言生活的一个真实的侧面,这对我们认识研究哈萨克族语言变异结构系统本质,以及具体考察语言变异与社会共变的案例都有积极的参考意义。

第二章

哈萨克族概况

第一节　新疆哈萨克族及其语言生活

一、新疆哈萨克族概况

"哈萨克"这一名称最早出现于15世纪初期，意为"白鹅"。也有人认为，哈萨克是中国古代"曷萨""阿萨"或"可萨"的异名。还有人把哈萨克解释为"战士""自由的人""避难者""脱离者"（孟毅，2008）。哈萨克族是一个历史悠久的民族，起源于东北亚，曾一度活跃在蒙古漠北高原，后汇合于伊犁河流域，兴盛于西域——伊犁河流域至哈萨克草原。哈萨克族是以古代突厥克普恰克部为主体，起先融合吸收了哈萨克地区原住的古代塞人、乌孙人、康居人和西突厥诸部，13世纪后又融合了部分蒙古部落而发展形成的。属于混有少量高加索人种成分的蒙古人种（耿世民，2008）。哈萨克族人以草原文化为范畴，主要从事畜牧业；善刺绣，绣品已出口到日本等几十个国家和地区。

据2000年第五次人口普查，全国1250458哈萨克族人中的1245023人居住在新疆维吾尔自治区，占全国哈萨克族人口的99.57%，而其余的0.43%哈萨克族人口则分布在全国30个省、市、自治区，其中甘肃省和青海省哈萨克族人数较多（房若愚，2005）。新疆的哈萨克族主要聚居于新疆维吾尔自治区北部广大地区，即北疆的天山山脉和阿尔泰山脉山间盆地以及准噶尔盆地边缘。在世居新疆的13个主要民族里，哈萨克族人口数量位居第三，仅次于维吾尔族和汉族，也是我国 56 个民族大家庭中人口超过百万的成员之一，它为中华人民共和国的形成、发展和繁荣以及新疆社会稳定和经济发展做出了重要的贡献。

哈萨克族人民在公元前就活跃于我国新疆的阿尔泰山、天山及伊犁河谷、伊赛克湖一带，是"丝绸之路"古老的开发者和经营者之一。与中国古代曾经统治过今伊犁河谷及伊塞克湖四周地带的古代民族乌孙、突厥、葛逻禄、回鹘、钦察等有渊源关系。新疆的哈萨克族最终形成于 15 世纪末。

18 世纪中叶，清朝统一了准噶尔部，解除了哈萨克来自准噶尔的威胁。哈萨克三个玉兹先后表示归顺清朝，与清朝的关系更为密切。18 世纪中叶和 19 世纪后半叶，沙俄数次侵犯中国边境，哈萨克人民不畏强暴，多次起义，打击了沙俄在中亚的统治。

光绪十年（1884 年）新疆建省后，由伊犁将军管辖伊犁、塔城及蒙古、哈萨克部落。辛亥革命（1911 年）的爆发结束了清朝对哈萨克人民的专制统治。1912 年扎克热亚、拜穆拉等率领哈萨克使团从阿勒泰到了北京。

1944~1949 年，哈萨克族积极参加了伊犁、塔城、阿勒泰三区的革命，反对国民党统治，为新疆的和平解放做出了贡献。中华人民共和国的成立使中国哈萨克族人民进入了与中华各族人民共同发展繁荣的新时代。

新中国成立后，为了贯彻落实少数民族当家作主的权利，促进少数民族地区政治、经济和文化的全面发展，党和国家在各少数民族地区实行民族区域自治政策。1954 年 11 月伊犁哈萨克自治州成立，辖伊犁、塔城、阿勒泰三个地区和伊宁、奎屯两个市。1954 年 9 月，哈密地区行署成立，辖巴里坤哈萨克自治县，人民政府所在地是巴里坤。木垒哈萨克自治县成立于 1954 年 7 月，属昌吉回族自治州管辖。青海省海西蒙古族藏族哈萨克族自治州的哈萨克族人于 1984 年迁回新疆，被安置在阿勒泰、昌吉回族自治州和乌鲁木齐等地。从此，哈萨克人民彻底结束了长期漂泊动荡的生活，有了自己固定的居住地和放牧草场。

二、新疆哈萨克族语言生活

（一）哈萨克语

哈萨克语属阿尔泰语系突厥语族克普恰克语支，形态上是黏着语。它是以克普恰克语（钦察语）为基础，融合朵豁剌惕、私吉剌惕等部的蒙古语成分而发展起来的。

哈萨克语有 9 个元音音位，其中前元音 5 个，后元音 4 个；辅音音位有 24 个，其中清辅音有 10 个，浊辅音有 14 个。元音和谐和辅音同化规律是哈萨克语语音方面的主要特点。元音和谐主要是前后元音和谐，在本族词汇中，前后两组元音不出现在同一个词汇中；辅音同化主要特征是以元音或浊辅音结尾的词后面要加以浊辅音起首的附加成分，以清辅音结尾的词后面要加以清辅音起首的附加成分。语法方面的特点主要是语法变化大多靠在词干末增加附加成分来实现。

因为长期从事畜牧业，哈萨克语中关于畜牧业的词汇特别丰富，而农业、商业、手工业方面的词汇较贫乏，不少是借用其他民族语言中的词汇。

（二）新疆哈萨克族语言生活

哈萨克族的文字使用情况则主要分为三个阶段：公元 6~8 世纪曾使用过古突厥文；8 世纪后又使用过回鹘文和察合台文；20 世纪初对察合台文进行的改革促使现代哈萨克文形成。现代哈萨克文以 32 个阿拉伯字母为基础进行拼写，从右到左横写。1964 年，我国曾设计和试行以阿拉伯字母为基础的新文字，有 33 个字母，从左到右横写。1980 年后，应哈萨克族群众的要求，恢复使用阿拉伯字母拼写的哈萨克文。哈萨克族口头语言的历史发展主要有五个分期，分别是公元前 5 世纪之前的阿尔泰共同语言时期；公元前 4 世纪至公元 4 世纪的上古突厥语时期；公元 6~10 世纪的古代突厥语时期；公元 10~14 世纪的中古突厥语时期以及公元 15~18 世纪的近、现代哈萨克语时期。

我国的哈萨克语较为统一，各地区之间在语言方面没有较大差别。西从伊犁，东到哈密巴里坤地区和甘肃省的阿克塞，从天山地区到阿尔泰山地区，哈萨克族人民基本不存在交流困难。新中国成立以来，用哈萨克文字出版了大量的政治、经济、文化、科学、教育和文学等方面的著作，其中包括中外名著的译本，并用哈萨克文出版了多种报纸和刊物。

由于长期与汉族和维吾尔族频繁交往，哈萨克语中掺杂了部分汉语借词和维吾尔语借词（耿世民，2001）。日常生活中，哈萨克族主要使用母语同本民族交谈，自20世纪90年代开展双语教育以来，哈萨克族的双语能力普遍提高，多语人也逐渐增多，许多哈萨克族人除了精通本民族语言之外，还兼通维吾尔语、汉语等其他少数民族语言。新疆多样化的语言环境也使得哈萨克族的语言使用呈现出多样化趋势。

第二节　新疆哈萨克族民族语言教育及双语教育

一、新疆哈萨克族民族语言教育

新疆哈萨克族的近代教育开始于辛亥革命以后，塔城哈萨克族进步人士马合苏提·木哈提等人派迪化学堂毕业生塔伊尔别克等人去南京竭见孙中山，请求在新疆冲破清真寺对教育的控制，创办近代教育。在他们的努力下，新疆哈萨克族近代教育起步。

辛亥革命之后至新中国成立这段时间，哈萨克族的民族教育也有所发展。新疆省教育厅成立后，在迪化（乌鲁木齐旧称）创办的蒙哈学校主要培养蒙古语、哈萨克语翻译。当时的军阀政府也曾一度制定和完善了各级学校的规程及课程标准，在中共、联共党人和进步知识分子的帮助下，哈萨克族的教育事业在20世纪30年代发展也较为迅速。

新中国成立后，哈萨克族教育飞速发展。目前，哈萨克族地区已基本做到村有小学、乡有初中、县有高中，并已逐步开始形成包括中等专业教育、高等教育、成人教育、职业技术教育及幼儿教育在内的教育事业网。进入21世纪，随着中国社会经济及综合国力的不断提升，党和国家对少数民族教育投入了前所未有的力度，哈萨克民族教育将踏上新的发展阶段。

二、新疆少数民族双语教育

20世纪90年代是新疆双语教学的尝试阶段。各地少数民族中小学自发进行了教学改革试验。1997年7月25日，自治区教委制定并颁发了《新疆维吾尔自治区少数民族中学双语授课实验方案（试行）》。1999年初，全区开办双语授课实验的学校已达到27所，包括近60个实验班，在校学生达2629名。1998年7月和1999年7月，首批实验班高中毕业生先后参加了高考，几乎全部被内地和新疆的重点院校录取，这些成绩引起了社会各界的强烈反响，上双语班成为热门选择。到2002年年底，全区所有地州市都开办了双语班，共有105所学校开办了294个双语班，在读学生达到了13 733人。

2004年至今是新疆双语教学的发展阶段。2004年初，自治区党委、自治区人民政府提出了开展新疆双语教学工作的指导思想和总体目标，使少数民族学生高中毕业达到"民汉兼通"的目标，为今后的学习、工作和生活奠定坚实的基础。2005年7月自治区又下发了《关于加强少数民族学前双语教育的意见》，明确了从学前开展双语教学，实现学前和小学双语教学的衔接。2005年年底自治区召开了中小学双语教学工作会议，使双语教学工作进入快速推进阶段。2008年自治区党委、人民政府办公厅又下发了《关于进一步加强少数民族学前和中小学双语教学工作的意见》，在总结前一段双语教学工作的基础上，明确了今后一个时期双语教学工作的目标任务、指导思想、办学模式、推进措施等。

根据2008年10月的统计数据，新疆学前、中小学（含职业高中）在校少数民族学生236.6万人，其中接受双语教学的学生60万人，占少数民族学生总数的25.4%，其中少数民族双语幼儿21万人，中小学学生39万人（小学27.5万人，中学11.5万人）。此外，在汉语学校就读的少数民族学生19.7万人，占少数民族学生总数的8.3%。接受双语教学的少数民族学生和民考汉学生总计79.8万人，占少数民族学生总数的33.7%。少数民族双语教师总数2.4万人，占少数民族教师总数的16.8%。其中，学前少数民族双语教师5399人，中小学少数民族教师19 386人。新疆学前双语教育机构2804所，其中独立设置的公办双语幼儿园506所，附设在小学的公办学前班或幼儿园

2005所，民办双语幼儿园293所，幼儿双语教学班6714个，开设双语班的学校2505所，双语班11 955个（源于新疆双语办资料）。

新疆哈萨克族的双语教育与新疆整体的双语教育开展基本一致。全疆几个主要的哈萨克自治州、自治县也都从20世纪五六十年代陆续开展双语教育。伊犁哈萨克自治州直属县市从1984年开始，在民语学校从小学三年级开始开设汉语课。截至2000年年底，经自治区批准进行双语试点的学校有伊宁市三中、七中、八中、州直属一中、十八中、奎屯市五中。2001年9月，在新源县、霍城县、巩留县、伊宁县、伊宁市和奎屯市的14所学校又增设了双语实验班。现有初中班27个，1228名学生；普通高中班13个，537名学生。

木垒哈萨克自治县自20世纪80年代自治区大力推行双语教育以来，逐步在学校里设置了汉语课。从2002年起，双语教学师资力量不断壮大，师生汉语水平明显提高。目前木垒县开展双语教学的中小学校有12所，有双语教师201人（小学118人、初中54名、高中29人），教学班67个，接受双语教育学生2981人。全县中小学双语教学覆盖率为79.2%，其中小学90.3%，初中86.3%，高中61%。全县4~6周岁少数民族幼儿1589名，入园幼儿1230名，占幼儿总数的77.1%，在园幼儿双语教育普及率达到了100%。

作为全国三个哈萨克自治州县之一的巴里坤哈萨克族自治县，在2006年9月正式启动学前双语教学，截至2011年全县有小学双语班81个，双语班学生1621名，小学一年级至四年级双语班开办率达到了100%，2011年又开设学前双语班34个，入学率达到了86.6%。

第三章

理论框架及相关研究

第一节 理论框架

一、语言接触

（一）定义

语言接触是当两种或两种以上语言的使用者接触时，选择其中一种语言作为交际用语的一种现象（Weinreich，1953）。它既是不同民族、不同社群由于社会生活中的相互接触而引起的语言接触关系（戴庆厦，2004），也是两种语言在交际中互相影响、互相渗透导致语言的语音结构、词汇系统和句法结构出现变化的一种语言现象（胡兆云，2001）。

（二）语言接触的分类

根据语言接触的方式，可以分为直接接触和间接接触两大类型；根据语言接触的密切程度，分为浅层接触和深层接触两大类型；根据接触时间的长短，分为长期接触和短期接触两大类型；根据接触的途径，分为口头接触和书面接触两大类型（瞿霭堂，2004）。

二、语言变异

（一）语音变异

1. 定义

语音变异就是发音和听音习惯的逐渐变化，它在每一个人类社会中都是经常不断发生的（Hockett，1958）。它是语言交际中由话语的音位、音高、语调等语音构成的变化，甚至相对作为语音系统描述工具和出于正音等目的的标准发音的变化都是语音变异（宋学东，2004）。在语音变异过程中，变是绝对的，不变是相对的，语音系统就是在变与不变的矛盾中发展（石锋，2008）。语言学家关注的是语音变异的阶段、动态特征，以及其变异如何扩散（马楠，2013）。

2. 分类

从语音演变的动因看，语音变异可以分为自然音变和接触音变两大类型；从音变的方式看，可以分为渐变和突变；从音变发生的时间看，可分为历史音变和共时音变；从音变的具体表现看可分为同化、异化、弱化、高化、前化、裂化、清化、浊化、舒化、鼻化、增音、减音、脱落、换位、代替、转换等；从音变与社会的关系看，可分为语言音变和社会音变（陈云龙，2012）。

（二）借词

借词（loan word）亦称外来词，指的是一种语言从别的语言借来的词汇。借词是借用外国或外族词汇来表达信息的一种重要的社会语言现象，也是一种语言与异质文化交往时不可避免的普遍现象。

学术界对于"借词"概念的界定历来有狭义和广义两种主要观点。狭义的借词又叫外来词或音译词，它指的是语音形式和意义内容都来自外语或其他民族语言的词。主张狭义借词的学者有高名凯和刘正琰（1958）、王力（1957）和 Navota（1967，引自梁改萍，2005）等。他们从结构主义语言学理论出发，认为语言是严格地按层分级的系统结构，所以，分析音位时不允许考虑词素或语法层面，而且研究借词也不涉及如社会和文化等非词汇因素。他们主张把借词局限于因音译而变换的词汇。例如，王力（1957）指出借词和译词都是受别的影响而产生的新词；它们所表示的是一些新的概念。当我们把别的语言中的词连音带义都接受过来的时候，就把这种词叫做借词。

还有一部分学者主张以更广阔的视野来看待借词，其中的代表人物有赵元任（1976），游汝杰、邹嘉彦（2009），史有为（1991，2000）和马西尼（1997）。他们认为无论语音上的模仿还是语义上的模仿，新词都反映了外来语言文化的影响。因此，不仅要从语言学的角度，还要从社会、文化的角度来研究借词，这样可以更有利于研究语言与历史文化之间的关系。例如，史有为（2000）认为借词是指在词义源自外族语中某词的前提下，语音形式上全部或部分借自相对应的该外族语词、并在不同程度上本族语化了的新词汇。严格地说，还应具备在本族语中使用较长时期的条件，才能作为真正意义上的借词。

根据上述借词的定义不难看出，借词包含三个层面的意义：第一，语义来源于外语；第二，被本民族所接受和使用；第三，借词主要是通过音译和意译的方式进入到一种语言中。

在本书中，我们采用广义的借词观，认为只要是在一个民族的传统文化或社会中所没有的事物或现象或认知，但在其他民族的传统文化或社会中却存在着，当表示这类概念的词语在另一民族的语言中出现，它决不是语言自身发展的结果，只能是语言借用的结果。

（三）语码转换

1. 定义

语码转换是双语（bilingual）或多语（multilingual）这两种因语言接触所导致的语言变异中的一种普遍现象（陈松岑，1999a）。作为一个语言变体，语码转换是一个大的系统，它包括语言内部和外部两个子系统。就语言内部系统来讲，它是由多个层次的系统组成，其中包括语音、词汇、语法及话语系统。在语言接触导致出现两种语码转换使用的过程中，诸接触的语言（主体语或嵌入语）的子系统都会发生相应的变化，或受到相应的语音、词法和句法限制。语码转换的外部系统同样构成一个系统，包括影响语码转换的社会、文化、个人等子系统。孤立地看待语码转换的某一语言或社会问题是看不清该现象的真实面目的（袁焱，2001）。

2. 分类

Poplack（1980）从语码转换的结构出发，区分了三种类型的语码转换：句间语码转换（inter-sentential switching）、句内语码转换（intra-sentential switching）和附加语码转换（tag switching）。句间语码转换发生在两个句子或分句的分界处，而且每个句子或分句都分别属于一种语言；句内语码转换涉及句子或分句内部的转换；附加语码转换指的是在单一语言表达的句子或分句中插入另一种语言表述的附加成分（于国栋，2001）。

Gumperz（1982）从语码转换发生的条件出发，将语码转换分为情景语码转换和喻意语码转换。情景型语码转换是指由于改变话题、参与者等情景因素而引起的语码转换；喻意型语码转换是指为改变说话的语气、重点或角色关系而发生的语码转换。在喻意型语码转换过程中，一种在正常情况下仅用于一种情景的变体被用于另外一种不同的情景，可以创造出另一种气氛，达到引起注意或强调的目的。

Myers-Scotton（1988）运用标记模式（A Model of Markedness）将语码转换分为无标记的语码选择（unmarked choice）和有标记的语码选择（marked choice）。无标记语码选择是指在特定情景中使用符合规范的语码，表示说话人愿意维持现有的身份，与交谈对方保持所预期的现有的权利和义务，或者是在非正式场合下操双语的朋友或熟人之间，从一无标记的语码到另一无标记的语码的选择和转换；有标记语码选择意味着说话人试图偏离和改变交谈双方所预期的、现有的权利和义务关系。

Auer（1990）基于功能视角，提出了与语篇有关的语码转换和与交际者有关的语码转换。与语篇有关的语码转换（discourse-related alternation）是以说话人为中心，可以用来在言谈中应对不同交际行为；与交际者有关的转换（participant-related alternation）是以听话人为中心，它考虑的是听话人的语言喜好和语言能力。Auer 的语码转换类型的两分法基本上是从功能角度出发的，这与 Poplack 的语码转换类型有着本质的不同。

　　Muysken & Milroy（1995）提出了另一种语码转换分类标准：交替（alternation）、插入（insertion）和词汇等同（congruent lexicalization）。交替是由一种语言向另一种语言的真正的转换，其中涉及语法和词汇，是一种特殊的语码转换，发生在话轮之间或话轮之内；插入表示在一种语言表达的语言结构中嵌入由另一语言表达的成分；词汇等同指的是两种语言享有同样的语言结构，从而一种语言的词汇可以换作另一语言的词汇（Pfaff，1976）。本书采用 Poplack 的结构分类法。

3. 功能

　　Grosjean（1989）认为语码转换通常被说话人用来实现语言强化需要（如说话人用另一语言中的某个词语、固定短语或句子来表达强调之意）、引用、重复、主客观程度的调节、说话人身份转变、话语标记以及表达思想及情绪等。

　　Romaine（1989）将语码转换的功能概括为所指功能（referential function）、表达功能（expressive function）、感叹功能（interjectional function）、修饰功能（qualifying function）、指定功能（specifying function）。

　　Myers-Scotton（1993）在研究语码转换的社会功能时提出说话人转换语码有两个目的：即重新明确一种更适合交谈性质的不同社会场景；或不断更换语码，以避免明确交谈的社会性质。

　　Giles（1989）依据言语顺应理论学说（Accommodation Theory）中的"语言靠拢"（Convergence）和"语言偏离"（Divergence）来解释人们在转换语码时的心理指向。所谓靠拢，就是指说话人调整自己的语言或变体，以便接近交际对方的语言或变体，以表示感情上的交融；所谓偏离，就是指说话者故意使自己的语言或变体与交际对方的语言或变体不同，以示双方存在差别，拉开心理距离。

三、语言使用

　　语言作为人类所特有的交际工具，是随着语言社团和个人使用而发展变化的。语言交往活动是一项基本的经验事实，也是一种复杂的社会行为。语言使用或称语言选择是指多语言语共同体在特定场合所选用某种语言或语言变体的现象。学者们认为语言选择即是语言使用，语言选择是语言使用者基于语言内部和外部的原因，在意识程度不同的情况下选择不同语码的过程（Verschueren，1999）。语言选择与选择者身份地位、思想意识及其所从事的社会实践有着紧密的联系（Labov，1972；Heller，1995），同时受到场景或话题的影响（Li，1994）；语言选择是选择者参与社会变革的语言形式（Gal，1998）。

四、语域理论

语域理论是 Fishman 在 1965 提出的一种关于语言行为领域的理论。在 Fishman 看来，语域是指一种文化里同语言相联系的活动领域，是指由活动场所、活动参与者及话题等要素构成的社会情景，即交际场合、交际对象及交际话题等要素。概括起来，语域是从交际话题、交际者的关系和交际场所概括出来的社会-文化构念，它们是在"特定多语环境下出现的交际情景的主要类别"。各个领域是从谈话的材料中推断出来的，不是谈话过程的实际成分（Fishman，1972：93）。参照 Greenfield 的分类，Fishman 将语域分为五个部分，即家庭域、友谊域、宗教域、教育域和工作域。Fishman 指出，语言选择、语域和交际对象的特征（如年龄）三者之间有明显的相互作用，这就造成一种语言比另一种语言同某些领域更有相关性。例如，对操双语的波多黎各儿童来讲，在家中使用最多的是西班牙语，而在教育场地，英语则是使用最多的。Fishman 还发现，对这些说话人来讲，在一个特定语域下使用某种语言或变体，反映了言语共同体内部的价值和关系，而使用另一种语言或变体则体现了另一种价值和关系。语域理论揭示了双语或多语言语共同体成员的语言变体或语言和语域和社会情境之间的联系，使人们懂得多语言语共同体的语言选择和出现的话题，进而了解到有关个人或特定的小集团的行为模式，乃至到多语言语共同体的社会和文化模式。为了符合我们的研究的目的及新疆特殊的地方实情，本文将语域分为五个部分：家庭域、友谊域、教育域、工作域和公共场所域。

五、会话

（一）定义

会话是发生在互有交际要求的两人或多人之间的"一段连续的话语"（Crystal & Davy，1969）。会话允许双方或各方有一定的自由，在会话过程中解决谁发言、发言的顺序、发言的长短、谈什么，以及怎么谈等。目前大多数学者普遍认为会话是由发话人和听话人共同参与和合作所产生的社会交往，或者是谈话各方相互协调谈话内容的交往过程（张荣建，2005）。

（二）功能

在日常生活中，会话者通常运用自己的语言知识及非语言的社会文化背景知识来交流思想、相互交往，达到彼此了解。会话不仅显示出会话者的交际能力，而且还反映出社会交往的一般原则，双方由此而协调各自的目的、形象和人际关系（Schiffrin，1988）。

六、会话分析

（一）定义

会话分析强调会话是一个言语活动过程，把普通、琐碎的会话提升为科学研究的正当对象，并对会话的规律进行了系统、全面的研究，从而更好地认识语言，指导人们的日常交际（崔国鑫，2009）。会话分析包括对会话结构、会话策略、会话风格、会话活动类型等方面的研究（祝畹瑾，1992）。

（二）功能

Firth(1957)认为会话分析可以帮助人们更好地理解什么是语言，以及语言是如何起作用的。语言的社会功能对参与者不是显而易见的，会话分析就是让这些功能至少部分地显现，表明会话是如何协商和影响到社会结构，如何展现人们的社会身分和社会关系，并进一步挖掘让使用者获得社会身份的深层原因。

七、语言态度

语言态度又称语言观念，它是指人们对语言使用价值的看法，其中包括对语言的地位、功能及发展前途的看法（戴庆厦，1993）。高一虹等（1998）则指出语言态度是社会心理的反映。人们对于某种语言变体（语言或方言）的态度，反映了该语言变体的社会地位，以及与其相关的社群成员在人们心目中的刻板印象。王远新（1999）对双语或多语社会中的语言态度做了界定，他认为由于社会或民族认同、情感、目的和动机、行为倾向等因素的影响，人们会对一种语言或文字的社会价值形成一定的认识或做出一定的评价，这种认识和评价就是语言态度。

八、社会因素与语言使用变异关系研究

（一）社会因素对语言使用变异的影响

语言是社会的重要组成部分，是人类社会最重要的交际工具和思维工具。然而，语言是不能脱离人类社会而独立存在的符号系统，语言受到社会的影响而产生各种各样的变异（陈松岑，1999a）。与语言变异最明显相关的社会因素是年龄、性别、社会阶层、种族（Labov，1966）、社会经济地位、文化教育素质（戴炜栋，1998）、交际场合、交际对象、交际话题、交谈者之间的关系（陈松岑，1999a）；以及民族、家庭、环境和社会网络等（徐大明，2006）。

1. 年龄

年龄是一种具有生物学基础的自然标志，指一个人从出生时起到计算时止生存的时间长度，是不可抗拒的自然规律。不同年龄段的人存在语言变体的差异，这种差异可分两类：代差（generation difference）和年龄级差（age grading）。代差指一代与另一代人之间的差别；年龄级差指同一代中间不同年龄的人之间的差别。

2. 性别

性（sex）是指区分一个种群的男性与女性成员的生理特征；性

别（gender）指的是与男性和女性相关的社会与心理特征。性别在很大程度上是由社会和文化决定的，性别的含义随着时间和社会形态的不同而不同，因而性别就有了社会特征（Popenoe，1999）。语言变异的定量研究中发现大量的性别差异现象，传统上认为女性总是比男性更倾向于使用标准变体和标准变式（Labov，1966）。

3. 社会阶层

Labov（1966）认为，在大城市中，社会阶层是区分言语行为的可靠标准，但是关于什么是阶级、如何划分阶级，以及划分为哪几个阶级，国外的社会语言学家却缺乏完全一致的看法。因此，我国研究者一般都用职业、受教育程度及收入作为语言变异的社会因素来代替西方某些社会语言学家所使用的阶级。

4. 家庭

家庭是社会构成的基本单位，无论对个人的发展还是对社会发展来说，家庭都是非常重要的社会生活组织。家庭是孩子的第一所语言学校，也是社会化的起点，是一个极为重要的社会化因素。由于家庭群体成员间的联系在时间上的持久性、成员之间的亲密性，以及交往的非正式性，家庭成员间的语言互动对每个人的语言使用起着举足轻重的作用。

5. 环境

环境指的是围绕着人群空间和其中可以直接、间接影响人类生活和发展的各种自然因素的总体。人类的环境分为两类：自然环境和社会环境。语言不能脱离环境，它不仅受环境影响而且反映了一个民族的环境特征，因此语言也就随之带有该区域的种种特征。

6. 言语社区

言语社区是指在某种语言运用上持有某些共同社会准则的人们的集合体（祝畹瑾，1992）。言语社区的大小要按研究的需要和抽象程度来划分，同时，言语社团之间可能有重叠的部分，一个说话人可以同时属于若干个言语社区。从这个意义看，无论我们如何划分研究对象的范围，运用语言的模式不可能是完全一致的。

（二）社会因素对语言使用变异的影响

语言是人类社会最重要的社会现象，社会性是语言的本质特征之一。Labov（1966）认为语言必须联系社会实际，研究社会诸因素与语言变异的关系，分析各种语言变体的构造特点及社会功能效应，探索语言演变的方式和规律。社会因素可以预测语言所表现的特定群体，也可以反映说话人的社会角色（Ervin-Tripp, 1969）。由于社会阶层、教育程度、年龄、性别及其他社会因素的影响，某一群体有可能使用自己的语言变体，这种变体叫社会变体。社会中的不同群体可以显示出语言差异，事实上，甚至同一群体在语言使用上也存在差异（Guy, 1988）。

九、汉藏语系和阿尔泰语系

汉藏语系是用汉语和藏语的名称概括与其有亲属关系的语系，是仅次于印欧语系的第二大语系。在中国，汉藏语系的语种及分类历来说法不一，比较通行的有两种分类法。一种是分为汉语、藏缅语族、苗瑶语族、壮侗语族（或称侗台语族、侗泰语族、台语族等）（李方桂，1937；罗常培和傅懋，1954）。另一种分类是依据美国学者 Benedict 的分法，把汉藏语系仅分为汉、藏缅两个语族（Benedict, 1972）。汉藏语系中很多是孤立语；有声调；有量词；以虚词和语序作为表达语法意义的主要手段。中国是使用汉藏语系语言的人口最多，语种也最多的国家。其中汉语分布遍及全国各地，藏缅语族分布在西南、西北和中南地区。苗瑶语族分布在中南、西南和东南地区；壮侗语族分布在中南、西南地区。近年来，也有学者认为汉藏语系包括汉语、藏缅语、苗语三个语族（陈保亚，2005）。

阿尔泰语系通常包括突厥语族、蒙古语族和通古斯语族（Sinor, 1963；张吉焕，1999）。阿尔泰语系各语言都是粘着语，在构词法和形态学上有很大的共同性。"中国阿尔泰语系的语言主要分布在新疆、内蒙古、甘肃、青海和东北诸省。主要使用民族包括有维吾尔族、哈萨克族、柯尔克孜族、乌兹别克族、塔塔尔族、撒拉族、裕固族（西部裕固语）、蒙古族、达斡尔族、土族、东乡族、保安族、裕固族（东部裕固语）、满族、鄂温克族、鄂伦春族、锡伯族、赫哲族。

新疆是一个多民族聚居地区，主要存在两大语言群体，即汉语群体与民语群体。新疆自古以来就是世界三大语系——阿尔泰语系、汉藏语系、印欧语系的交汇处。从语种角度看，新疆三大语系中阿尔泰语系所属语言最多，主要有突厥语族的维吾尔语、哈萨克语、柯尔克孜语和蒙古语族的蒙古语以及通古斯语族的锡伯语等八种语言。汉藏语系有汉语（下分三种方言：兰银官话、中原官话、北京官话）；印欧语系有塔吉克语和俄语。处于新疆的阿尔泰语系和汉藏语系的语言经过长期的接触交融，逐渐形成了独特的地域性特征。

十、双语人

陈章太（2002：34）定义"双语"为"个人或语言社团掌握并使用两种或两种以上的语言"。双语人即掌握并使用两种或两种以上语言的人，我国的双语人主要有以下几种类型：

（1）既使用少数民族语言，又使用普通话，如鄂伦春族、赫哲族、锡伯族；

（2）既使用少数民族语言，又使用汉语方言，如朝鲜族维吾尔族、哈萨克族；

（3）既使用一种少数民族语言，又兼通其他少数民族语言，例如，新疆地区的少数民族一般人兼通维吾尔语或哈萨克语；

（4）既使用普通话或汉语方言，又兼通当地的少数民族语言，例如，新疆地区的汉族干部和居民，不少人兼通维吾尔语或哈萨克语。

第二节 国内外语言使用变异的相关研究

一、语言变异相关研究

（一）语音

国外语言接触导致语音变异研究最早是从19世纪80年代对语言混合现象（克里奥尔语、皮钦语）和区域类型学研究开始的。两者都涉及语言接触的根本问题：语言接触是无界还是有界的？即语言影响只是词汇借用，还是涉及语音和语法层面？有界接触观把语言接触有界性的根本原因归结为语言内部结构因素,而无界接触观把语言接触无界性的根本原因归结为语言外部的社会因素。20世纪30年代,以Sapir（1921）、Meillet（1922）、Boas（1933）、Bloomfield（1933）、Jakobson（1952）、Martinet（1952）为代表的有界论者,着眼于语言内部结构来讨论语言的接触,认为语言的形态部分和音系部分不会受接触的影响。比如,Bloomfield（1933）认为语音的演变其实是一个语音系统里的音位的变化。Martinet（1952）用音位系统的协合过程来解释音变原因和目标。他认为协合就是整齐和对称。不协合的音系容易变化,其目标是达到更协合状态。而Trubetzkoy（1939）第一次明确提出语言接触无界的观点,他通过比较乌拉尔语系的西芬兰语和印欧语系的东斯拉夫语发现,语言影响虽然最常见的结果是词汇的相互借用,但也可能造成语音成分和语法成分的相互渗透。对于音变的方式,Bloomfield（1933）认为,音变的过程是缓慢的,凭目前的设备是不能直接观察音变过程。相反,王士元（1969）在词汇扩散理论中提出音变是可以观察的。他认为语音发生突变,词汇进行渐变,语音变化先影响一部分词汇,再从一个个词汇逐渐扩散出去。社会语言学家也认为语言演变过程中的语音变化是可观察的,但仅限于在社会语境下研究语言（Labov,1966；Milroy & Milroy,1985）。20世纪70年代开始,学者们一致认为语言接触在接触的语言双方的语音、词汇、语法上都会留下一定的痕迹（Lewis,1972；Welmers,1973；Haugen,1977；Amastae,1979；Thomason,1988；Poplack,1993）。其中尤以Thomason的观点最具代表性,他从世界各地不同语言的接触中找出了语言系统各层面受影响的材料,并提出了社会因素决定论。而且,语音变化"对地域和社会差异的敏感性似乎比语法和词汇的要强"（Hudson,1996：42）。Craig（1997）认为语言接触会导致语言各个层面的变化,如借词的增多、音系和语法模式的演变、语言形式的混合,以及各种双语现象的普遍出现。进入21世纪后,语言接触导致的变异研究进入了繁荣时期。语言学家对语言接触的机制及世界各地语言接触现象进行调查和讨论。Thomason（2001）认为接触性语言演变主要有七个机制：语码转换、语码交替、被动熟悉、协商、第二语言习得策略、双语人的第一语言习得、蓄意决定。Otheguy和Zentella（2012）就英语对西班牙语语言使用的影响、接触等进行了系统全面的分析，反映了语言接触领域的最新研究成果。

著名语言学家王力的《中国现代语法》一书使语言接触问题开始进入汉语学者的视野。20世纪50年代到80年代，我国学者从不同角度对少数民族语言与汉语的接触进行了深入广泛的调查（马学良和戴庆厦，1984；戴庆厦，1984；王远新，1988，1989；戴庆厦、王远新，1991），并把语言相互影响的各种语言实例记录在调查报告中。这个时期对语言接触的研究多停留在有界——只有词汇借用的观点上。20世纪90年代起，随着西方语言学理论的引入，人们开始认识到从理论上探讨语言间相互影响问题的重要性。中国本土语言学研究的两大领域——汉藏语系和阿尔泰语系的研究方向，都不约而同地趋向同一研究课题——语言接触。在语言接触导致语音演变的理论和机制方面，学者们从具体的语言接触例证出发，提出了不同的语言接触理论。例如，在对德宏汉族和傣族8年追踪调查的基础上，陈保亚（1996）提出语言接触机制互协论和无界有阶论等理论模型，即语言接触是一种互协的过程，两种语言有规则地相互协调，形成有系统的语音对应关系，而互协的过程则呈现出无界而有阶的特点，即语言的任何结构都可以受到接触的冲击。赵杰（1996）着眼于北京话的轻音和儿化两大语音现象，重点从音理上论证北京话经过满汉接触后受满语和旗人话影响所带来的融合式音变理论。余志鸿（2000）从古汉语、现代藏缅语、东乡语、东北满语和海南黎语等具体语言出发，认为要运用分层比较和对照的方法进行语言接触研究。袁焱（2001）以阿昌语为例，全方位地分析了语言接触与语言演变的关系，认为是语言接触引发了语言影响、语言兼用、语言转用的语言变化链。吴福祥（2007）主要是对Thomason关于语言接触的研究框架做了全面的介绍，同时还指出Thomason的框架在某些方面存在的不足。洪勇明（2007）以新疆语言为例，指出语言接触的圈层规律。江荻（2010）通过对回辉语的研究，揭示出语言接触的语言感染假设。曾晓渝（2012）通过对倒话、莫语、回辉话等特殊语言的分析，得出接触语言间的类型差距大小与语言质变的不同结构模式存在一定的内在关联的结论。马楠（2013）则依据现代汉语方言语音变异事实，将变异的过程类型进一步细化，划分出常规型、反复型、复活型、转向型等过程类型，并对各类的性质、特征及相互关系进行了说明。在实证方面，研究者透过对某种语言的语音、词汇和语法全方位的分析来揭示语言接触的特点、规律及导致的特殊双语和语言混合现象等。例如，戴庆厦等（2000）研究少数民族语言因受汉语的影响而发生语音变异，一般表现在有声调语言的调值往往向汉语的调值靠拢；有些语言增加了鼻音韵尾，如彝语等一些藏缅语族语言；有些语言原来没有 f 声母，现在增加了 f 声母，如土家语、景颇语等。吴安其（2004）论述了语言接触对语言的语音、语法和词汇的演变产生的影响。姜根兄（2007）从语言接触的角度论述了蒙古语科尔沁土语在语音、词汇、语法方面受到的汉语影响，并研究了科尔沁土语的演变特点。郑武曦（2009）和吴正彪等（2011）由语言接触入手，揭示语音受到影响后发生的有规律的演变。尤其值得注意的是，前者介绍的是弱势语羌语对强势语汉语产生的语音干扰。这也说明，语言接触产生的干扰是双向的，而且干扰是有规律成系统的。另外，还有关于壮语（李心释，2010）、勉语（孙叶林，2011）、瑶语（班弨和肖荣钦，2011）和藏语（陈荣泽，2011）的同类型研究。

近年新疆语言接触与影响研究已经成为一个热门课题，研究成果日益增多。学者们从不同侧面探索了新疆语言接触的影响、机制和具体语音变异的情况（丁石庆，1991；K·M·穆沙耶夫，1993；王远新，1989；安成山，1997；徐思益，1997；梁云等，1999；牛汝极，2000；艾尔肯·肉孜，2003；王泽民，2005；马小玲，2006；王希杰，2007；李树辉，2008；陈宗振，2009；贺群，2012；赵江民，2012；闫新红等，2013；范祖奎等，2013）。其中，丁石庆（1991）在研究塔城达斡尔族语言使用状况时发现，由于受到哈萨克语的影响，达斡尔语元音、辅音及语调都趋向哈萨克语。安成山（1997）在调查锡伯族语言生活中发现，哈萨克语熟练的锡伯族人在说锡语时，容易将锡语和哈语两种语言中相近的元音音位相混淆，使得锡语中带有哈语语调。艾尔肯·肉孜（2003）认为阿图什方言的元音/ɛ/变为/e/是受到柯尔克孜语的影响。李树辉（2008）进一步探讨了语言接触对维吾尔语的影响，维吾尔语 h 音化、舌尖颤音的卷舌音化或舌叶浊擦音化、啼音化、元音弱化、两元音间的辅音叠加、语音换位等特点是"古代突厥-回鹘语在印欧语系'底层'语言的影响下演变发展的结果"。闫新红等（2013）介绍了以喀什地区为代表的南疆汉语方言由于语言接触，在词汇上大量借鉴维吾尔语，在语音上不断被其他汉语方言感染，出现大量语音、词汇和语法的变异。

（二）词汇

语言接触除了导致语音上的变异外，对词汇的变异也产生了重要的作用。词汇变异的一个比较重要的特征就是一种语言中出现了其他语言的词汇，也就是借词。

西方对借词的研究始于 20 世纪初。

结构主义创始人 Bloomfield（1933）最先提出语言接触和借词之间的关系。他把语言接触的过程分为三种：文化上的借用；亲密的借用（占劣势语言向占优势语言的借用）；方言间的借用。他认为语言接触的结果是词汇的替换，也就是借词的产生。

Hauge（1950）对"借用"产生提出以下观点：

（1）每位言语者都存在一种潜意识，利用自己已掌握的语言模式创造、再生出言语，以应付不断更新的语言环境；

（2）新产生的模式即是他所掌握的语言模式中所没有或不尽相同的部分；他还会潜意识地利用这些新的模式去再创造出更新的模式；

（3）如果他创造出的这些新的语言模式不属于他已掌握的语言系统，而是属于另一个语言系统，那么，他就是把一种语言模式从一个语言系统中"借用"到另一个语言系统中了。从中我们不难看出 Haugen 对"借用"概念阐释的核心思想就是潜意识利用外族语的语言系统去创造属于自己民族的语言形式。

Weinreich（1953）在其专著《语言的接触：已发现的与待解决的问题》中对于借词产生的原因做了分析。他认为，借词的出现主要是一个语言所依附的文化氛围中存在缺位，而与之发生接触的文化中存在这个因素，于是前一种语言就借用了所接触到的语言中的表达，来填补自己文化中缺少对应语言词汇要素的部分。借用往往是弱势语言（non-dominant language）向强势语言（dominant language）借用。Weinreich 还认为，影响语言借用关系的要素有四个：顺序（order）、变体（modulation）、一致原则（agreement）和自由性（dependence）。通过分析，他预测随着语言接触范围的越来越大、程度的越来越深入，最终的趋势很可能是各种范畴的制约性越来越小，彼此的差异也越来越少（abandonment of obligatory distinctions）。

20世纪70年代末，Cannon（1978）开启了借词词源研究。他指出，借词主要以名词、形容词、动词和感叹词为主和文化借用（culture loans）为主。此外，他还指出，无论是借用得多还是少、快还是慢，是新生借词还是旧词新义，我们都应该研究借用的过程和类型。

Zuckermann（2000）在Hauge（1950）的基础上拓展了借词研究的新理论，他提出了借词研究中的本土化理论（Folk Etymological Nativization），即人们遇到难理解或发音陌生的借词时，往往用自己熟悉的形态相似、读音相仿且意义相关的词去取代，久而久之，这种取代词便逐渐成了一个更像本民族语言的词，这种语言现象被称为"民俗语源"。Zuckermann提出词语的借用可分成三个过程：第一阶段是输入阶段，主要是检验源语言的能指、所指、语音、语源等要素；第二阶段是识别阶段，主要是对本国语言与之相对应的要素进行识别；第三阶段是产出阶段，主要是通过考虑本国语言的词素音位特征输出借词。

国内对于借词的研究可以追溯到20世纪50年代，研究的范围可以分为现代汉语中的西源-日介借词和少数民族语言中的汉语借词及其他语言借词这两大类。

高名凯和刘正埮（1958）《现代汉语外来词研究》最早从理论上阐明了外来词的实质及其在国际文化交流上的重大意义，并分析了中亚地区各语言、梵语、蒙古语、满语及其他亚洲各语言对汉语的影响，还对来自英、法、德、日、俄、意大利、西班牙及外国各少数民族等语言的外来词分别进行了具体的叙述和介绍。高名凯和刘正埮的研究为以后研究解决现代汉语词汇规范化问题提供了重要的参考价值。史有为（1991，2000）对汉语外来词研究引入许多量化的数据统计，并且将外来词研究中已发现的问题和待解决的问题进行了详细的梳理，从语言、文化和社会三个角度提出了五大方面的研究方向，为其他研究者提供了一个大纲性质的资料。

国内对于少数民族语言中的汉语借词及其他语言借词的研究始于20世纪50年代的少数民族语言大调查（赵元任，1948；蓝庆元，2011；曾晓渝，2004；徐世璇等，2002）。其中，蓝庆元（2011）以汉越语和现代学者的古汉语拟音为参照，把壮语中的汉语关系词分为现代、近代、中古、前中古和上古等五个历史层次。曾晓渝（2004）采用关系词分层法对水语的汉语借词进行了研究，分析出上古、中古、近代和现代四个层次，现代细分为 a 层和 b 层。徐世璇等（2002）把哈尼语中的汉语借词分为古代、近代和现代三层，近代和现代又各分两个次级层，每个层次的借词都有相当一致的语音对应规律及明显的构词和语义类别特点。这些学者的研究用历史层次分析法对我国西南地区少数民族语言中的借词现象研究奠定了基础。

新疆地区的学者们（张洋，1998；高莉琴，2005，2008；乌买尔·达吾提和古丽巴哈尔·买托乎提，2010；蒋宏军，2010，2011；洪勇明，2008）针对新疆少数民族语言中的借词现象，主要是维吾尔语和哈萨克语中的借词，也做了相应研究。例如，张洋（1998）指出新疆汉语方言中的维吾尔语借词主要有音译词、意译词和维汉合璧词。他还指出维吾尔语借词的三大特点：一是内容覆盖面广；二是使用率高；三是借入词类和借入方式多样。周磊（2004）在研究乌鲁木齐汉语方言中的借词现象的基础上指出，乌鲁木齐方言中的借词主要来自维吾尔语，也有少量的借自哈萨克语和俄罗斯语。同时，他指出，方言口语中的借词主要是通过不完全第二语言习得者之间的交流获得的。洪勇明（2008）根据表现形式、借用方法和渗透程度将哈萨克语中的汉语借词分为四层：低层，指音译借词；半低层，指音义兼译词即兼用词；中间层，指意译词；半高层，指混合借词。这项研究结果为探讨哈萨克语中借词的借入方式奠定了基础。蒋宏军（2011）从语言学和文化学角度提出了判断哈萨克语中借词的标准，为后期研究奠定了重要基础。他指出，从词源学来说，如果一个词在语言甲和语言乙里有着系统的对应形式，但在语言甲里却找不到它的语源，而它的词干（和构词词缀）却可以在语言乙里找到，那么这个词很可能是语言甲从语言乙借入的。从历史语义学来看，如果一个词在语言甲和语言乙里都有系统的对应形式，但在语言甲里只表达一种具体的或专门化的意义，而在语言乙里所表达的意义则广泛得多，那么这个词很可能是语言甲从语言乙借入的。从同义词进行考证，如果语言甲里两个同义词表达一个事物，其中之一语言乙里也有，那么语言甲里这个词完全可能是借词。如果语言甲和语言乙有两个相对的词，而语言乙里的那个词是借自第三种语言的，那么在语言甲里那个词也是借词。如果语言乙里的大量基本词在语言甲里都有固定的对等词，但在语言甲里它们并不属于基本词汇，那么说明这些词是借词。

（三）语法

语码转换（code-switching）是双语或多语社会中常见的一种语言现象，也是语言变异研究中的一项重要课题。该课题研究起始于20世纪50年代，学术界认为语码转换这一术语是Weinreich（1953）在其双语教育专著首次提出并使用，以及Haugen（1953，1956）在其专著中曾详细论述过的。Haugen认为语码转换用于指双语人中使用陌生词汇的情形，他还认为语码转换（code-switching）、语言整合（integration）和语言干扰（interference）共同构成语言接触和语言扩散中的三个阶段。Weinreich和Haugen这两位学者的论述由此初步奠定了语码转换的理论框架，成为了这一领域的开拓者。其后，各不同语言之间的语码转换的研究报告不断涌现。学者们（如Poplack，1980；Poplack，1983；Disciullo, et al., 1986；Apeal & Muysken, 1987；Blom & Gumperz, 1972；Gumperz, 1982；Grosjean, 1982；Myers-Scotton, 1993, 1993a, 1993b, 1998；Romaine, 1989；Clyne, 1967, 1972；Giles & Smith, 1979；Auer, 1984, 1990, 1998；Li, 1996；Azuma, 1998；Verschueren, 1999）分别从语法学、社会语言学、心理学、会话分析、语用学等路向对语码转换进行了相关研究。语法学路向主要研究两种语言之间存在的句法限制；社会语言学路向主要讨论社会变量同语码转换之间的关系；心理学路向主要探讨语码转换行为发生时人们的大脑活动状态；会话分析路向主要通过分析话轮序列来揭示语码转换的动态性；语用学路向试图从语用学的角度出发，由此建立起了一个相对成熟的语码转换的研究理论体系。

1. 语法学路向

自20世纪70年代以来，越来越多的人开始从语言本身去研究语码转换现象（Poplack, 1980；DiSciullo, et al., 1986；Myers-Scotton, 1981），研究者们主要是探讨参与语码转换的语言在转换过程中受到的语法限制，尤其是句法的限制；研究哪些语码转换可以发生，以及何地可以发生等。语码转换的语法研究可分为四大类：①语言特殊性限制；②可能存在的普遍限制；③能够最佳概括语码转换规则的语法模式的要求；④有关语码转换语法限制的研究假设的有效性。其中比较有影响的是 Poplack 等的自由语素限制和对等限制、DiSciullo 等的管辖限制，以及 Myers-Scotton 的基础语框架模型（Matrix Language-Frame Model）。作为早期 Code-Switching，CS 结构研究最有影响的语言学家，Poplack 对纽约市的波多黎各人西班牙语-英语双语社区 CS 进行研究之后，提出了自由语素限制（Free Morpheme Constrain）和对等限制（Equivalence Constrain）(Poplack，1980；Sankoff & Poplack，1981）。DiSciullo 等（1986）利用加拿大蒙特利尔地区的法语-意大利语、印度北部北印度语-英语之间转换的语料，以 Chomsky 的管辖与制约理论为依据，提出管辖限制，并第一次明确提出将一般（单语）语法原则拓宽到双语领域对语码转换研究。Myers-Scotton（1993）基于心理语言学和神经语言学理论，以非洲丰富的语码转换语料为基础，于 20 世纪八九十年代逐步建立起基础语框架模型（Matrix Language Frame Model，MLF）。MLF 模型首先区分了基础语（matrix language）和嵌入语（embedded language）。基础语是句段中较多语素的那一种语言，为整个句子提供构词造句的框架，剩下的语言则充当嵌入语。MLF 还区分了内容语素（content morpheme）和系统语素（system morpheme），内容语素具有分配或承担题元角色的特征，而系统语素则不具备此特征。

2. 社会语言学路向

社会语言学路向主要通过探讨社会因素与语码转换在宏观层面的关系来探讨语码转换的社会动机（Bloom & Gumperz，1972；Gumperz，1982；Myers-Scotton，1993）。Blom &Gumperz（1972）通过分析挪威北部海姆内斯贝格（Hemnesberget）双语社团的 Ranamal 和 Bokmal 两种方言之间的语码转换数据，区分出两种类型的语码转换，即情景语码转换（Situational Code-switching）和隐喻性语码转换（Metaphorical code- switching）。Gumperz（1982）又通过分析三个双语社团（西班牙语和英语、印地语和英语、斯洛伐克语和德语）的自然话语，探讨了社会因素（如种族、性别、年龄等）、社会经济地位等与语码转换之间的内在关系。Myers-Scotton 在 1993 年提出了标记理论（Markedness Model），她认为语码选择存在无标记（unmarked）和有标记的（marked）区别。无标记选择指在规约化语境中做出符合社会规范或期望的语言选择，有标记选择则与此对立。她认为语码代表着一组组权利和义务（Rights and Obligations，RO sets）。据此，Scotton 认为说话人转换语码有两个目的：或重新明确一种更适合交谈性质的不同社会场景，或不断更换语码以避免明确交谈的社会性质。根据 Scotton 的观点，语码转换是一种能动的策略，每次语码转换总是对先前的那一种姿态或社会场景的某种程度的否认，是态度转变和新的社会场景建立的一种标志，即建立新的权利义务。

3. 心理语言学路向

心理语言学视角下的语码转换研究主要是对语码转换过程中操双语者或多语者的思维活动进行研究（Li，1996）。主要代表人物有 Clyne（1987，1991）、Li Ping（1996）和 Obler & Albert（1978）。Obler & Albert（1978）认为语码转换本身就证明双语者的两种语言存在于两套独立的心理词典中。例如，双语者阅读和理解含有被转换语码的句子时，所花时间要长于他们阅读和理解单语的句子。研究者认为，这是由心理转换机制造成的，心理转换机制决定了在语言理解过程中打开或关上了哪一本心理词典，也决定了开启哪一本词典才更为合适。

Clyne（1967，1972）区分了两种类型的语码转换：外部调节的语码转换（externally conditioned codes-switching）和内部调节的语码转换（internally conditioned code-switching）。Clyne（1972）认为外部调节的语码转换指的是由外界因素引起的语码转换，内部调节的语码转换则指由于语码转换者自身的原因而引起的语码转换。Grosjean（1982）在调查英双语者如何识别被转换了语码的口语词汇（简称 Code-switching 词）过程中发现，影响识别的有两个因素：一是 Code-switching 词的音位配列结构，即属于基础语言还是属于客体语言；二是 Code-switching 词所归属的语言的语音特征，即是否保留了客体语言的发音特征。Grosjean 的调查发现为语码转换中的口语语码识别过程提供了理论解释。

4. 会话分析路向

会话分析路向的语码转换的研究主要是探索语码转换在会话建构中的序列性。Auer（1990，1998）以意大利籍德国小孩的意大利语-德语之间的轮换为语料，率先将会话分析（Conversation Analysis，CA）引入对会话语码转换的研究。Auer 将话中出现两种语言的情况叫做轮换（alternation）。轮换包括两种情形：一种称为转移（transfer），另一种称为语码转换。前者关注的是对话中插入的语法单位，即单词抑或短语、名词还是动词等；后者关注的是对话中两种语言进行转换的位置。Auer 还指出轮换可以是与语篇相关（discourse-related），也可以是与参与者相关（participant- related）。Shin 和 Milroy（2000）曾采用 Auer 的四程式模式分析美国了韩国移民小孩之间的对话。研究者调查结果表明，Auer 的模式可以清楚地揭示了这些小孩如何通过语码转换来对交际的语言进行协商以迎合对方的语言能力和偏好，同时又是如何通过语码转换完成话轮替换（turn-taking）、合意或认同指示（preference marking）、修补（repair）和旁岔序列划界（bracketing side-sequences）等语篇组织功能的。Li & Milroy（1995）以英国东北部 Tyneside 华人社区的粤语-英语语码转换为研究对象，以 CA 为框架分析了语码转换在两类会话结构中的应用。研究者发现在这个社区的话语交际中，合意的应对通常伴随的是相同的语言选择，而非合意的应答则以不同的语言选择标识，Li 等的分析展示了双语者如何相互合作来构建每个话轮的意义，以及语码转换与会话结构有什么样的联系。由此可见，语码转换的意义与其在会话序列中的位置有紧密的联系，对语码转换意义的解释必须考虑到其前后序列，而且必须从会话的参与者角度进行诠释，而不是简单地将语言选择同宏观语境所决定的语言价值联系起来。

5. 语用学方向

语用学视角下的语码转换研究是将各个领域的不同理论与语用学的基本观点相结合，提出一个包括语言、社会、认知和文化等在内的理论模式（Verschueren，1999；于国栋，2000；Myers-Scotton，

1983）。Verschueren（1999）认为人类之所以能在语言使用过程中进行语言选择，是因为自然语言具有三个特征，即变异性、商讨性和顺应性，它们使人类能够动态地使用语言。借此，他提出了顺应性理论（adaptability），并认为语用学旨在发掘语言使用的复杂性，包括语言使用过程中的语言、认知、社会和文化等方面的种种因素。与 Verschueren 的观点相同，于国栋（2000）认为人们在语码转换过程中会自觉地顺应语言现实（linguistic reality）、社会规约（social conventions）和心理动机（mental motivation）。基于面子行为理论（Goffman，1955）和礼貌原则（Brown & Levinson，1987），Gross（2000）认为语码转换本身具有二重性：在满足积极面子的同时会威胁到消极面子；在满足消极面子的同时必定威胁到积极面子。他还认为，有标记的语码转换是固有的面子威胁，说话人是通过有标记的语码使听话者意识到其语用用意。Scotton（1983）提出了两条解释语码选择的准则：①尊重准则（the Deference Maxim）。当希望从对方得到什么时，语码选择中应表示尊重。②精湛准则（the Virtuosity Maxim）。当说话人或受话人在惯例语境下选择无标记语码代表无标记权利与义务关系不适切时，进行有标记选择。

（四）语言使用相关研究

自 20 世纪 60 年代，交际中语言使用的变异研究便随着社会语言学的兴起而引起国外众多学者的关注（Fishman, 1972; Gal, 1979; Sankoff, 1980; Fasold, 1984; Fase, et al., 1992; Srinarawat, 1994; 李如龙，2000; Boehm, 1997; Papapavlou & Pavlou, 2001; 徐大明，2005; Low-Wiebach, 2005; 许小颖，2007）。Fishman（1972）对美国泽西市波多黎各双语社区（西班牙语和英语）的语言选择情况进行了调查。他发现，西班牙语多用于关系密切型的家庭域和朋友域，而英语则多用于具有地位标志的宗教域、教育域和工作域。Gal（1979）运用牵连测量技术（Implicational Scaling Technique）研究了奥地利奥伯瓦特的匈牙利语-德语双语社区的语言选择和语言转用情况。研究表明，在该双语社区中，语言的选择和说话者之间存在社会属性的差别。其中年龄是影响语言选择的一个显著因素：年轻人在不同语域中倾向使用德语而老年人只使用匈牙利语，这表明语言转用现象在该地区日益明显。Sankoff（1980）以新几内亚地区的一个多语社区为例，考察了社区中三种语言（Yabem，Buang，TokPisin）的选择规律。他指出，在该社区中，语言的选择受多种因素的影响，包括对话人、场合及讲话的目的等因素。Srinarawat（1994）在对曼谷华人的语言使用状况及语言态度进行了研究之后认为，教育背景是导致语言使用模式和语言态度差异的重要因素，受教育水平高的华人群体倾向使用泰语，并且对泰语持肯定态度。徐大明（2005）运用问卷调查和现场观察两种方法对新加坡华人社区语言使用和语言态度进行了调查研究。他发现，首先华语是新加坡华人目前使用率最高的语言变体；其次在同一场合中，华人英语和华语混用的情况相当普遍，但在比较典型的一些正式和非正式场合都有一种最常用的语言；最后，华人语言使用和语言态度的很多方面出现社会层化的状况。许小颖（2007）以新加坡福建社群为中心，运用问卷调查和访谈观察的方法对语言技能退化研究、语码转换和语码混用研究、方言移借变异等三个相关的社会语言学课题进行了调查研究。研究结果表明，福建社群的华语和方言之间的转用已全面影响了福建社群的语言本身及其使用，福建话的语言使用域逐渐收缩，华语的语言使用域则逐渐扩大。

国内关于交际中语言使用变异的研究起步较晚，一些有影响力的学者对汉语方言和普通话并存并用现象及少数民族语言使用状况都做过深入的研究。其中，汉语方言及普通话使用变异的研究者主要包括 Van Dell Berg（1988，2005，2006，2007）、陈松岑（1990）、吴硕官（1991）、刘虹（1993）、李如龙（1995，2001）、 杨晋毅（1997，1999，2002）、徐大明（2006）、游汝杰（2006）、周薇（2011）、雷红波（2008）、佟秋妹和李伟（2011）、王玲（2012）。例如，陈松岑（1990）运用问卷发放、隐蔽现场录音等方法对绍兴市普通话和绍兴方言的使用情况进行了调查。统计分析表明，首先，绍兴城区的普通话使用出现社会层化；其次，绍兴话-普通话双语者的语言使用可分为三种类型，即消极型的双语使用者、适应型双语使用者及积极型双语使用者；最后，他预测，随着时间的推移，消极型双语使用者将逐渐减少，而适应型将慢慢地向积极型过渡。吴硕官（1991）对延边朝鲜族自治州延吉市的家庭生活、朋友交往、教育教学、公共场合和工作环境五个领域的汉语和朝鲜语两种语码的选择情况进行了研究。他认为，朝鲜语在家庭域的使用频率最高，其次是朋友交往和教育领域；而汉语主要使用在工作环境、公共场合两个领域。杨晋毅（2002）另辟蹊径，对我国新兴工业区（中原区）的语言使用状况展开了一系列的调查。分析结果显示，中原地区的五大工业区中，洛阳、三门峡、南阳为普通话区，即第二代人选择普通话为主要交际语言；郑州纱厂、焦作则为中原官话方言区，即第二代人选择中原官话、郑州话为主要交际语言。该研究为后续我国工业区居民语言状态调查奠定了坚实的基础。Van Dell Berg（2005，2007）以隐身观察的方式对上海市民在商场、市场中语言使用状况进行了调查研究。他发现，越正式的场合，上海居民使用普通话的频率越高；在公共场所，移民群体的密集度使上海市民的语言使用情况发生了变化，即外来人口越多的地方，上海人使用普通话的可能性也越大。该研究勾画出了上海本地居民和外来者在互动中的语言选择模式和彼此的语言顺应情况。周薇（2007）以南京城市语言调查为基础，考察了不同性别、年龄、职业的南京市民对南京话和普通话的语言态度及其语言使用情况。调查结果显示，语言使用不仅受语言态度影响，还受被试的年龄、性别、职业、生活区域和语言能力等因素的影响。

我国少数民族语言使用情况方面也有不少研究成果。自20世纪80年代中期以来，我国少数民族语言使用情况的调查就成为民族语言研究的重要课题，并取得了丰硕的成果。这些研究多体现在关注语言变异的田野调查、描写论著中，以及对少数民族地区特别是民族杂居区语言使用的特点进行比较深入的个案或专题研究（何俊芳，1999；王远新2000，2013a，2013b，2013c；赵生奎，2001；戴庆厦，1994，2007，2008，2009；周国炎，2008，2009；周国炎和谢娜，2011；丁石庆，2009；邬美丽和熊南京，2013）。何俊芳（1999）基于《中国语言文字》的项目调查，探讨了我国的语言状况，并预测虽然在我国少数民族中语言转用现象有所增多，双语在有些民族中已发展得较为普遍，但目前我国绝大多数民族仍以本民族语言作为主要交际工具，在短期内我国不会发生大面积语言转用，绝大多数少数民族仍将长期稳定地使用本民族语言或双语。王远新（2000）基于对民族杂居区语言使用的个案调查研究认为，民族杂居地区语言使用的特点突出地表现在双语现象的普遍性和双语使用的不对等性、语言使用的层次性和功能互补性上；在此基础上又分析了民族杂居地区语言使用的类型转化特点，并对如何有效地保留和保护少数民族语言和文化提出一些看法。赵生奎（2001）通过对西部多民族杂居区语言使用的调查得出了与王远新类似的共识，并补充道弱势语言濒危状态正在日趋明显。戴庆厦（2007）根据第一手田野调查资料对基诺语使用的现状及其成因、双语制的建立及其成因、受汉语影响引起的变化，以及青少年语言状况的新问题进行了分析。他认为，基诺族的基诺语使用比较稳定且全民普遍掌握汉语；基诺语与汉语在使用功能上实现平衡、互补。周国炎（2009）在田野调查的基础上，对贵州省 13 个典型布依族调查点的布依族语言使用现状、特征、不同场合的语言选用情况做了详细的阐述，划分出了母语强势型双语区、汉语强势型双语区和母语濒危区，系统地归纳出各自的语言使用特点，并对双语环境下民族杂居、聚居和散居地区的布依族语言文字态度做了系统分析，预测了贵州布依族地区双语使用的发展趋势。丁石庆（2009）对莫旗达斡尔族的语言使用现状进行了具体的实地考察分析，重点关注莫旗达斡尔族个体语言使用背景，以及制约个体语言使用差异的主要因素、达斡尔族母语环境和双语环境问题、母语单语人及母语转用者的主要分布及其特点、达斡尔族的语言文字观及文化观。调查结果表明，莫旗城市化发展进程对莫旗达斡尔族语言发展产生了深刻的影响。作为达斡尔族语言保持的典型个案，该研究对世界范围内那些具有语言濒危迹象或弱势族群的语言保持也具有启发和借鉴。有关少数民族语言使用方面的专著、论文还有很多，在此就不一一列举。

　　近年来，新疆多语多文化的语言生活也成为语言专家实地研究语言的重点。其中主要包括王远新和戴庆厦（1988）、王远新（1998，2011，2013）、赵江民（2006）、孙丽莉（2009）、曹湘洪和王丽（2009）、阿达来提（2012）。王远新和戴庆厦（1988）运用层次分析的方法对新疆伊宁市双语使用情况进行调查。调查显示汉语是此地区的共用语，维吾尔语是区域性语言，而哈萨克语是亚区域性语言。王远新（1998）通过对哈密地区的主体民族汉族、维吾尔族、蒙古族、回族进行语言使用调查后总结归纳出哈密地区的语言使用具有两个突出的特点：语言使用的层次性，以及双语现象的普遍性。曹湘洪和王丽（2009）考察了新疆乌鲁木齐市维吾尔族城市居民语言选择现状，以及语域因素对其语言选择的影响作用。研究结果表明,该群体在保持和发展本民族言语能力的同时,正积极地朝着提高汉语口头表达能力的方向发展;维吾尔语仍然是该群体的强势语言,但在同一次维吾尔语对话或交谈中兼用汉语的现象占一定比重;该群体在不同语域中的语言选择模式和整体趋势基本一致,但维吾尔语、维汉夹杂和汉语的使用量在不同语域中存在差异,即随着语域中交际者双方关系亲近或熟悉度增加,维吾尔语使用量加大,反之维汉夹杂和汉语使用量减少,这进一步说明了说话人是根据不同的交际对象和场景来选择语码的,而这种选择相对固定并有其规律。阿达来提(2012)运用田野调查,以我国乌孜别克族人口分布较集中的地区——伊犁州伊宁市、喀什地区喀什市、莎车县、昌吉州木垒县乌孜别克民族自治乡作为调查点,对典型社区及不同年龄段、不同职业、不同文化层次的乌孜别克人群进行入户调查。研究总结出了乌孜别克族母语使用现状有三种显著的类型、四种语言使用情况类型,并分析了引起乌孜别克族语言使用多样化的主要原因,基本上描述了我国乌孜别克族语言使用现状。王远新(2013)以新疆蒙古师范学校家属社区居民语言使用和语言态度调查为依据,探讨了都市蒙古族社区的语言生活。他认为,随时代变迁和观念变化,蒙古族内部的语言使用和语言态度出现分化,主要表现在代际和同代内部差异两方面。

二、社会因素对语言使用及变异影响的相关研究

与社会语言学的其他研究课题一样,社会因素与语言使用变异的相关研究随着 Labov(1966,1972)开展的调查和分析研究而逐渐兴起(Brown & Gilman, 1960; Labov, 1961, 1966; Ferguson, 1967; Gumperz, 1968; Weinreich, 1953; Fishman, 1970; Trudgill, 1974; Lambert, 1972)。Labov(1966)在对纽约市英语的社会分层研究中,采用快速隐秘观察法对纽约下东区居民的发音特征进行了广泛的调查研究。研究发现了不同阶层、不同年龄段的人在不同情景下发某些音素时表现出有规律的差异,从而证实了说话人的经济地位、文化程度、性别、年龄、语境等社会因素对其语言表现会产生影响。Wolfram(1969)通过观察的方法对底特律黑人使用双重否定形式的频率进行调查研究。调查结果表明,使用双重否定形式最多的是下层工人家庭

的 10~12 岁的少年，随着年龄的增长，使用这一形式的频率逐渐降低。Trudgill（1974）用同样的方法考察了诺里奇市的居民不同社会阶层、年龄及语体环境与音位和语音变素的相关性。调查结果显示，英语变体中存在性别差异，即女子的语言形式通常比男子更接近标准语，或是更接近于那些具有较高声望的形式。性别差异作为语言学研究不可忽视的一个重要因素，引起了学者们的广泛关注（West & Zimmerman & West, 1975; Lackoff, 1975; Zimin, 1981; Tannen, 1990; Cameron, 1990; Goodwin, 1998）。Lackoff（1975）在《妇女和妇女的地位》一书中，认为人类社会化进程中男性和女性在地位上的不同和不平等导致了两性的语言差异。Tannen（1990）在她的研究中发现在语言交流中，男人谈话带有竞争性特点，为报道式谈话；而女人谈话倾向于合作性，为关系式谈话。通过对新西兰男性和女性在使用反意疑问句的差别现象研究，Holmes（1995）认为，在语言交际中，女性显示出合作和帮助的倾向，而男性话语则以挑战和控制为特点。Chambers（1995）对加拿大安大略省南部儿童对字母 Z 的发音现象做了分析。分析结果表明，随着年龄的增长，他们对字母 Z 的读音逐渐与成年人靠拢。徐大明（2000）采用了文献、访谈和观察的调查方法，对新加坡华族语言使用与语言态度情况进行了调查研究。结果表明，英语的使用与家庭收入相关，家庭收入越高的人使用英语就越多；而华语的使用却只与年龄和性别相关，而与家庭收入和教育程度无显著相关性。徐小颖（2007）采用问卷调查、现场访谈和语言测试的方式，对 80 名新加坡福建社群人士的福建话技能退化现象进行分析。研究发现影响新加坡福建社群语言技能退化的原因很多，包括受访者人口背景，即在家中与家庭成员使用福建话越多，语言技能退化就越少；群组关系，即会馆会员与经常去福建地区旅行的人语言技能退化少；语言能力的感知，即说福建话时越觉得缺乏词汇，语言技能退化越多；语言态度，即越认为福建话亲近自然，语言技能退化就越少。曹湘洪（2009）采用定量和定性的研究方法，分析了 259 封汉语私人书信的中年龄和性别因素对亲属和非亲属书信中称谓的影响作用。研究结果表明，年龄因素对称谓语的选择有显著性的影响，而且在不同代际之间的作用比同代之间更为显著。此外，不同性别对汉语书信中称谓语的选择也存在显著性差异，即女性倾向于使用能够表达亲密关系的称谓来强调与收件人之间的亲密关系，而男性则倾向于使用能够代表身份地位的称呼来强调角色关系。Meyerhoff 和 Schleef（2012）对分别位于爱丁堡和伦敦的两所中学的 82 名来自移民家庭的学生语言变异的 ing 形式进行调查。研究发现，不同性别和来自不同言语社团的移民青少年使用不同策略来实现语言的变异，即来自移民家庭的学生使用 ing 形式时能够清楚地意识到在语言上和认知上出现的可预知的限制，而本土家庭的学生在语言变异中却不能够预知任何来自非语言的限制。

国内对社会因素与语言变异研究始于 20 世纪 80 年代。早期相关研究主要集中在理论研究方面，学者们分别从不同角度探讨影响语言变异的社会因素（陈松岑，1985；陈原，1988；陈章太，1988；祝畹瑾，1992；戴庆厦，1993；郭熙，1999；周庆生，2000；袁炎，2001；赵蓉晖，2003；杨永林，2004；徐大明，2006）。1983 年，陈原在《社会语言学》一书中，提出社会生活的变化引起了语音、语法和语汇的变异。1988 年，陈章太在《语言变异与社会及社会心理》一文中论述了语言变异与社会的关系，探讨了引起语言变异的社会心理原因，还预测了语言变异的发展趋势。祝畹瑾（1992）在《社会语言学概论》一书中，强调了阶级、性别、社会网络在语言变异中的重要性。陈松岑（1999）在《语言变异研究》一书，对语言变异进行了专门的、系统的研究，并论述了与语言变异相关的各种外部因素。徐大明（2006）在《语言变异与变化》书中，将语言变异分为三种语言变体，分别为地域变体、社会变体和功能变体。随着对语言变异与社会因素研究理论的不断成熟，越来越多的学者（陈松岑，1984，1997；刘虹，1993；周炜，2003；邬美丽，2006；夏历，2007；佟秋妹，2008；佟秋妹和李伟，2011；戴庆厦，2007，2009；郭骏，2010；周薇，2011；王玲，2012；王远新，1998，1999，2004，2008，2009，2010，2013）纷纷致力于语言变异与社会因素的个案研究中，试图在生活实际中探讨社会因素对语言变异的影响作用。学者们在汉语方言及少数民族语言使用变异与社会因素的相关性方面取得了不少优秀的研究成果。例如，陈松岑（1984）调查了北京市城区居民使用亲属称谓语称呼非亲属的情况。研究结果表明，传统的亲属称谓出现频率与称呼者的年龄成正比，与称呼者的文化程度成反比。周炜（2003）对西藏拉萨市墨竹工卡县和林周县的农村居民的语言使用情况进行了入户调查,研究结果显示,语言能力、家庭教育、媒介及语言态度都是影响藏族从村居民语言使用的因素。袁焱和赵云生(2005)以云南新平县为例,对傣、彝、苗、哈尼、拉祜、回等多民族杂居区语言使用情况进行了探究。研究结果表明,语言能力及语言态度都会影响民族杂居区的语言使用。邬美丽(2006)采用问卷调查和访谈的方法,调查了多语境下蒙古族的语言使用情况,并从性别、年龄、职业结构及文化程度等方面分析其原因和特点。夏历(2007)通过问卷调查和访谈的方法,对在京农民工的语言使用、语言态度及语言能力进行了研究,并从社会、时间、环境、心理视角探讨了社会因素对其语言使用的影响作用。戴庆厦(2009)采用问卷、访谈及语言能力测试的方法对云南里山乡彝族语言使用及演变进行调查,研究结果说明彝语的转用与年龄成反比,与文化程度成正比,即年龄越大,语言转用比例愈低;文化程度越低,语言转用的比例越低。佟秋妹(2011)对江苏三峡移民家庭的语言选择模式进行了调查研究,她认为移民中的老年人倾向于使用重庆话而中青年则以普通话为主;就文化程度来看,文化程度越高则越倾向于使用普通话。王远新(2013b)对贵阳市花溪村居民的语言使用及语言态度进行了调查,研究结果显示,语言的社会地位、使用功能、行为倾向及语言态度都会影响当地居民的语言使用。

新疆作为少数民族语言变异及语言演变的典型地区,也引起了学者们的关注(戴庆厦和王远新;1988;丁石庆,1994;周建华,2000;朱学佳,2007;洪勇明,2007;曹湘洪,2009;戴庆厦,2009;孙丽莉,2009;梁云,2009;赵江民,2006;阿达来提,2012;王远新,2010,2011,2012,2013)。戴庆厦和王远新(1988)以新疆伊宁市为个案,对该地区的双语场层次进行了调查分析。调查结果表明当地双语及兼用情况受到社会环境、社会制度、民族关系及心理等社会因素的制约。丁石庆(1994)通过文献法与访谈法,总结了新疆达斡尔族的语言使用情况,并分析了居住格局、地理位置、民族关系、人口流动、年龄层次、民族意识等对达斡尔族语言使用类型具有的制约作用。周建华(2000)通过文献及访谈的方法,调查了新疆塔塔尔族语言使用变异情况,并分析指出语言环境、学校教育、语族都对塔塔尔人的语言转用起影响作用。朱学佳(2007)分析了乌鲁木齐市维吾尔族汉语使用的语言基本情况，其中包括语音、词汇、语法的种种变异特征及这些变异项目在不同社会群体的分布情况，并分析论述了社会、环境、心理等因素对维吾尔族汉语使用变异的影响作用。赵江明（2010）对伊宁、吐鲁番、阿勒泰等城市的维吾尔族居民的语言使用变异情况进行了调查研究。研究结果认为，影响城市化维吾尔族语言转用的社会因素包括人口分布和语言观念，即杂居区比聚居区的语言转用现象更普遍；对汉语认识观念越强烈，语言转用现象越明显。王远新（2013）通过问卷和访谈的方法，对新疆喀什高台民居社区维吾尔族的语言使用情况进行调查，研究结果发现年龄和交际对象对维吾尔族语言使用有影响作用，即交际对象越亲密，越倾向于使用维吾尔语单语，反之则使用维汉双语；汉语掌握程度呈现明显的代际差异，即年纪越轻，汉语掌握程度越好。

第三节　前人研究局限性

根据上述文献综述，我们可以清楚看到，在过去近50年间，中外学者们对语言接触和变异进行了大量的理论和实证探讨，为其他学者进一步的研究奠定了扎实的基础。然而据文献显示，目前学术界对新疆第二大少数民族哈萨克族的语言变异研究还鲜有涉猎，尤其是依据大样本的田野调查，并以社会语言学、心理语言学及实验语音学的研究方法深入考察社会变量与语言使用变异的相关性研究还并不多见。据此，本研究采用人类语言学、社会语言学、心理语言学的理论与方法，对哈萨克族语言使用状况进行系统的描写和分析，并剖析社会因素对哈萨克族语言使用变异的影响，建立起哈萨克族语言使用变异现状与社会因素的互动模式，并对哈萨克族语言使用状况的变化进行趋势预测。

第四章

哈萨克族语音变异分析

第一节 引　　言

　　语音是语言的物质外壳，是语言交际工具的声音形式。语言依靠语音来实现它的社会交际功能。当不同语言的说话者接触时，这种接触会影响至少一种语言，并带来语音上的社会语言学形式的变化，受语（recipient language）系统会出现语言特征的增加、消失、替代或者保留（Thomason & Kaufman, 1988）。这种语音变化"对地域和社会差异的敏感性似乎比语法和词汇的要强"（Hudson, 1996: 42）。
　　哈萨克语属阿尔泰语系中的突厥语族。我国哈萨克族主要分布在新疆伊犁哈萨克自治州、木垒、巴里坤哈萨克自治县等地，目前新疆哈萨克族人口为148.38万人（见2007年人口普查数据）。新疆哈萨克族与汉族在长期的共同生活中，一直保持着直接的、密切的接触。自20世纪90年代开展双语教育以来，哈萨克族的双语能力逐渐提高，新疆多样化的语言环境也使得哈萨克族的语言使用呈现出多样化趋势。进入21世纪后，随着中央西部大开发的战略实施，新疆的经济和文化迅速发展，汉族和哈萨克族之间的接触和相互的影响加剧，汉语接触带来的哈语语言变异现象也日益凸显，表现之一就是汉语对哈语的语音系统产生了一定的影响，并导致后者在语音及音节上出现变异。然而，文献查询显示：学术界大多只对哈语中出现的语音变异现象进行文字平面上的描写研究，而定性和定量结合的实证分析还不为多见。鉴于此，本文以语言接触和语言变异理论为指导,采用实验语音学的方法,探讨汉语接触影响下的哈萨克语语音变异总体趋势,以及语音变异与代际差异之间的关系,并对影响其语音变异的其他社会因素进行系统分析,旨在为语言接触和语言变异研究提供又一佐证,同时对新疆哈萨克族现阶段语言生活调查、与汉族接触后带来的语言的演变及如何在多民族地区实现语言和谐提供有益的参考数据。

第二节 研究方法

一、研究问题

本研究拟回答三个问题:①哈语语音变异总趋势如何?②哈萨克族不同代际与语音变异有何关系?③导致哈语语音变化和代际语音变异差异的主要因素是什么?

二、研究工具

研究工具包括问卷和调查词表(见附录一和附录二)及语音分析软件 Praat5.2.39 和 SPSS13.0 统计软件。问卷旨在确定受试,并了解更多与受试生活学习相关的个人信息。Praat 主要用于测量共振峰值、绘制声学元音图和辅音图。SPSS 对收集的共振峰数据进行显著性差异分析。调查词表中的哈语例词均来自耿世民(1989)及耿世民和李增祥(1985)的调查词表,共计 47 个。这些单词在哈语中使用频率高,而且易朗读。所选例词涉及哈语中的 9 个元音 /a/、/æ/、/o/、/ø/、/u/、/y/、/e/、/ə/、/◉/,以及哈语的 24 个辅音 /b/、/p^h/、/m/、/w/、/f/、/v/、/d/、/t^h/、/n/、/l/、/r/、/z/、/s/、/◉/、/◉h/、/◉/、/j/、/g/、/k^h/、/ŋ/、/q^h/、/χ/、/◉/、/h/。所选元音例词均是以元音为首音或者搭配送气清塞音、送气清塞擦音、清擦音,因为这些送气清辅音的声学特征和元音有明显不同,这种特点有助于元音共振峰的判定与测量。所选辅音例词均是以该辅音起首或结尾。

三、研究对象

本研究发音人是来自巴里坤的一个世居哈萨克族家庭的三个男

性成员，其中祖代（爷爷）63 岁，父代（爸爸）38 岁，孙代（儿子）15 岁。选择这三个发音人作为调查对象，是因为他们符合下列原则：第一，研究对象日常交谈以哈语为主；第二，研究对象都已连续居住在巴里坤超过 15 年；第三，发音人没有任何言语、喉咙、精神治疗方面的病史。代际之间的语言能力见表 4-1。

表 4-1　代际之间的语言能力

代际关系	语言熟练程度的排序	文字熟练程度的排序	哈语能力	汉语语文能力
祖代	哈语，汉语	哈语，汉语	熟练	听说稍差，读写有困难
父代	哈语，汉语	哈语，汉语	熟练	听说熟练，读写不熟
孙代	汉语，哈语	汉语，哈语	能听懂，表达有困难	听说读写都很熟练

四、研究步骤

录音材料于 2013 年 6 月在巴里坤研究对象的家里一次录制完成。为了确保声音品质，录音是在安静的房间中进行，所有录音用录音笔进行录制。录音中，发音人以固定速率与适当强度自然地念出调查词表中的单词。每个词发音两遍，总共收集 282 个有效样本。笔者获取声音文件之后，储存于电脑，并转换成 WAV 文档，之后利用 Praat 和 SPSS 对语音进行切音、制图、数据提取和分析。首先，通过波形图（oscillograph）与语图（spectrogram）来判断元音和辅音是否出现变异。然后，用 Praat 分析元音的共振峰，并将元音稳定段的 F1 与 F2 频率值取出，再利用所取频率数值和 Praat 的脚本文件，制成声学元音空间图以进行后续比较。同时，把频率数值输入 SPSS，考察代际之间的元音变异情况。最后，用 Praat 对出现变异的辅音绘制相应的语图，以备进行后续分析。

第三节　结果分析

一、哈语语音变异总体趋势

研究结果显示，哈语的元音、辅音及音节构成都出现了一定程度的变异，表现出向汉语语音靠近的趋向性。具体来说，与汉语发音相似的哈语元音和辅音出现发音方式的变异。汉语特有的音节构成规律也出现在哈语的音节构成中。下面就哈语元音、辅音以及音节的变化做具体描述和讨论。

（一）元音

元音是音节的核心（Clark，2000）。元音的音色与其发音方式密切相关，主要由舌头的位置（简称舌位）和嘴唇的形状决定（林焘和王理嘉，1992），而舌位依据舌头隆起的最高点在口腔中的高低和前后两方面来确定，嘴唇的形状依据嘴唇的圆展来确定。哈语中没有复元音，只有单元音/ɑ/、/æ/、/o/、/ø/、/u/、/y/、/e/、/ə/、/ɵ/（耿世民和李增祥，1985；耿世民，1989）。按其发音方式，列表如下（表4-2）。

表 4-2　哈语元音表

唇状 前后　　开合	展唇		圆唇	
	宽元音	窄元音	宽元音	窄元音
后元音	ɑ	ə	o	u
前元音	æ、e	ɵ	ø	y

在本次语音调查中，我们发现哈语9个元音中的/æ/、/ɑ/和/u/的发音方式出现变异，即它们舌位的高低和前后出现了变异（表4-3）。

表 4-3　哈语发生变异的元音

音素	哈语	汉语
元音	前元音/æ/→/ɛ/	前元音/ɛ/
	后元音/ɑ/→/a/	后元音/a/
	后元音/u/→/u/	后元音/u/

共振峰是元音最重要的声学属性。共振峰的频率不同，元音的音色就不同。第一共振（F1）和第二共振峰（F2）的频率是决定一个元音音色的重要因素（石锋，2008）。Praat所提取的共振峰数据分析表明，哈萨克族发音人在发哈语前元音/æ/、后元音/ɑ/和/u/时，他（们）没有用哈语惯有的发音方式，而是用发汉语前元音/ɛ/、后元音/a/和/u/发音方式来发/æ/、/ɑ/和/u/。这个结果清楚地显示出哈语的某些元音

发音确实出现了变化,呈现向汉语相对应的元音发音靠拢的趋势。仔细比对后,笔者还发现这三个哈语元音与向汉语元音靠拢的三个汉语元音在发音特征上有很大的相似性。比如,/æ/在哈语中是前元音,同汉语的前元音/ɛ/发音基本相同;哈语的后、低元音/ɑ/同汉语的低元音/a/发音相似;哈语的后圆唇元音/u/和汉语的圆唇元音/u/的发音也是基本相同(范道远,1992)。这一研究结果也进一步证明:当一种语言的语音受到其他语言的语音影响时,元音变化最为激烈(Labov,2001),而受语(recipient language)元音的语音变异往往发生在与源语(source language)有相似发音特征的某些语音上。

(二)辅音

辅音依元音而存在,也是构成音节的重要组成部分。哈语有24个辅音(表4-4),辅音中一半以上是浊音。另外,清音与浊音有着很整齐的对应关系(耿世民,1989)。

表4-4 哈语辅音表

发音方式	发音部位	双唇	唇齿	舌尖	舌叶	舌面	舌根	小舌	喉
塞音	清送气	p		t			k	q	
	浊不送气	b		d			g		
擦音	清		f	s	◎			χ	h
	浊	w	v	z		j		◎	
塞擦音	清送气				◎				
	浊不送气				◎				
鼻音		m		n			ŋ		
边音				l					
颤音				r					

语音调查结果显示,与元音相比,哈语24个辅音发音的变化没有那么明显,但是仍然有一个辅音/r/的发音出现显著变化,尤其是在以/r/结尾的哈语单词中,变异尤为突出。变异主要体现为:发音人所发的/r/,无论是从听感还是Praat语图判断,都不是典型的颤音,而是近似于元音或浊音的一种音。这种发音方法和汉语/r/相似。/r/在汉

语中是卷舌浊通音（林焘和王理嘉，1992），发音方式类似于元音，可以得出结论发音人所发的/r/很大程度是受了汉语的影响。

（三）音节

音节是听觉能感受到的最自然的语音单位（林焘和王理嘉，1992）。一般音节都以元音作为音节的核心，辅音在元音的前面或后面，依附于元音。词中元音的数量即音节的数量，有几个元音，即有几个音节。由元音和辅音构成的音节有以下四种基本类型（V 代表元音，C 代表辅音）：

(1) V；(2) C-V；(3) V-C；(4) C-V-C。

哈语除以上四种之外，还有两种以复辅音结尾的音节结构：

(5) V-C-C；(6) C-V-C-C。

本次调查发现，在读以辅音结尾的单词时，发音人的哈语音节结构出现变异。发音人倾向在辅音之后增加一个元音。比如，qazaq（哈萨克）在哈语音节结构中应是 qa-zaq 两个音节，但是发音人却读成 qa-za-qx（x 代表未知元音），使结尾构成 C-V 音节。一般来讲，哈语音节可以以清塞音（送气）和擦音辅音结尾（邓安方，2005），如 waq（时间）、ras（真）。但是，汉语音节的基本结构是 C-(V)V(V)-(N)。汉语辅音中，只有/n/和/ŋ/才能出现在音节词尾，其他辅音只能出现在节首，并且都紧接元音。根据这一特征，我们可以推出这样的结论：哈萨克族发音人在辅音结尾的哈语单词后再加一个元音的发音方式明显是受了汉语音节特征的影响。

二、哈萨克族不同代际的语音变异差异

（一）总体趋势

分析结果显示，哈语语音变异出现明显的代际差异：祖代哈语语音保持不变；父代哈语语音出现既有保持，又有变化；孙代哈语语音明显向汉语语音靠拢（见表 4-5）。具体来说，祖代的哈语语音没有受到汉语的影响，他（们）在元音、辅音和音节的发音方式上与标准哈语保持一致；父代的表现很矛盾，他（们）的部分元音表现出向汉语发音方式靠拢的趋势，而辅音和音节则和老年一样与标准哈语保持一

致,这也说明处于中间一代的语言态度比较矛盾,既赞同青少年的发音方式,又不放弃老年人的发音习惯;孙代哈语发音则表现出明显汉化,即发哈语的音时,会按照汉语中相应发音的习惯来发哈语的音,出现向汉语发音方式靠近的趋势。

表 4-5　代际的语音变异

代际关系	元音	辅音	音节构成
祖代	保持不变	保持不变	保持不变
父代	既有不变也有靠拢汉语	保持不变	保持不变
孙代	靠拢汉语	靠拢汉语	靠拢汉语

1. 元音

代际之间的哈语元音变异主要有两种倾向:①当元音与汉语的某个发音相似时,由于受到汉语的影响,不同代际在发音方式上会出现明显差异;②当元音是哈语独有的音时,不同代际的发音会呈现出高度一致性。下面就依据元音的共振峰值、单因素方差分析和声学元音空间图对代际与元音变异的关系解释如下。

(1) 共振峰值分析。从表 4-6 中我们可以看出,三个发音人的共振峰数值存在不同程度差别,这也说明不同代际的元音发音方式是不同的[①],即舌位的前后和高低不同。例如,在读 aq(白色)这个单词时,祖代/a/的第一共振峰值是 815~927Hz 之间,第二共振峰值是 1047~1394Hz 之间;父代/a/的第一共振峰值是 598~761Hz 之间,第二共振峰值是 1599~2343Hz 之间;而孙代/a/的第一共振峰值是 481~710Hz 之间,第二共振峰值是 1345~1773Hz 之间。从这组数据中我们可以看出,就第一共振峰,即舌位的高低而言,祖代/a/在三人之中舌位最低,因为他的 F1 数值最高,父代/a/的舌位次之,而孙代/a/的舌位最高;就第二共振峰,即舌位的前后来说,祖代/a/的舌位最靠

[①] 需明确指出的是,同一个人的共振峰值测量结果可在一定区间内围绕一个稳定的均值上下波动,但本文用于比较的不是区间,而是这个相对稳定的均值;三个发音人的共振峰均值都为固定值。同时,由于不方便将三个发音人的 9 个元音的共振峰数据一一列出,只列了 54 个共振峰数值中的最大和最小值,以此作为受试共振峰数据区间,呈现出总体结果。

表 4-6　代际之间的元音共振峰数据范围

音位	单词	发音人	F1 数据范围（Hz）	F2 数据范围（Hz）
/ɑ/	aq（白色）	祖代	815~927	1047~1394
		父代	598~761	1599~2343
		孙代	481~710	1345~1773
/æ/	äke（父亲）	祖代	550~998	1838~2067
		父代	662~696	1430~2083
		孙代	576~730	1990~2106
/o/	otɑn（祖国）	祖代	463~515	1051~1183
		父代	651~748	1059~1590
		孙代	327~606	1002~1722
/ø/	öte（特别）	祖代	404~432	1390~1555
		父代	411~455	1453~1572
		孙代	400~463	1335~1978
/u/	ul（少年）	祖代	229~565	455~978
		父代	481~635	704~1071
		孙代	265~448	1024~1252
/y/	üš（三）	祖代	311~382	922~2117
		父代	397~474	1309~1613
		孙代	295~349	1514~1947
/e/	et（肉）	祖代	338~577	1509~2343
		父代	403~548	1551~2183
		孙代	369~450	1111~2536
/ə/	qIz（丫头）	祖代	446~593	1095~1976
		父代	486~581	1269~1669
		孙代	449~566	1358~1665
/◉/	is（牙）	祖代	456~505	1685~1760
		父代	455~471	1642~1839
		孙代	459~490	1709~1899

后，因为他的 F2 数值最小，孙代/ɑ/的舌位次之，而父代/ɑ/的舌位最靠前。从这个数据可以得知，在这三代人中，祖代/ɑ/是一个最标准的后、低元音，而/ɑ/在哈语中正是一个后、低元音（范道远，1992），这清楚地说明祖代的哈语发音仍然保持不变，而父代和孙代在发/ɑ/时，舌位比祖代/ɑ/要高，而且父代/ɑ/舌位更前。这说明父代/ɑ/的发音比起孙代来说，更接近汉语/a/的发音，因为哈语的后、低元音/ɑ/

同汉语的低元音/a/发音相似，哈语的/ɑ/发音时靠后，而汉语的/a/在舌位上比哈语的/ɑ/略前（范道远，1992）。

（2）单因素方差分析。为了进一步分析代际之间在元音发音方式上的变异，我们对发音人的 F1 和 F2 频率数值进行单因素方差分析。结果显示（表 4-7），代际发音方式的变异有两种表现：①/ɑ/、/æ/和

表 4-7　代际之间 F1 和 F2 单因素方差分析

代际之间元音发音方式	组间/组内	Sum of Squares	df	Mean Square	F	Sig.
/æ/ F1	Between Groups	142 931.4	2	71 465.700	12.408	0.000
	Within Groups	155 504.9	27	5 759.441		
	Total	298 436.3	29			
/æ/ F2	Between Groups	1 018 985.4	2	509 492.700	36.085	0.000
	Within Groups	381 219.3	27	14 119.233		
	Total	1 400 204.7	29			
/ɑ/ F1	Between Groups	353 544.3	2	176 772.133	49.239	0.000
	Within Groups	96 933.1	27	3 590.115		
	Total	450 477.4	29			
/ɑ/ F2	Between Groups	2 121 999.3	2	1 060 999.633	38.289	0.000
	Within Groups	748 186.6	27	27 710.615		
	Total	2 870 185.9	29			
/o/ F1	Between Groups	343 535.3	2	171 767.633	44.913	0.000
	Within Groups	103 259.4	27	3 824.422		
	Total	446 794.7	29			
/o/ F2	Between Groups	315 464.9	2	157 732.433	4.634	0.019
	Within Groups	918 969.3	27	34 035.900		
	Total	1 234 434.2	29			
/ø/ F1	Between Groups	795.3	2	397.633	1.330	0.281
	Within Groups	8 072.1	27	298.967		
	Total	8 867.4	29			
/ø/ F2	Between Groups	41 001.9	2	20 500.933	1.108	0.345
	Within Groups	499 715.1	27	18 507.967		
	Total	540 717.0	29			

续表

代际之间元音发音方式	组间/组内	Sum of Squares	df	Mean Square	F	Sig.
/u/ F1	Between Groups	161 542.5	2	80 771.233	14.213	0.000
	Within Groups	153 437.7	27	5 682.878		
	Total	314 980.2	29			
/u/ F2	Between Groups	1 044 218.8	2	522 109.433	22.778	0.000
	Within Groups	618 890.6	27	22 921.874		
	Total	1 663 109.4	29			
/y/ F1	Between Groups	54 244.5	2	27 122.233	44.310	0.000
	Within Groups	16 526.9	27	612.107		
	Total	70 771.4	29			
/y/ F2	Between Groups	491 197.3	2	245 598.633	2.273	0.122
	Within Groups	2 917 615.7	27	108 059.841		
	Total	3 408 812.9	29			
/e/ F1	Between Groups	10 598.1	2	5 299.033	1.601	0.220
	Within Groups	89 348.6	27	3 309.207		
	Total	99 946.7	29			
/e/ F2	Between Groups	160 631.3	2	80 315.633	0.557	0.579
	Within Groups	3 893 479.4	27	144 202.941		
	Total	4 054 110.7	29			
/ə/ F1	Between Groups	436.1	2	218.033	0.117	0.890
	Within Groups	50 323.8	27	1 863.844		
	Total	50 759.9	29			
/ə/ F2	Between Groups	8 414.5	2	4 207.233	0.130	0.879
	Within Groups	877 060.9	27	32 483.737		
	Total	885 475.4	29			
/ɵ/ F1	Between Groups	1 127.3	2	563.633	3.439	0.047
	Within Groups	4 425.7	27	163.915		
	Total	5 553.0	29			
/ɵ/ F2	Between Groups	26 948.5	2	13 474.2	4.337	0.023
	Within Groups	83 888.2	27	3 106.9		
	Total	110 836.7	29			

/u/的 F1 和 F2 值具有显著性差异（$p<0.01$），这说明代际之间在发这几个音时的舌位高低和前后都是有明显不同的；而/o/和/y/的 F1 值具有显著性差异（$p<0.01$），而 F2 值没有显著性差异（$p>0.01$），这说明不同代际发这些音时，舌位的高低有明显不同，但是舌位的前后是一样的。②/ø/、/e/、/ɵ/和/ə/发音没有显著性差异（$p>0.01$），这说明代际之间在发这几个音时的舌位高低和前后基本一致。

（3）声学元音空间图分析。以上方差分析结果说明代际之间在元音发音方式上存在一定程度的差异。为进一步了解这种差异，笔者又将不同代际所发的九个元音做了声学元音空间图。将方差分析结果与声学元音空间图结合起来分析后，我们发现代际在不同哈语元音上的变异程度如下。

首先，当哈语某些元音的发音方式与汉语元音发音方式相似时，不同代际的元音变异明显。哈语/æ/、/ɑ/、/u/、/o/和/y/这五个元音与汉语中的元音在发音方式上有相似之处（范道远，1992）。当不同代际在发这几个音时，出现了不同程度的显著性差异。

/æ/、/ɑ/和/u/差异主要表现为不同代际舌位高低和前后的差异（图 4-1）。例如，在发前元音/æ/时，祖代和孙代所发/æ/的舌位都是前元音，但祖代发这个音时，其舌位稍靠后，而孙代舌位最靠前。孙代的舌位靠前显然是由于受到汉语/ɛ/的影响，因为"汉语的前元音一般靠前，而哈语的前元音略靠后"（范道远，1992）。孙代在前元音/æ/的发音方式上复制了汉语/ɛ/的发音方式，因此舌位比祖代靠前。这里需要提及的是，父代/æ/的舌位却比祖代的舌位还靠后。这可能是由实验期待造成的，即父代注意到实验目的是在测试哈语/æ/的发音，由于实验期待效应，他尽力使自己的发音向哈语标准靠拢，但却出现了社会语言学中提到的过度纠正（hypercorrection），这种过度纠正的动因是希望自己的发音听起来更地道。但是，图 4-1 显示父代/æ/的舌位高低与孙代一样，也说明父代/æ/的发音在一定程度上也受到了汉语的影响。

在发后元音/ɑ/时，图 4-2 显示：祖代的/ɑ/符合哈语中/ɑ/的后、低元音的标准，这是因为祖代/ɑ/的 F1 和 F2 的数值差距最小（表 4-8）。一个元音的 F1 和 F2 的差距越小，越说明它是一个后元音，而且老年/ɑ/的舌位比起父代和孙代更靠后，也更低。父代和孙代则在

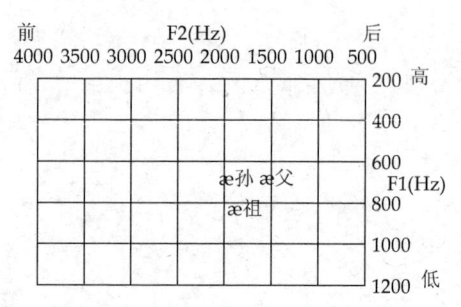

```
前            F2(Hz)           后
4000 3500 3000 2500 2000 1500 1000 500
                                      200  高
                                      400
                                      600
                        æ孙 æ父        F1(Hz)
                          æ祖          800
                                      1000
                                      1200 低
```

图 4-1　不同代际/æ/的声学元音图

这个音位上表现出一种进行中的变化。图 4-2 还显示：父代和孙代在发/ɑ/时，舌位比祖代/ɑ/要高，而且父代/ɑ/舌位更前。这说明中年/ɑ/的发音，比起少年来说，更接近汉语/a/的发音，因为哈语的后、低元音/ɑ/同汉语的低元音/a/发音相似，哈语/ɑ/发音时靠后，而汉语的/a/在舌位上比哈语的/ɑ/略前（范道远，1992）。

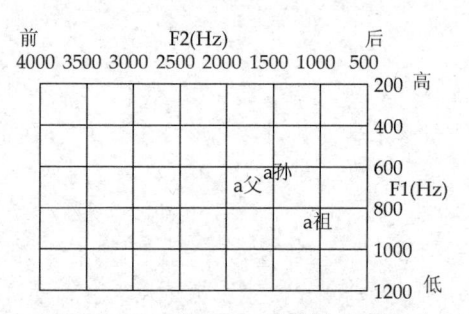

```
前            F2(Hz)           后
4000 3500 3000 2500 2000 1500 1000 500
                                      200  高
                                      400
                                      600
                         ɑ孙           F1(Hz)
                      ɑ父              800
                             ɑ祖       1000
                                      1200 低
```

图 4-2　不同代际/ɑ/的声学元音图

表 4-8　代际之间/ɑ/共振峰均值数据

音位	单词	发音人	F1 均值（Hz）	F2 均值（Hz）
/ɑ/	aq（白色）	老年	863	1216
		中年	672	1867
		少年	607	1575

对后元音/u/而言，图 4-3 显示，祖、父、孙代所发的/u/都是后元音。其中，祖代/u/的 F1 和 F2 的差距最小（表 4-9），说明它最符合哈语中/u/这个后元音的发音标准。孙代的/u/舌位最靠前，也最高，

这说明孙代因受汉语影响发这个音时非常接近汉语/u/的发音,因为哈语的后圆唇元音/u/和汉语的圆唇元音/u/的发音部位基本相同,但哈语/u/比汉语/u/的舌位要略靠后、略低(范道远,1992)。父代的表现则再一次出现过度纠正的发音行为,他的/u/发音表现出比祖代还低的舌位,说明父代希望自己的发音听起来更像哈语,结果矫枉过正了。

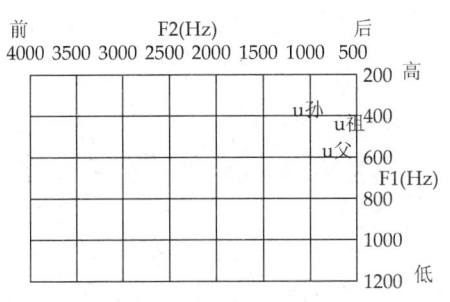

图 4-3　代际之间/u/声学元音图

表 4-9　代际之间/u/共振峰均值数据

音位	单词	发音人	F1 均值(Hz)	F2 均值(Hz)
/u/	ul（少年）	老年	434	751
		中年	545	879
		少年	367	1195

代际之间在发/æ/、/ɑ/、/u/时舌位的高低和前后均有显著性差异。与/æ/、/ɑ/、/u/不同的是,代际在发/o/和/y/时,舌位的高低有显著性差异,但是舌位的前后没有差异。这说明代际之间的/o/和/y/有一定程度的变异。下面我们分别来看代际/o/和/y/的表现。

从图 4-4 可以看出祖代/o/的舌位最靠后,父代的舌位的最低,孙代的舌位最靠前。哈语的/o/是后圆唇元音,与汉语的后圆唇元音/o/在发音上基本相似。但哈语的/o/撮成的圆孔比汉语的/o/略大,舌位也略低(范道远,1992)。由此可以得出结论:祖代/o/与标准哈语一样;父代过度纠正/o/的舌位导致比老年还低;孙代/o/由于受汉语的影响,舌位明显高于祖代和父代。

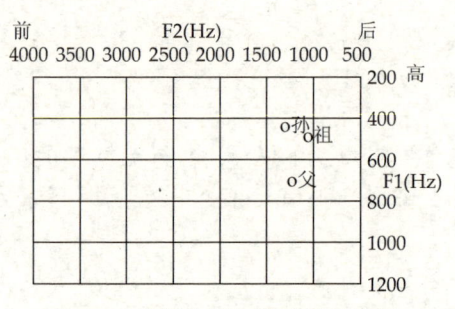

```
前        F2(Hz)          后
4000 3500 3000 2500 2000 1500 1000 500
                                        200 高
                                        400
                              o孙
                              o祖      600
                                        F1(Hz)
                              o父      800
                                        1000
                                        1200
```

图 4-4　代际之间/o/的声学元音图

代际/y/的表现与/o/一样。代际所发的/y/都是前元音（图 4-5）。三人主要变现为舌位高低不同。孙代的舌位最高，祖代次之，父代最低。哈语/y/是前圆唇元音，它和汉语的前圆唇元音/y/发音也是基本相似。但哈语的/y/撮成的圆孔比汉语的/y/略大、略松，舌位也略低（范道远，1992）。这又一次说明：祖代/y/是标准哈语；父代和祖代不仅保持一致，而且还过度矫正/y/舌位的高低；孙代/y/受汉语影响，舌位最靠前。

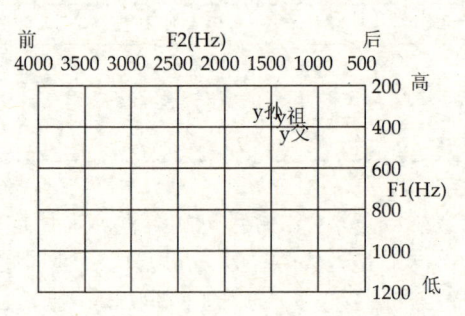

```
前        F2(Hz)          后
4000 3500 3000 2500 2000 1500 1000 500
                                        200 高
                          y孙y祖
                          y父         400
                                        600
                                        F1(Hz)
                                        800
                                        1000
                                        1200 低
```

图 4-5　代际之间/y/的声学元音

其次，当哈语某些元音的发音方式与汉语元音发音不对应时，不同代际不呈现元音变异。当发/ø/、/e/、/ɵ/和/ə/时，不同代际的发音方式呈现高度的一致性，即他们的舌位高低和前后基本一致（图 4-6～图 4-8）。为什么在这四个元音上没有代际差异呢？

我们先来看/ø/、/e/和/ɵ/这三个元音。哈语的前元音/ø/和/e/在汉语中没有与之对应的元音（黄中祥，2002）。/ø/是一个半高圆唇元音。

/e/在发音上类似于汉语元音/i/和/ɛ/的组合。/ø/在哈语里是央元音,它同汉语的前元音/i/有很大差异,几乎没有交叉的音域。这也就是说,当这几个哈语元音的发音方式在汉语元音发音里找不到对应体时,发音人就没有可能受到汉语语音的影响,也就不会因受到影响的大小而出现代际上发音的差异。

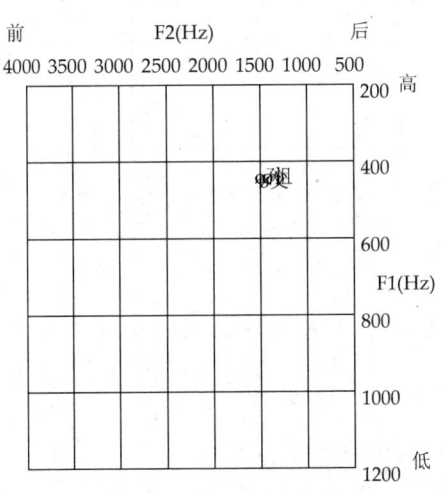

图 4-6　代际/ø/的声学元音图

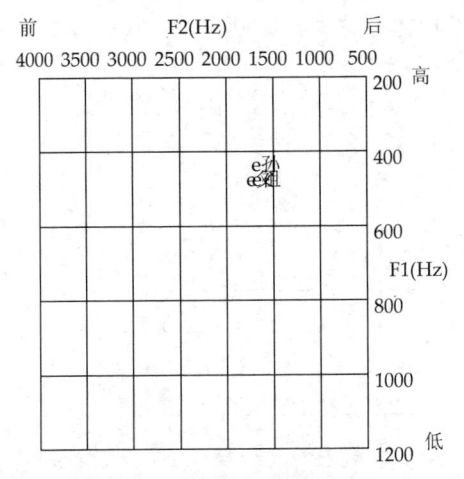

图 4-7　代际/e/的声学元音图

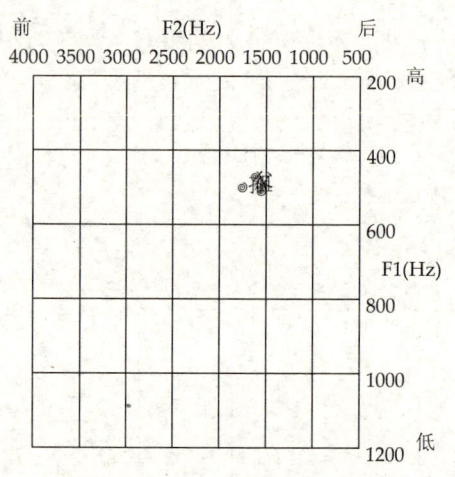

图 4-8 代际/ə/的声学元音图

这里需对哈语/ə/的声学元音图进行特殊的说明。根据前面的分析，我们知道当哈语的元音与汉语某个元音相似时，如哈语的/æ/和汉语的/ɛ/相似，孙代会由于汉语的影响而表现出与祖代完全不同的发音方式。哈语/ə/和汉语哈语/ə/是相似发音（范道远，1992），但是根据单因素方差分析和声学空间图（图 4-9）的结果，我们发现不同代际在发/ə/时没有显著性差异，代际之间的舌位图几乎是完全重合，这说明孙代和父代的发音很明显与祖代是一致的，似乎看不到受到过汉语的任何影响。对这一结果的解释是：首先，音位/ə/在哈语和汉语里都是央元音，发音时舌头自然放平，由舌头中部起作用而发出的元音。其次，哈语的/ə/和汉语的/ə/的发音部位是一样的，只是在不同的语

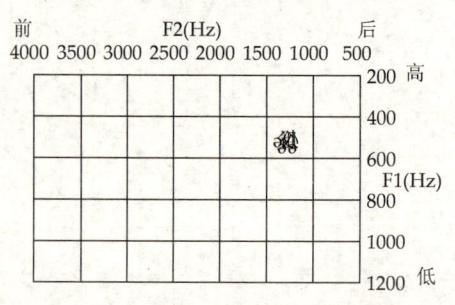

图 4-9 代际之间/ə/的声学元音图

境里表现为不同的音质。比如，汉语的/ə/做单韵母时音质是/ɵ/，哈语的/ə/与舌根后辅音相拼时也是/ɵ/，只不过发音略靠后，音质为/ɵT/（T 表示舌位略降）（范道远，1992），因此代际之间在发/ə/时没有显著性差异。

2. 辅音

Praat 语图（图 4-10～图 4-13）分析结果表明，不同代际在元音发音方式出现变异差别外，他们在辅音发音上也出现不同：祖代的辅音发音与标准哈语辅音发音一致；父代和祖代一样，哈语辅音没有变化；然而，孙代的哈语辅音出现明显汉化，即发哈语某些辅音时，会按照汉语中类似这些辅音的发音方式来发哈语的音。下面用祖代和孙代的辅音语图来进一步说明两代人发音上的差异。

（1）/r/音的弱化。/r/在哈语中是舌面颤音，多出现在词间和词尾。当祖代发/r/出现在词尾时的音时，人耳可以明显分辨出祖代所发的/r/是典型的舌面颤音。颤音和塞音的声学表现一样，从语图上看为冲直条或称尖峰，颤动几次就出现几次尖峰，一般都非常细，而且相互之间距离很近。如图 4-10 所示，祖代语图中的/r/是颤音的典型声学表现（箭头所示）。

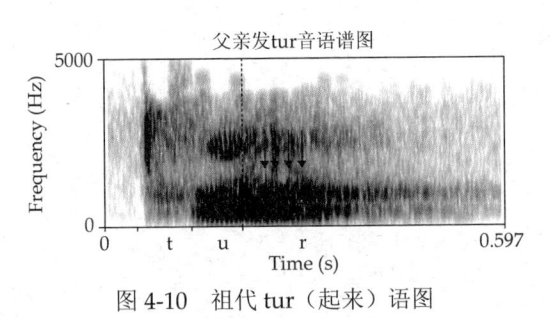

图 4-10　祖代 tur（起来）语图

然而，孙代的发音中几乎分辨不出/r/是颤音。从图 4-11 中可以看出，孙代/r/呈现的却是一条排列整齐的垂直条纹形成的浓黑色的横杠，这是元音或浊音的声学表现。因此，从语图可以肯定的断定，孙代所发/r/不是哈语的舌尖颤音，而是近似于元音或浊音的一种音。/r/在汉语中是卷舌浊通音，发音方式类似于元音，只能出现在音节首位置。从这一点上可以推断孙代是受了汉语/r/的发音而导致发出了类似元音或浊音的一种音。

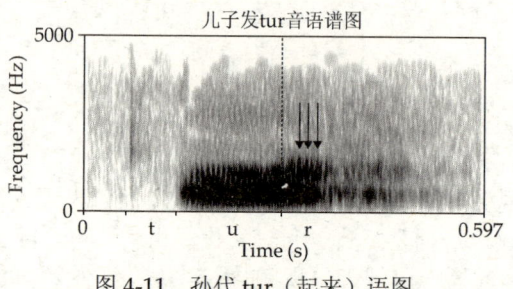

图 4-11　孙代 tur（起来）语图

（2）清音/t/的保留。清浊音的区别在于声带是否有振动，表现在语图上就是有无低频横杠。在对比祖代和孙代所发的 tur 时，笔者发现一个有趣的现象，那就是祖代所发的/t/（图 4-12）中既有代表塞音的冲直条（单箭头所示），在语图的低频处也有代表浊音的横杠（双箭头所示），尽管横杠颜色没有那么深，但是可以看出发/t/时，声带是振动的。

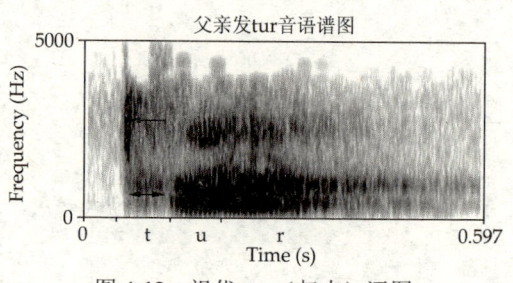

图 4-12　祖代 tur（起来）语图

然而孙代所发的/t/（图 4-13）却只有冲直条（单箭头所示），在语图的低频部分却是空白的（双箭头所示），表明发音时声带没有振动。

从祖代和孙代所发/t/的差别上，我们可以得出：祖代所发的/t/是一个非典型送气浊塞音，而孙代所发的/t/却是一个典型的送气清塞音。其实,/t/在哈语和汉语中都是送气清塞音（耿世民和李增祥，1985；林焘和王理嘉，1992）。之所以出现祖代和孙代在发音的差异，我们

儿子发tur音语谱图

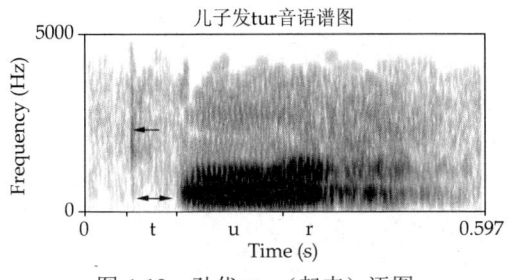

图 4-13 孙代 tur（起来）语图

的解释是：哈语辅音中一半以上是浊音，浊音处于强势地位，所以即使是发清音，哈萨克族人也会倾向发成浊音。正是由于哈语的清音/t/因受到其他浊音的影响而渐渐失去清音的特征，所以祖代在发/t/才会出现非典型的浊音声学表现。而汉语辅音只有送气与不送气之分，没有清音浊音的对立，清音在汉语中处于强势地位。孙代由于与汉语接触比较多，所以在他发哈语/t/时，很容易按照汉语/t/送气清塞音发音习惯来发，也就导致所发的哈语/t/中出现了汉语/t/送气清塞音这个语音特征，他的语图上才会出现标准的清塞音的声学表现。

但是，在哈萨克族年长者的清音/t/浊化和年少者的清音/t/的存在会不会是一个普遍现象？或者哈语中的清音/t/会不会在将来完全取代浊音/t/？这些问题还有待进一步的实验和证明。

（3）音节结构。除了在元音和辅音发音上有变异外，代际与哈语音节变异也存在一定的相关性。根据语图（图 4-14～图 4-17）分析，与辅音表现一样，祖代和父代仍保持哈语标准音节的发音方式，而孙代的哈语音节表现却向汉语靠拢。音节结构的代际差异主要表现在以辅音结尾的哈语单词上。当读以辅音结尾的单词时，孙代有时会重读结尾辅音，并在其后加上一个类似/ə/的央元音，使之成为一个独立音节，而且这种情况多发生在以/k/和/qʰ/结尾的词上。而祖代和父代的发音中却听不到类似的音节构成。

下面以 zerek（聪明）和 waq（时间）两个哈语单词为例，来进一步对比分析祖代和孙代以/k/和/qʰ/结尾的单词的发音方式上有显著差别。

/k/是一个送气塞音，在语图上的特征纹样为先有冲直条，然后是浅色的杂乱纹样。孙代在发/k/结尾的单词时，语图上可以明显看到有一竖道冲直条（图 4-14 中箭头所示），只是冲直条之后出现的是比较模糊的横杠（图 4-14 中两道线条之间）。这其实是元音的特征纹样。很明显孙代在 zerek 的 re-之后又加了一个音节-kx（x 代表未知元音）；而在祖代的语图（图 4-15）上，结尾/k/没有出现冲直条，只看到 re-后有送气辅音送出气流的浅色杂乱纹样，说明祖代对于结尾/k/的处理是弱化其作为塞音的持阻阶段，只保留除阻阶段的送气部分。

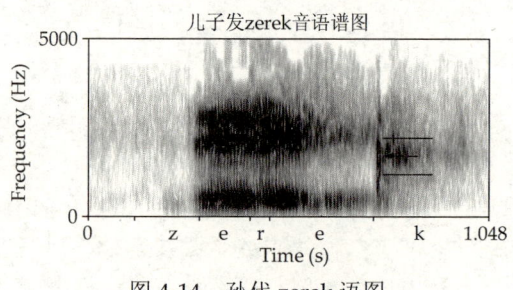

图 4-14　孙代 zerek 语图

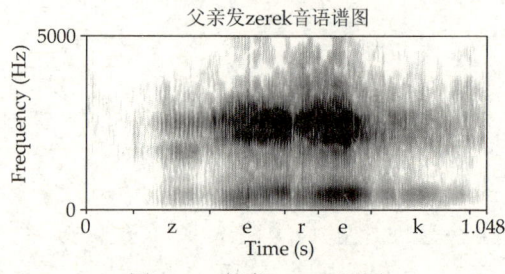

图 4-15　祖代 zerek 语图

经过两人 waq 的语图的对比，我们发现孙代的/q^h/后面是元音语图的典型横杠，说明他在发 waq 时，在/q^h/后加了一个模糊的元音，从而使 waq 被读成了两个音节 wa-qx（图 4-16）。然而祖代在/q^h/（图 4-17）后只有送气的浅色杂乱纹样，使 waq 仍处在一个完整的音节下。

在单词的辅音或元音后添加另外一个语音的发音行为称作加音（epenthesis），又称插入音。这是语言接触的后果之一，即语言特征的增加。语言特征的增加是指受语系统通过接触其他语言而导致演变，

图 4-16 孙代 waq 语图

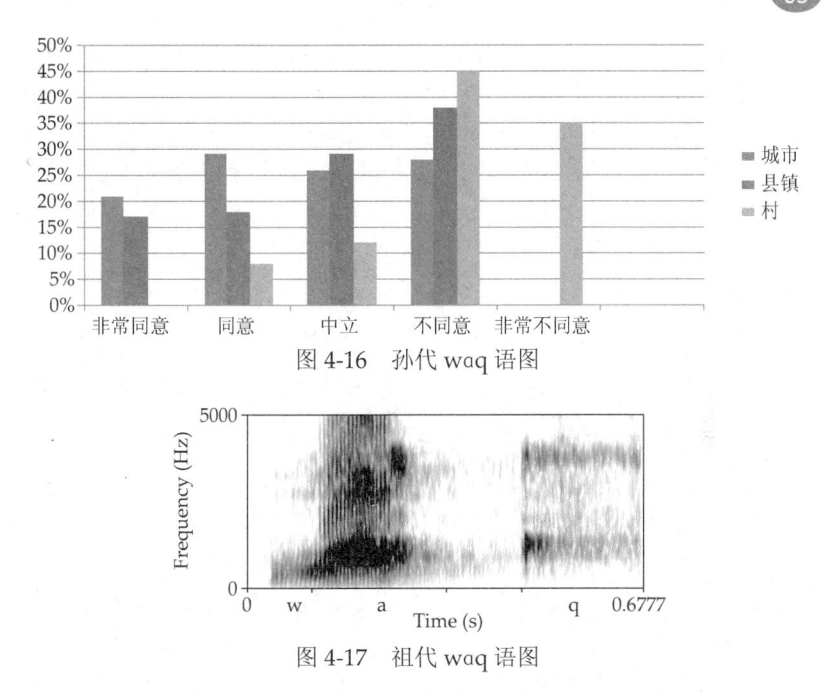

图 4-17 祖代 waq 语图

使其增加了新的特征。要了解孙代在哈语结尾辅音之后加音的原因,就必须弄清哈、汉两种语言的辅音在音节尾或词尾中的分布和组合特点。在辅音的分布位置上,哈、汉两种语言之间存在的差异颇大。就其出现在节尾或词尾的位置而言,哈语辅音出现的位置比较自由,所有辅音全都可出现在节尾或词尾,哈语节尾或词尾收尾辅音倾向于送气或清化或者不发音。但汉语的辅音却恰恰相反,所能出现的位置十分固定。在汉语普通话中,虽然有 21 个辅音,但能出现在节尾的却只有/n/、/ŋ/和儿化韵尾/r/音,并且发音都比较弱,其他辅音只能出现在节首。另外,由于汉话中除/n/、/ŋ/和/r/外其他辅音只能出现在节首,并且其后都紧接元音,所以发音时都比较强。

孙代在词尾辅音后加音的这种现象很明显也是受了汉语的影响。哈萨克语的音节相对于其他语言来说比较简单,每个音节中只有一个元音。出现在元音前面的是鼻音、边音、颤音和半元音这些辅音中的浊音;出现在元音后面的辅音只能是清塞音(送气)和擦音。汉语音节构成是辅音后接元音，所以当/k/和/qʰ/出现在哈语的词尾时，孙代没有按照哈语的音节构成习惯，而是按照汉语的音节习惯，在/k/和/qʰ/之后加上一个模糊的元音，使之单独成为一个音节出现，并且重读这个音节。这是孙代在辅音之后加音的一个重要原因。然而，对于祖代来说，他认为 zerek 和 waq 中-rek 和 waq 都是一个完整的音节，而且/k/和/qʰ/作为结尾音是不应该重读或单独强调，最好的处理办法就是弱化，所以祖代这两个音的发音方式是符合哈语中作为韵尾的辅音应具有送气特征的要求的（邓安方，2005）。

第四节 讨　　论

根据以上分析，我们看出现阶段哈语中的某些元音和个别辅音及音节上都出现了变异，而且变异部分基本是与汉语语音中相似的那些成分。为什么会有这样的变异？众所周知，语言接触常常会导致语言的变化。语言接触现象十分复杂，语言接触过程中的诸多因素都会对语言的变化产生影响，其中制约或影响语言变化主要有两大因素——社会文化因素（孟万春，2011）和语言干扰因素（王远新，1988）。社会文化因素决定了语言接触的深度，决定了语言转移的方向；语言干扰因素决定了语言接触的层次。二者是互为补充，相互不能替代的。作为新疆第二大少数民族，哈萨克族长期以来与汉族一直保持着直接的、密切的接触。据史料记载，早在汉朝时期，汉族与哈萨克族先民乌孙就在政治、军事、语言文化上开始了接触往来（杜秀丽，2010），当时的汉乌接触主要体现在以下几个各方面：汉乌联盟对抗匈宛联盟、汉庭在乌孙北部的眩雷屯田戍边、商贸往来、汉语汉文化在乌孙的传播等。汉与乌孙这样广泛的、多层面的接触，不仅促使打开了中亚交通的道路，使汉朝的先进生产技术与先进文化传入西域并远达欧洲，同时也开启了汉语与乌孙语言之间相互感染、相互吸收、相互融合及相互影响，而这种影响一直延续到两千年后的今天。但需要指出的是，这时段的哈汉接触主要体现在上层的文化接触和政治接触上（杜秀丽，2010），而大范围的、民间日常生活上的哈汉接触应该追溯到 20 世纪 50 年代。当时，随着新疆屯垦戍边的发展，随着汉族大量地进入新疆，少数民族文化教育事业不断发展，哈萨克族与汉族的语言及文化接触日益增加，逐渐出现了向双语方向发展的趋势。作为本研究的样板地——巴里坤哈萨克自治县就是典型的一例。该县境内现有哈萨克、汉、蒙古、维吾尔、回、满、东乡等16个民族，其中汉族、哈萨克族人数最多。此外，巴里坤位于新疆维吾尔自治区东部，南隔巴里坤山与哈密市为邻，巴里坤镇距乌鲁木齐市公路里程570公里。乌鲁木齐是新疆的政治、文化、经济中心，汉族占绝大多数，哈密市的汉族人口也占一定优势，汉语是当地的主要通用语。这两个地方已形成以汉语为主、少数民族语为辅的双语区。基于这样一个外在和内在人口分布结构，巴里坤的哈萨克族群众不仅在日常生活中可以通过广播、电视、电影等媒介直接接触到汉语，而且运用汉语参与口耳并用的实际交际，这为当地的哈萨克族提供了一个良好的接触汉语的地理环境和人文环境。此外，巴里坤地区存在着较为广泛的双语现象，这又为哈语和汉语的接触提供了良好的教育环境。70年代起，巴里坤的中小学开始实施双语教育。1984年，自治区教育厅要求各地教育行政部门和学校领导把汉语课视为民族中小学最重要的工具课之一，并把"民汉兼通"作为汉语教学的基本方针。在进行本次调查的时候发现，巴里坤县的双语学校，如地区三中和城镇二校，推广汉语的力度非常强，少数民族教师都要求使用汉语授课。这样哈语仅在家庭和老年人中使用，接受新式教育的中年和少年在学校和工作时基本都用汉语。正因为上述条件，与汉语的密切接触使当地哈萨克族受到了汉语语音的浸染，进而使他们在日常交流的哈语中插入了汉语语音的音素。根据社会语言学家的解释（王远新，2005），这种变化"可能是通过偶然性的接触，从一群人传播到另一群人，如在交际中有意无意地兼容对方话语，导致学到了对方的一些发音特点"。

除了社会文化接触带来的哈语在语音等方面的变异外，语言干扰因素也会影响到哈语的语音变异。美国语言学家Weinreich（1953）认为，当一个人交替使用两种或两种以上语言时，这些语言处于一种接触当中。双语社会是由许多个双语者组成的，当个体的双语者当中存在语言干扰现象，必然会对双语社会中的语言系统本身产生一定影响，使其产生变异。根据王远新（1988）的观点，我国目前双语使用者一般分三类：①第一语言（可能是本族语，也可能是外族语）和第二语言同样熟练；②第一语言比较熟练，第二语言熟练程度差些；③第二语言非常熟练，而第一语言已不能流利使用。我国民族地区目前双语人中第二类最为普遍，第三类次之，第一类最少。本次调研显示，巴里坤县哈萨克族的双语使用者人员情况也同我国其他少数民族地区相仿，就是说，对于哈萨克族大多数双语者来说，他们还不能同等程度地掌握好两种民族语言。其主要原因是一种语言对另一种语言的掌握产生干扰。王远新还认为，如果属于第二类情况，语言干扰来自第一语言；而对第三类双语人，语言干扰则主要来自第二语言。例如，本次研究中的孙代由于汉语掌握的很熟练，在发哈语元音/æ/时，舌位比祖代靠前。孙代的这种舌位靠前显然是由于受到汉语/ɛ/的影响。正如景颇族年轻人在说景颇语时，由于常常区分不清语言中的一些细微差别，以及对本民族语言的一些特殊表达方式掌握不好，他们常常以汉语的表达方式取而代之一样（王远新，1988），哈萨克族青少年因为不能清晰分辨本民族语言的一些元音发音方式，加之长期受汉语发音的影响，在发哈语某些元音时常常出现受汉语干扰的现象，从而导致了哈语语音的变异现象。

通过分析，我们还看到，哈语语音变异与代际之间也有着密切的联系：祖代哈语语音保持不变；父代哈语语音出现既有保持，又有变化；孙代哈语语音明显向汉语语音靠拢。

哈萨克族祖代语音保持不变的原因有二：一是祖代与外界接触较少，生活面相对狭窄，所以发生语言转移的机会就很小，较好地保留了原有语言的特征；二是由于祖代比较保守，对自己的社群语言积极认同，语言忠诚度高，一般都会完整地保留自己的母语。正如徐大明（2006：226）所说，"语言认同是影响语言变异与变化的又一个重要的社会因素"。本研究中的哈萨克族老者是一位63岁的老牧民，对哈语有浓厚的感情，认为会说自己本民族的语言是爱自己民族的重要标志，平时在家看电视、听广播，与家人和朋友说话均使用哈语。因此，与汉语接触量小和对哈萨克族的民族认同就成为了60岁以上的老年人保留哈语语音成分不变的原因。

哈萨克族父代哈语语音的"既有保持，又有变化"现象充分体现了中年一代在哈语语音变异上的两面性。对这一现象的解释有以下两点：一方面，父代通过工作与汉语有了大量的接触和与汉族频繁的互动，从而产生了语言调适行为，即为了获得汉语听话人的认同，他出现了语言趋同现象，也就是对学习和使用汉语文及兼用汉语文持肯定态度，愿意主动学习和模仿。例如，当父代在家和儿子说话时，他表现出喜欢更多地使用汉语，而且在发/ɑ/时，他的发音方式甚至比少年更接近汉语。这种变异可以看成是父代的语言态度导致的。另一方面，父代和祖代一样，对本民族有强烈的认同感，并不时地通过加强使用哈语发音方式来体现对本民族的认同感。例如，在本次实验中，父代对/u/元音的过度纠正说明父代希望自己的发音听起来更像哈语。从这点上看，处在中间地段的父代面对汉语接触造成的影响和结果的认定心理是摇摆不定的。他一方面清楚地知道学习和掌握汉语的必要性；另一方面，他有自己的民族忧患意识，担心丢了自己的母语，这就导致他在这些元音的发音方式上出现在汉语和哈语的发音方式之间的摇摆不定。

哈萨克族孙代的哈语语音向汉语语音靠拢的现象主要来自其大量的汉语接触以及趋同的语言态度。一般来讲，语言接触越多和越容易，说话人越不容易维持自己的语言。原因在于：首先，接触越多，两种语言互动就越多，也就越会迁就强势语言，发生语言结构变化的机会就更大。巴里坤县的这位发音人就是如此。他自6岁起，就进入汉语小学读书。学校里大量以汉语为媒介的书本知识、信息、社会上汉语广播、影视等传媒带来的大量声频和视频信息及与汉族同学的日常交际为其提供了一个良好的汉语接触氛围。这种氛围一方面使他具备了良好的汉语能力，另一方面也促使他从小就形成了说汉语的习惯和对汉语的情感认同。这也就使得这位孙代发音人哈语的前元音/æ/、后元音/ɑ/和/u/从发音方式上与汉语的/ɛ/、/a/和/u/很接近，同时他对/r/的弱化、/t/的保留及哈语辅音后接元音也都反映出汉语对他的影响。其次，青年一代的语言忠诚度很低，学习或传承母语的意愿并不十分强烈。在早期以汉语为主的语言生活环境下，这位发音人自然而然地形成了对汉语的认同感和对哈语的疏远感，并有意或无意地将自己所说的哈语向汉语靠拢，所以在语音上表现为调整自己的语音以便更接近汉语语音。孙代在语言态度上高度认同汉语的这种心理倾向，显然是"由语言的社会文化功能所决定的效仿强势语言的心理，在一定程度上影响着语言变化的方向"(孟万春,2011:144)。

第五节 总 结

本研究基于语言接触及语言变异理论,以巴里坤哈萨克自治县哈萨克语语音使用变异为研究对象,采用实验语音学研究方法,探讨了现阶段哈语语音变异状况、规律及特征,以及代际与哈语语音变异的相互影响作用。主要研究结果显示如下。

(1)汉语对哈萨克族的语音产生了影响。与汉语发音类似的五个哈语元音/æ/、/ɑ/、/u/、/o/和/y/出现向汉语/ɛ/、/a/、/u/、/o/和/y/靠拢的趋势,并有不同程度的变异;哈语出现辅音/r/弱化和清音/t/的保留;哈语 C-V-C 音节出现了在以/k/和/qʰ/结尾的词后增加音节的倾向。

(2)哈语语音变异与代际有明显的相关性:祖代哈语语音保持不变;父代哈语语音出现既有保持,又有变化;孙代哈语语音明显向汉语语音靠拢。

哈语出现的这种语音变异及语音变异与代际之间的产生的相互关系主要源于汉语语言文化接触及语言干扰的影响。除此之外,还有发音人心理、经济和社会等方面的因素在起作用。总而言之,语言是社会的交际工具,语言的发展变化总是直接或间接地与社会文化因素及其他因素密切相关。语言接触和影响是语言发展变化的基本条件,而其他要素的相互影响是在这一条件的基础上起作用的。

第五章

哈萨克族语词汇变异

第一节 词汇及借词

词汇，又称语汇，是一种语言里所有的（或特定范围的）词和固定短语的总和。词汇的意义反映着客观事物的名称、性质、特征及相互关系等。语言学认为，词在语言系统中的基本功能是称名。词是用符号表示事物存在的方法，指明符号所表示的事物（周小成，2006）。词汇的发展包括旧词的消失、新词的产生、词义的演变，以及从其他语言中吸收的借词。

熊文华（1996：126）认为，"'借词'又称'外来词'，是指一种语言从另一种语言中吸收进来的词语。"杨锡彭（2007）给借词下的定义是："借词是在吸收外语词的过程中产生的表达源自外语词的意义的词语。"刘大伟（2012）指出，"借词虽然是向其他语言借用的，但已经成为本语言词汇体系中的一员，最起码的要求是经过了本语言发音规则的改造，层次更高一些的要求则是经过本语言构词成分的重构。"

美国结构派语言学家布龙菲尔德（Bloomfield）认为借词是告诉我们一个民族从另一个民族学习了什么。根据程依荣（2002：81）的观点，"借词不仅是一种语言现象，而且是社会现象和文化现象"。它是跨文化交流的重要标记，不仅可以反映出时代变迁的信息和一个社会的文化心态，同时还是丰富语言的重要手段。万红（2007）指出，借词产生的原因是在社会之间相互接触时，本族语中没有表达特定内容的词或短语，或者本族语词或短语不合适。

作为语言接触的结果，借词反映了不同社会、不同文化之间的交往，对丰富和发展一个民族的语言起着重要的作用。自20世纪50年代以来，借词研究成为语言变化和变异研究中的热点话题，为语言演变、语言接触和语言变异的研究提供证据支持。目前，国内对于借词的研究重点集中在英语中的汉语借词或是汉语中的英语借词，也有研究探讨少数民族语言中的汉语借词现象，对于新疆哈萨克语中的借词研究较少，缺乏综合性的全面研究。

本研究在语料的基础上探讨现代新疆哈萨克语中借词的来源、借用方式、语法特征和主要词义类别。在此基础上，通过调查问卷和个人访谈，了解哈萨克族对哈萨克语中借词的语言态度，以及相关社会因素与不同语言态度之间的关系。本研究结果为哈汉语言接触、语言变化及双语教育研究提供又一佐证，同时又对新疆的少数民族双语教育中具体问题的处理提供了参考信息。

第二节　研　究　方　法

一、语料

（一）借词语料

本研究根据蒋宏军（2011）所提出的哈萨克语借词的评判标准，从两部词典（《哈汉词典》和《汉哈简明辞典》）、六本书籍（《哈萨克语简志》（耿世民和李增祥，1986）、《现代哈萨克语语法》（耿世民，1989）、《哈萨克语词汇与文化》（2011）、《现代哈萨克语词汇学研究》（成燕燕，2000）、《现代哈萨克语结构研究》（2002）、《语言田野调查实录（七）》（王远新，2012））和16篇发表的期刊论文中选取被标注为"借词"的全部词汇，共计1553个。为了进一步验证这些借词的语用特征，研究者和一位哈萨克语言学家和一位哈萨克族硕士研究生进行了深度访谈，最终确定了1395个借词为新疆哈萨克族承认使用的借词。一位哈萨克族英语专业学生帮助笔者将全部收录借词用国际音标转写。

（二）问卷调查语料

调查哈萨克语对借词的语言态度是通过调查问卷和个人访谈进

行的。语言态度的调查问卷是在 Olah（2007）对日本人做的关于英语借词在日语中的态度研究和王梦颖（2010）硕士论文对美国大学生对汉语借词的态度调查研究基础上进行改编的。语言态度的调查问卷分为两部分。第一部分为个人信息，包含个人基本情况和对待哈萨克语中借词的语言态度两部分内容。个人基本情况部分涉及年龄、性别、生活所在地、教育经历。在新疆的双语教育的背景下，学生的教育主要分为从小接受汉语学校教育（即民考汉身份）和从小接受本民族语言学校教育（即民考民身份）。第二部分为对于哈萨克语中的借词态度调查。共计 15 个问题，采用 Liker 五点量表，让受试者对于问卷上的表述表示自己的意见。在先导试验阶段，初始问卷设计问题为 18 道。经 SPSS 软件对其进行信度分析后，删除 3 道问题。经 SPSS 软件对其项目分析（独立样本 t 检验），11 道问题的 t 值的显著水平为 0.000，2 道问题的 t 值的显著水平为 0.001，问卷整体达到显著水平，具有较好的区别力。经 SPSS 软件计算问卷的可靠性统计量 Cronbach Alpha 值为 0.705，说明问卷具有较好的信度和效度。

（三）个人访谈语料

研究者根据调查问卷的内容，设计了 5 个深入访谈的问题，分别是：①你是通过什么途径和方式了解哈萨克语中的借词现象的？可否举例说明。②在使用借词时，你是否留意到年龄差距，是年轻人更愿意使用借词还是年长者更愿意使用？③你认为你在一些场合使用借词的原因是什么？④对于哈萨克语中出现的借词，你是否认为借词的数量过多？⑤你担心借词影响哈萨克语言自身的发展么？为什么？

研究者使用汉语与访谈对象交流。所有访谈持续时间为 8～20 分钟。访谈内容全部经过录音后转写为文本形式留存。

二、研究对象

调查问卷的实施采用"滚雪球"抽样调查法，先对可接触到的新疆师范大学在校哈萨克族大学生进行目标人群调查，然后利用放假时间，通过他们将调查问卷带回家乡所在地进行家庭成员或是朋友亲属的调查。

本次问卷调查开始于 2012 年 4 月，结束于 2012 年 12 月，历时

10 个月。在调查问卷的发放过程中，研究者向拟发放调查问卷的对象说明调查内容，在征得调查对象同意后发放问卷。问卷共发放 270 份，回收 258 份，去除无效问卷 16 份，共计有效问卷 242 份（表 5-1）。

表 5-1　参与调查问卷的最终有效样本结构表（N=242）

社会特征	个人/社会因素	人数/人	百分比/%
性别	男	87	35.90
	女	155	64.10
年龄	15～24 岁	114	47.10
	25～34 岁	49	20.20
	35～44 岁	41	16.90
	45～54 岁	29	11.90
	大于 55 岁	9	3.70
地点	城市	111	45.90
	镇	42	17.40
	乡村	89	36.80
受教育程度	小学及以下	6	2.50
	中学	52	21.50
	大学	181	74.80
	研究生及以上	3	1.20
受教育类型	民考民	91	37.60
	民考汉	151	62.40
	总计	242	

调查对象中男性 87 人，占全部调查对象的 36%；女性 155 人，占全部调查对象的 64%。调查对象的年龄区度中，15～24 岁占 47.1%，25～34 占 20.2%，35～44 岁占 16.9，45～54 岁占 12%，55 岁以上占 3.7%。调查对象居住在城市的比例为 45.9%，居住在县城的比例为 17.4%，居住在乡村的比例为 36.8%。调查对象的学历层次中，小学及以下学历占 2.5%，高中及以下学历占 21.5%，大学学历占 74.8%，研究生学历占 1.2%，其中教育经历为接受汉语教育（即民考汉）的占 37.6%，接受民族语言教育及双语教育（即民考民）占 62.4%。

其中，调查对象的地区涉及乌鲁木齐市、阿勒泰市、昌吉市和伊宁市，以及伊犁地区和阿勒泰地区的乡镇。需要特此说明的是，巴里坤和木垒是新疆两个哈萨克族自治县。具体信息如表 5-2 所示。

表 5-2　来自不同地区的受调查对象的具体信息（N=242）

地点	县市	数量（人）	总数（人）	百分比/%
城市	乌鲁木齐	32		
	阿勒泰	26	111	45.80
	伊宁	37		
	昌吉	16		
镇/县	木垒	8		
	巴里坤	3	42	17.30
	伊犁地区	21		
	阿勒泰地区	10		
村	伊犁地区	51	89	36.70

参与个人访谈的对象均为新疆师范大学在校大学生。共有 25 人参与个人访谈，男性 6 人，占全部访谈对象的 24%；女性 19 人，占全部调查对象的 76%。调查对象的年龄区度中，15~24 岁占 100%。其中教育经历为接受汉语教育（即民考汉）的占 48%，接受民族语言教育及双语教育（即民考民）的占 52%（表 5-3）。

表 5-3　参与访谈的调查对象具体信息（N=25）

社会特征	社会特征参数	人数/人	百分比/%
性别	男	6	24
	女	19	76
年龄	15~24 岁	25	100
地点	城市	7	28
	镇	6	24
	乡村	12	48
受教育程度	大学	22	88
	研究生及以上	3	12
受教育类型	民考民	13	52
	民考汉	12	48
	总计	25	100

第三节 结果与讨论

一、哈萨克语中借词的主要来源

从表5-4中可以看出,哈萨克语中的借词主要源于阿拉伯语、俄语、波斯语和汉语。其中,源自阿拉伯语的借词最多,所占全部借词的比例为35.4%;其次为俄语,所占比例为26%;再次为波斯语,所占比例为22.2%;最少的是源自汉语的借词,所占比例为16.2%。

表5-4 哈萨克语中借词的来源(N=1395)

来源	数量/个	百分比/%
阿拉伯语	495	35.40
俄语	364	26
波斯语	310	22.20
汉语	226	16.20
总计	1395	100

(一)从阿拉伯语中吸收的借词

根据统计,占据借词数量第一位的借词来源是阿拉伯语,为495个,占全部借词的34.5%。阿拉伯语借词进入哈萨克语的主要原因是宗教信仰。

哈萨克的伟大诗人阿拜在《哈萨克的族源》一文中说:"阿拉伯人进军中亚的时候,遇到了游牧的哈萨克人。"(转引自尼合迈德·蒙加尼,2008)史籍证明,阿拉伯人到中亚在游牧人中传播伊斯兰教的初步活动是公元8世纪的哈西木哈里发时代(724~743年)。著名哈萨克族学者尼合迈德·蒙加尼(2007)的研究中指出伊斯兰教在哈萨克草原传播中起主要作用的并不是军事上的进军,而是经济贸易来往、文化影响和宣传。

伊斯兰教在哈萨克人中传播后,便开始了经文教育。这种在游牧地区创办的经文学堂主要是供上层人士的子弟学习。学习的主要课程是识字、学习宗教信条、学会念经、学会做礼拜,这是比较初级的学校。较高级的则学习阿拉伯语，学习语音、词法，学习古兰经注释和伊斯兰教史。尼合迈德·蒙加尼（2007）的研究中还指出，在伊斯兰教影响之下，经文学堂教学阿拉伯语、波斯语和察合台语，所以在哈萨克语里吸收了很多阿拉伯-波斯语词。在过去，哈萨克族主要是通过在清真寺和经文学堂中学习经文识字的，因此，大量阿拉伯语借词进入哈萨克语中，并且固定保留下来，如 alla（安拉）、dʒannat（天堂）、quran（古兰经）、had əs（圣训）、din（宗教）、mes dʒil（清真寺）、mektep（学校）等。大量阿拉伯语翻译作品的问世也加快了哈萨克语吸收阿拉伯语的过程。

在长达10个世纪的伊斯兰教的影响下，一批阿拉伯语进入了哈萨克语的词汇系统，成为哈萨克语词汇的重要组成部分。这些借词不仅涉及宗教，而且在哲学、法律、文化教育、文学艺术等有相当多数量的词汇，如 zi：a：li：（知识分子）、mədieniet（文明）、mədienietten（受教育的）、tæmsəl（寓言）、əaiər（即兴诗人）等。

（二）从俄语中吸收的借词

根据统计，占据借词数量第二位的借词来源是俄语，为 364 个，占全部借词的 26%。俄语借词进入哈萨克语的主要原因是战争及外族占领。

根据夏里甫罕·阿布达里（2010）的研究，1730~1731 年，哈萨克小玉兹的阿布里海尔罕未达到统治哈萨克三个玉兹的目的而投靠臣服于俄国。哈萨克族和俄罗斯人之间有了接触，俄语借词也开始进入哈萨克语中，如 dʒɔnəərəl（将军）、bomba（炸弹）、l'ampoəka（灯泡）、konfet（糖果）、kulæk（富农）等。

19 世纪后半期，沙俄用武力征服了中亚和哈萨克斯坦后，大批俄罗斯人进入中亚和哈萨克斯坦定居，这个时期大量俄语借词进入哈萨克语词汇系统。其中一个现象值得注意，历史上哈萨克族并没有与欧洲人（除俄罗斯人）发生过深入接触，哈萨克语中的国际通用语（主要是英语）词汇是通过俄语的中介进入哈萨克语词汇系统中。哈萨克语中的俄语借词及通过俄语吸收的国际通用语词的最大特点是偏重科学技术，如 mat əjmat əjka（数学）、fijzijka（物理）、xijmija（化学）、bijologija（生物）、sam əl ə j ət（飞机）、ma əijna（机器）等。

（三）从波斯语种中吸收的借词

根据统计，占据借词数量第三位的借词来源是波斯语，为 310 个，占全部借词的 22.2%。波斯语借词进入哈萨克语的主要原因是通商和伊斯兰教传播。

哈萨克族先民与波斯有着长期的政治、经济和文化交往。写于 10 世纪末的波斯文地理著作《世界境遇志》对哈萨克族的构成部落乌古斯等有详细记录，说明当时波斯就和哈萨克族先民有密切交往（蒋宏军，2010）。因此，波斯语借词在较早时期进入哈萨克语词汇中。波斯语进入哈萨克语和通商、通使及战争有着密切关系。历史上，中亚和波斯是连接东西贸易和文化往来的纽带。哈萨克语中波斯语借词内容大多是宗教和文学方面的，因为哈萨克语中关于伊斯兰教的教育和教规都是用波斯语解释的，这些借词弥补了哈萨克语的语义空缺，丰富了哈萨克语的词汇和表意形式，如 qudaj（胡大）、bamdat（晨礼）、namaz（礼拜）、pjtaq（首都）、zjpa（亭亭玉立）、qar（轻佻的）、ipta（星期）等。

（四）从汉语中吸收的借词

根据统计，哈萨克语中的汉语借词数量最小，为 226 个，占全部借词的 16.2%。汉语借词进入哈萨克语的主要原因是民族接触和历史上中央政府对西域的行政管辖。

哈萨克族形成的历史过程中始终与汉民族保持着直接、密切的接触。尼合迈德·蒙加尼（2007）指出："哈萨克人的祖先——古代乌孙人与中原的政治、经济和文化关系式极为密切的。"在西汉时期，汉武帝和乌孙王相互缔结联盟，友好往来。早期遗留并保留在现代哈萨克语词汇中的汉语借词有：tudun（都督）、isji（御史）、tinsi（天子）、quntəyj（公主）、bu ə（布施）、syj（罪）、taj ə n（大乘）、saw ə n（小乘）、t ə j ə n（僧人）等。这类借词大部分是一些官名和佛教词汇，现在已近很少使用，主要保留在古突厥及以后的回鹘文文献中。

1949 年中华人民共和国成立后，哈萨克族人民的政治、经济及日常生活发生了很大的变化，党和政府对哈萨克族的经济、科学、文化和教育的发展给予了很大支持和帮助。在此背景下，一些表示新概念和新事物的汉语借词出现在哈萨克语中，如 luxian（路线）、gomindaŋ（国民党）、zuŋlij（总理）、guŋɵə（公社）、dʒən（镇）、yin（营）等。

虽然汉语借词是哈萨克语中最古老的借词之一，但是在四类不同来源的借词中所占比例最小。其原因有两点：第一，蒋宏军（2010）指出，在 20 世纪 20 年代以前哈萨克语吸收借词主要是通过口语进行的。这也造成文献中对于这一类口语借入的词汇没有系统的记录和保存。第二，王远新在其《城市哈萨克族哈萨克词语掌握和使用状况调查》（2012）一文中指出，汉语借词和哈萨克族本族词往往是并用指称同一类事物，同时还存在着使用不同发音形式的汉语借词指称同一事物。通过查阅《哈汉词典》可以发现这一现象，即词典中只收录了本族词，并未收录汉语借词。

二、哈萨克语借词的主要借入方式

哈萨克语借词的借入方式主要有四种，即音译、意译、混合和兼译。其中，音译借词所占数量最大，为 1084 个，所占全部借词的 77.7%；其次为混合借词，为 139 个，所占全部借词的 9.9%；再次是兼译借词，为 128 个，所占全部借词的 9.1%；意译借词所占数量最小，为 44 个，所占比例为 3.1%（表 5-5）。

表 5-5　哈萨克语中借词的借用方式（N=1395）

借入方式	数量/个	百分比/%
音译	1084	77.70
混合	139	9.90
兼译	128	9.10
意译	44	3.10
总计	1395	100

洪勇明（2008）根据表现形式、借用方法和渗透程度将哈萨克语中的汉语借词分为四层：低层，指音译借词；半低层，指音义兼译词即兼用词；中间层，指意译词；半高层，指混合借词。音译借词占据数量最大正是体现出这种层级性，而不同层级的借词在进入过程中反映出源语言（即外来语）与哈萨克语在接触中语音—词汇—语法的渗入，外来语对哈萨克语的影响过程可看作为吸收—改造—趋同。

(一) 音译借词

哈萨克语中的音译借词是指借入时把汉语语音用本民族语相应的语音形式转写过来,并保留源语词本义的方法。在这里所说的"相应的语音"不是绝对的,因为不同语言的语音系统不同。在此种情况下,一般采取用相近的语音替代或按本民族语音规律改变部分语音。哈萨克语中的音译词是不同语言进入哈萨克语的初级形式,也是最原始的方式。这类音译词也就是狭义上的借词。具体例词如表5-6所示。

表5-6 哈萨克语音译借词例证

借入语	源语言	借词	意义
汉语	xueyuan	ɵwejwan	学院
	daxue	daɵwe	大学
	kuancai	kyansæj	棺材
	tongshi	duŋɵe	通事
	jin	dʒən	斤
	cun	suŋ	寸
俄语	atlas	atal'as	地图
	g'afstuk	galast'ok	领带
	ɵrtist	ærtis	演员
	ɵbləst	ɵbləs	州
	grɵnatə	gəranat	手榴弹
	kɵnikuli	kanəjkɵl	假期
阿拉伯语	qlm	qalam	钢笔
	zmn	zaman	时间
	mktb	mektep	学校
	mka:n	meken	祖国
波斯语	tarix	tærix	历史
	hadʒat	qadʒet	需求

在所有借词中,音译借词占据的数量最多。这是因为音译法是最原始的翻译方法(成燕燕,2000),通过这种方式从一种语言中借入到另一种语言中的词汇也相应会最多。不同语言语音上的差异并不阻碍语言之间的吸收借用,但是大量的音译借词会对哈萨克语语音产生

影响。例如，哈萨克语中从来就没有"c"这个音，于是在音译借词中就音变成"s"这个音，并依此变音进行书写。例如，汉语词"菜"/cai/、"寸"/cun/，在哈萨克语中借入后念/saj/和/sun/。

由于音位的固定过程非常缓慢，音位组合方式相对稳定，所以新音位、新的音位组合方式的引进速度变缓。出于语言的经济原则，相近音位的替代迅速增加，这就可能使原有音位体系发生变异，使语言间语音差别的界限被打破，发音部位和发音方法更加接近，语音差异变得更加模糊。比如，哈萨克语中/r/的弱化，就是因其要替代汉语辅音/r/所致。

同时，因为组合方式的需要，其中的语音和谐规律将会更不严整。特别是复辅音、复元音结构的增加，极有可能改变拼读方式。例如，兵团/pint'uan/在哈萨克语中读做/bintan/，这里原有的复合元音组合/uan/被读做/an/。但是随着复元音的增加，作为韵头的元音在发音时可能将不再被省略。在借用过程中，哈萨克语会用自己的方式加工所没有的非音质音位特征，一些特有的非音质音位的变换形式将保留在接触语言里。

（二）混合借词

混合借词主要指采用源语言词根，添加哈萨克语构词词缀或构型词缀，通过派生式产生新词。例如，θaj 是汉语词根，通过添加哈萨克语构型词缀 qor 组成了新的借词 θajqor（喜欢喝茶的）；θrəh 是阿拉伯语词根，通过哈萨克语构词词缀 θh、həzl、zauθt 等组成新的借词。由于这类借词使用哈萨克语的词缀，因此成为哈萨克语吸收借词的一种重要模式（表 5-7）。

表 5-7　哈萨克语混合借词例证

借入语	源语词根	混合借词
汉语	θaj（茶）	θajnek（茶壶）、θajqor（喜欢喝茶的）、θaj ləq（使用茶的）
阿拉伯语	θrəh（酒）	θh θrəh（白酒）、θrəh həzl（红酒）、θrəh zauθt（酿酒厂）、θrəh uəthəsə（酒麴）
波斯语	dərbəzə（门）	dərbəzələ（有大门的）、dərbəzəsəz（没有大门的）、dərbəzəθə（看门人）
俄语	ka：sek（群）	ka：siegə（马群）

通过混合方式借入的词汇可以派生出很多新词，从而大大丰富了哈萨克语的词汇宝库。按照哈萨克语特点附加相应的附加成分，即在音译的借词后面分别附加名、动词和形容词的词缀，在保证借词词语义不发生歧义的前提下，使之构成不同形态的词类。

（三）兼译借词

当复合词需要被借用时，很可能形成既有意译形式的成分又有音译形式的成分。因此，兼译法也叫音意兼译法，往往以词组复合的形式出现。例如，kuŋzi ɵijbadatxanasə（孔庙，源自汉语）一词中，kuŋzi 为音译部分，ɵijbadatxanasə 为意译部分。由两个或两个以上词根词素构成新词的方法叫复合法。利用词根复合法构词是是哈萨克语构词特点之一。哈萨克语通过音译和意译方式，吸收了很多在形式上比较固定的构词组合模式，表示相应概念的复合词在哈萨克语中日益增多（表 5-8）。

表 5-8　哈萨克语兼译借词例证

借入语	兼用借词例证
波斯语	bəzərkjeɵ（赶集的人）、bəzərlɵ（上街）、wɵ：ra：zait（斋戒）
汉语	ruwliq butxana（宗祠）、kuŋzi ɵijbadatxanasə（孔庙）
俄语	bərɵnie ɵftɵmɵbil（装甲车）、
阿拉伯语	jemtəihɵn hɵgɵzə（考卷）、jekjeŋstəgɵ（领空）

混合借词和兼译词均为中间阶段的借词，多是将词语分成专有语素和普通语素两部分，专有语素采用转写方式，而普通语素则采用翻译方式。中层阶段的借词，其原词内部结构多为互指关系；内部形式为小名称+大名称。按照进入哈萨克语后内部形式、结构关系是否改变可将这一阶段借词分为两类：一类是保持同原词形式的一致，但结构关系却变成领属；另一类是保持结构关系不变，但内部形式却变为大名称+小名称。相比较原词，中层阶段借词在音节上无须相同。中层阶段的借词产生的过程是：首先，确定词语结构，即必须是复合词；其次是区别构成词语的语素性质；最后是决定借用办法，即前转后译或前译后转。中层阶段的借词是语音和意义妥协的混合体，前者须遵守低层汉语词语音标准，后者则要遵守意译汉语词标准。

（四）意译借词

意译借词是用哈萨克语的词汇翻译借词词义。这种吸收借词的方法着重于借入其义，源语言的语义或词素会在一定程度上得以保留，因此在语法单位上不完全对应。常仿照借词的结合形式译成本族语或对借词加以解释。"特别是随着现代社会新生事物的大量出现，这种用哈萨克语固有词和构词手段借入外来概念创造借词的方法，已成为近代哈萨克语创制新词术语的主要方式"（仲重峰，2010）。较深层阶段的意译借词是语言接触中隐性跨界的表现，即哈萨克语只将外来语词的意义引进来，读音却不吸收，它是借词发展的较高层次，按其结构关系和内部形式是否变化可分为两类：一类是保持不变，如 temir dʒol（铁路）、qaməs zərəldwəq（空竹）、qolfon（手机）、telefon soguw（打电话）等。这些借词均保留了源语言的意义。第二类是发生改变或与原词无关。这一阶段的借词主要是利用哈萨克语原有词语对外来语进行翻译，进而将原本没有的概念意义吸收进来，并不创造新词。较深层阶段的汉语词主要采用词义演变、逐字翻译和语素组合的方式来进行。这一阶段的借词产生的过程是：首先是词义比较，确定输入的方法；其次在有近似意义的基础上，等值翻译汉语；最后进行词义演变或竞争，扩大或改变哈语固有词的词义。由于民族文化的不同，因此对客观事物的感性认识和理性认识不完全相同，需要贷入方在意义上做出妥协，使其本身的词汇意义向贷出方靠拢，如转变认知角度、扩大词义范畴等。前者叫对应法，是利用对原有事物认知的改变来借入意义，如 awal（旧时指按血缘关系由一位长者领导的游牧村，现指乡）、alqa（原指项链，现指委员、委员会）、alp（既可以指英雄，也可以指巨人）；后者叫增义法，利用扩大词义外延的方式涵盖借入意义（黄中祥，2002），如 serik 卫星（原为伙伴）、ore 枷锁（原为羁绊）。

三、哈萨克语中借词的词性分类

人们根据词在篇章言语中的功能，对词做出各种不同的分类。James Paul Gee 认为，词可分出实义词和功能词。实义词指名词、动词、形容词、副词；功能词包括介词、连词、代词、冠词等，在篇章中起连接实义词构成句子、连接句子构成篇章的作用（表 5-9）。功能词也叫语法词，包括介词、连词、代词、冠词等，在篇章中起连接实义词构成句子、连接句子构成篇章的作用（周小成，2006）。

表 5-9 哈萨克语中借词的词性（N=1395）

	词性	数量/个	百分比/%
实义词	名词	1112	79.70
	形容词	185	13.20
	动词	83	5.90
小计		1380	98.90
功能词	副词	12	0.86
	代词	2	0.15
	叹词	1	0.07
小计		15	1.10
总计		1395	100

从表 5-10 可以看出，实义词是哈萨克语借词主要组成。其中，名词借词的数量最大，为 79.9%；其次是形容词，为 13.2%；最少的是动词，为 5.9%。功能词的借入只占据所有借词的 1.1%，其中副词借入量为 12 个，代词借入量为 2 个，叹词借入量为 1 个。

表 5-10 哈萨克语中借词的词性（N=1395）

借入语	名词 数量/个	名词 百分比/%	动词 数量/个	动词 百分比/%	形容词 数量/个	形容词 百分比/%	副词 数量/个	副词 百分比/%	代词 数量/个	代词 百分比/%	叹词 数量/个	叹词 百分比/%
汉语	217	96.10	3	2.60	6	1.30	0	0.00	0	0.00	0	0.00
俄语	343	94.50	12	3.20	7	1.90	0	0.00	0	0.00	0	0.00
阿拉伯语	356	70.20	45	9.20	97	18.50	10	1.90	2	0.20	0	0.00
波斯语	196	67.70	23	7.40	75	24.20	2	0.60	0	0.00	1	0.15
总计	1112	79.70	83	5.90	185	13.20	12	0.80	2	0.15	1	0.07

该结论与很多研究结果一致，即实义词比功能词更容易被一种语言借入到另一种语言中（Haugen，1953；Poplack et al.，1988；Sankoff et al., 1990; Weinreich, 1963)。在实词的细化分类中可以看出，名词所占比例最大，为 78.8%，而且不同来源的借词中，名词借词的数量均为第一位。Van Hout 和 Muysken（1994：42）归结出名词之所以比其他词性的词语更容易被借用的原因是：语言借用的基本动机是扩大词汇所指范围，而名词的主要功能就是指称事物。Myers-Scotton（2002：240）也说名词更容易被借用是因为它们接受而不是分配主题角色（thematic roles），因此它们插入另一种语言中时对其谓语参数结构（predicate-argument structure）的破坏性更小。

本研究对于名词借词做了进一步研究。首先，哈萨克语中的名词借词按照专有名词和普通名词两类进行划分，专有名词 323 个，占总数的 29%，如 dʒuŋxuwa（中华）、jxətwan（义和团）、bætiha（古兰经首章的篇名）、hɵdʒə（去过麦加朝圣的人）等；普通名词 789 个，占总数的 71%（表 5-11）。

表 5-11　哈萨克语借词名词分类（N=1112）

类别	总计/个	百分比/%
专有名词	323	29
普通名词	789	71
总计	1112	1000

根据词义分类系统比较完备的《汉语多用词典》（1990）中提出的 38 种词义分类项，在此基础上对哈萨克语借词中的实义词进行了 17 个类别的分类，具体内容如下表所示。

从表 5-12 可以看出，物质名词为 425 个，占总数的 53.8%，抽象名词为 364 个，占 46.1%。其中，表示生活用品的借词最多，为 223 个，占据全部数量的 28.3%。这一结果和龙正海对湘西勾良苗语中汉语借词研究中的词义分类结果一致，这说明"社会需求的驱动是借词产生的首要原因"（龙正海，2011）。王远新（2012）研究中也显示哈萨克族使用表示日常生活类的借词频率是最高的。

表 5-12 哈萨克语借词普通名词分类

		数量/个	比例/%	例子
物质名词	生活用品	223	28.26	dʒɵgdɵn（铁皮木箱）、ɵspæn durbəsə（望远镜）、kuaizi（筷子）
	饮食	78	9.89	dapandʒj（大盘鸡）、sawmjan（炒面）、mailə ɵs（荤食）、burɵ（花椒）
	动物	32	4.06	dʒairɵ（豪猪）、brnəh ainɵn dɵrə（猛兽）、mɵrjektɵ inɵndɵr（哺乳动物）
	服饰	29	3.68	jnjwzajkw（牛仔裤）、pidʒakər（皮夹克）、saŋpaw（长袍）
	财物	25	3.17	dʒambə（元宝）
	生产工具	22	2.79	Wadaw（瓦刀）
	乐器	16	2.03	kiedʒiek（胡琴）、akkordijon（手风琴）
小计		425	53.90	
抽象名词	职业	59	7.48	Matijmatijk（数学家）、gubernator（省长）
	场所	54	6.84	mægez'in（商店）、ajrdər'om（飞机场）、bænk'e（银行）
	文学	46	5.83	tæmsəl（寓言）、kɵzɵl（艾在勒诗）
	思想	44	5.58	Kommunizm（共产主义）、dogmatijzm（教条主义）、ɵtnɵ seitjeldəŋ（相对真理）
	时间	28	3.54	janwar（一月）、rɵmaːzɵn（九月）
	教育	38	4.81	jemtəihɵn（考试）、tærbj（教育）
	感情	38	4.81	kaipaːr（愉快心情）、nɵhɵh kietu（受冤枉的）
	军事	31	3.92	luj（旅）、polk（团）、avtomat（冲锋枪）、granat（手榴弹）
	度量单位	16	2.03	suŋ（寸）、ɵŋ（分）、dʒaŋ（丈）
	历史	10	1.27	duŋɵ（都督）、duŋɵ（通事）
小计		364	46.10	
总计		789	100	

四、哈萨克族对借词的态度调查分析

（一）调查问卷及个人访谈结果讨论

根据表 5-13，笔者发现在调查哈萨克族对借词的态度时，超过半数的调查对象（62.8%）表示"完全同意"或"同意"关于"我

表 5-13 调查问卷结果　　　　　　　　　　　单位：%

序号	调查内容	完全同意	同意	中立	不同意	完全不同意
1	我能够理解哈萨克语中大部分借词	25.20	37.60	16.80	11.60	8.80
2	当我说哈萨克语时，我喜欢使用借词	12	22.70	31.80	24.50	9
3	我认为现在的哈萨克语中有大量的借词	9	22.90	31.60	24.5	28.50
4	我认为借词污染了哈萨克语的纯洁性	14.50	38.40	31.40	9.70	6
5	我认为借词丰富了哈萨克语	0.90	2.10	28.10	54.50	14.40
6	在哈萨克语的语言使用上，我认为年轻人比老年人更多地使用借词	32.70	48.80	8.50	9	6
7	当我和老年人（年龄超过55岁的人）交谈时，我较少地使用借词	33.60	46.10	10.30	6.70	3.30
8	当一位哈萨克族人和你用哈萨克语交流时，他（她）的语言中使用了大量借词，你可以接受这一现象	9	16.80	28.10	25.30	20.80
9	我认为汉语借词对哈萨克语产生的是积极的影响	6.30	30.70	35.30	16.10	11.60
10	我认为汉语借词对哈萨克语产生的是消极的影响	2.90	4.10	32.10	49.50	11.40
11	我更愿意在说话时使用一些汉语借词，是因为汉语借词表达的意思更加清晰明确	16.50	32.40	29.40	12.70	9
12	当我说话时使用汉语借词时，我感觉自己的民族（哈萨克族）身份受到影响	7.20	21.60	37.80	29	4.40
13	当我使用汉语借词的时候，我感觉自己和汉族群体的联系更紧密	2.90	4.10	32.10	49.50	12.30
14	因为我了解汉语文化，所以我会使用一些汉语借词	16.50	32.40	29.40	12.70	9
15	在日常生活中，我非常关注哈萨克语中的汉语借词的使用	8	18.80	32.10	25.30	15.80

能够理解哈萨克语中大部分借词"的表述。从这一结果可以看出，哈萨克族对借词知晓率水平较高。通过访谈，调查者了解到哈萨克族主要是通过家庭中的长辈在语言交流中告诉他们一些借词的知识。一位24岁的女性受调查对象对该问题表示"完全同意"，在访谈中，她说

"很小的时候,当我用一些词语时,爷爷告诉我什么是阿拉伯语借词、什么是俄语借词。家族中的老人似乎比较熟悉哈萨克语中的阿拉伯语借词和波斯语借词,他们称这些借词为老借词。"还有一些调查对象指出他们在学校学习汉语的过程中,也了解到汉语借词的知识。一位18岁的男性受调查对象对该问题表示"完全同意",在访谈中,他说"我上的是汉族学校,所以在学习汉语的过程中我会发现一些汉语词在哈语中也有,我想这就是借词吧。"

调查问卷第 2 题调查哈萨克族对借词使用时的态度,题目为"当我说哈萨克语时,我喜欢使用借词。"22.9%的调查对象表示"同意",31.8%的调查对象的调查对象表示"中立",还有 24.5%左右的调查对象表示"不同意"或"完全不同意"。从这一结果可以看出,哈萨克族在是否喜欢借词使用的问题上态度不明确。

调查问卷第 3 题题目为"我认为现在的哈萨克语中有大量的借词"。40.5%的调查对象表示"不同意"或"完全不同意",31.6%的调查对象表示"中立"。从这一结果可以看出,哈萨克族对于哈萨克语中是否存在大量借词并不明确。

调查问卷第 4 题题目为"我认为借词污染了哈萨克语的纯洁性"。超过半数的(52.9%)调查对象表示"同意"或"完全同意"。

调查问卷第 5 题题目为"我认为借词丰富了哈萨克语"。2.1%的调查对象表示"同意",54.5%的调查对象表示"不同意",14.4%的调查对象表示"非常不同意"。从这两道题目的结果可以看出,哈萨克族对借词的态度比较保守,他们珍视保持本族语纯洁性。这个结果与王远新(2012)对于城市哈萨克族哈萨克词语掌握和使用状况调查的结果一致,即处于汉语和哈萨克语使用环境中的哈萨克族仍较好地保留了母语,因此他们对待借词的态度相对保守。

调查问卷第 6 题题目为"在哈萨克语的语言使用上,我认为年轻人比老年人更多地使用借词"。大部分(76.5%)的调查对象表示"同意"或"完全同意"。这说明大多数哈萨克族同意年轻人使用借词的频率更高。

调查问卷第 7 题题目为"当我和老年人(年龄超过 55 岁的人)交谈时,我较少地使用借词"。大部分(79.7%)的调查对象表示"同意"或"完全同意"。这说明大多数哈萨克族在与年长者交往时尽量避免使用借词。通过访谈,很多调查对象谈到在哈萨克族中,老年人

（55 岁以上）会比较介意借词的使用，他们认为年轻人使用语言时"太随意"。因此年轻人在和老人交流时会有意识地少使用或不使用借词。但是年轻人与同龄人交流时往往不太关注语言中的词汇是否有借词。一位 22 岁的女性受调查对象在访谈中谈道："当我假期回家，爷爷奶奶会经常指责我，说我说的话他们听不懂。其实不是'听不懂'。主要是我说话时会夹入一些汉语啦、英语啦，所以我就会有意识地不用，在和老人说话的时候。"

调查问卷第 8 题题目为"当一位哈萨克族人和你用哈萨克语交流时，他（她）的语言中使用了大量借词，你可以接受这一现象"。超过 40%的受调查对象表示并不同意这一观点，说明哈萨克族对于借词使用的问题上态度相对保守。

调查问卷第 9 题题目为"我认为汉语借词对哈萨克语产生的是积极的影响"。三分之一左右的（37%）调查对象表示"同意"或"完全同意"，三分之一的（35.3%）调查对象表示"中立"。调查问卷第 10 题题目为"我认为汉语借词对哈萨克语产生的是消极的影响"。三分之一的（32.1%）调查对象表示"中立"，49.5%的调查对象表示"不同意"。这说明哈萨克族对汉语借词的态度并不明确。

调查问卷第 11 题题目为"我更愿意在说话时使用一些汉语借词，是因为汉语借词表达的意思更加清晰明确。接近一半（48.9%）的调查对象表示"同意"或"完全同意"，29.4%的调查对象表示"中立"。通过访谈，调查了解到一些哈萨克族受调查者认为一些汉语借词和新生事物是密切相关的，如 jupɛn（优盘），所以使用这些借词会更容易表达自己的想法。一位 32 岁的男性调查对象在访谈中说道："我发现很多汉语借词是和食物有关，所以在外面吃饭时，我当然会用汉语借词，这样清晰明确，比如吃牛肉面、大盘鸡等。"

调查问卷第 12 题题目为"当我说话时使用汉语借词时，我感觉自己的民族（哈萨克族）身份受到影响"。28.8%的调查对象表示"同意"或"完全同意"，37.8%的调查对象表示"中立"，33.6%的调查对象表示"不同意"或"完全不同意"。

调查问卷第 13 题题目为"当我使用汉语借词的时候，我感觉自己和汉族群体的联系更紧密"。超过 60%的调查对象表示"不同意"或"完全不同意"。这一结果暗示哈萨克族会尽力保持自己民族语言及对本民族语言和文化的认同。

调查问卷第 14 题题目为"因为我了解汉语文化,所以我会使用一些汉语借词"。接近一半的(48.9%)调查对象表示"同意"或"完全同意",29.4%的调查对象表示"中立"。这一结果暗示,哈萨克族在与汉族的语言接触和交往过程中,会在语言使用的过程中自觉或不自觉地了解汉语文化。

调查问卷第 15 题题目为"在日常生活中,我非常关注哈萨克语中的汉语借词的使用"。41.1%的调查对象表示"不同意"或"完全不同意"。这主要反映出哈萨克族重视保持使用本民族语言。

(二)社会因素与语言态度的关联分析

1. 性别

通过对问卷结果的方差分析,选项 4 和 5 的 p 值均小于 0.05,说明不同性别之间对问卷调查选项存在差异(表 5-14)。

表 5-14 ANOVA 分析性别因素与调查问卷相关性

选项	F	显著性(p)
q4	4.351	0.038
q5	3.568	0.029

从表 5-1 可以看出,女性受试者比男性受试者更同意"借词污染了哈萨克语的纯洁性"。而从图 5-2 可以看出,男性受试者更倾向于认为"借词丰富了哈萨克语。"这样的差异显示女性对待借词相对保守的态度。这一结果与王远新(2012)研究中对于城市哈萨克族哈萨克词语掌握和使用状况调查结果相互验证。王远新的研究指出,哈萨克族女性在对于哈萨克语成语引申义知晓率上要高于哈萨克族男性,在哈萨克语亲属称谓词的使用上,女性使用率高于男性。这说明哈萨克族女性更好地了解掌握本民族语言,因而会对借词持保守的态度。

根据社会语言学家以往研究,女性更倾向于使用社会接受认可的标准语言变体。很多社会语言学家发现女性的话语比男性的话语要更加标准。Labov(1966)总结出两点原因来解释女性更倾向与使用标准语言：第一是女性的社会地位低于男性，因此女性寄希望于通过使用标准语言来凸显自身社会地位和安全感；第二，女性更在意他人对自身行为的评价，因此女性也会较之男性在意自己的语言使用（图 5-1）。

图 5-1　调查问卷第 4 题的性别差异

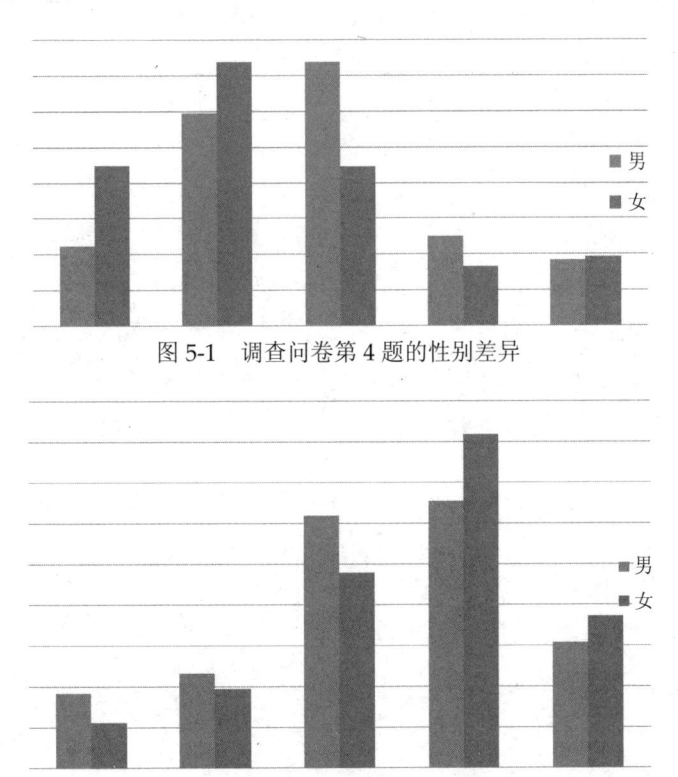

图 5-2　调查问卷第 5 题的性别差异

2. 年龄

通过对问卷结果的方差分析，选项 1、2、8、11 和 15 的 p 值均小于 0.05，说明不同年龄之间对问卷调查选项存在差异（表 5-15）。

从图 5-3 可以看出年长者（年龄大于 55 岁）"完全不同意"调查选项第 1 题中关于"我能够理解大部分哈萨克语中的借词"。而年轻人对此问题更多是表示"同意"。

表 5-15　ANOVA 分析年龄因素与调查问卷相关性

选项	F	显著性（p）
q1	2.722	0
q2	3.624	0.007
q8	4.801	0.001
q11	2.676	0.033
q15	0.928	0.036

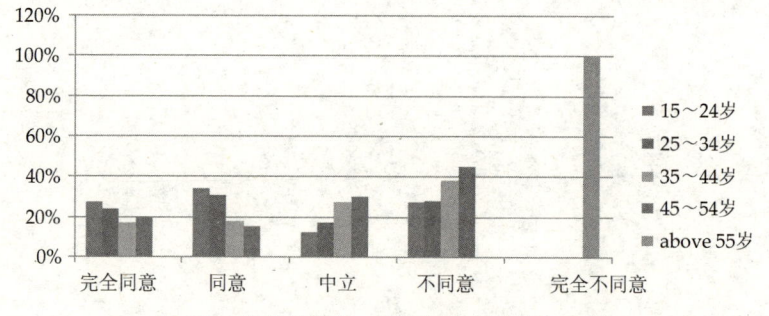

图 5-3　调查问卷第 1 题不同年龄组之间差异

从图 5-4 可以看出，大部分年长者（年龄大于 55 岁）"完全不同意"调查选项第 2 题中关于"当我使用哈萨克语时，我喜欢使用借词"，而年轻人（年龄 15～24 岁）对此问题更多是表示"同意"。

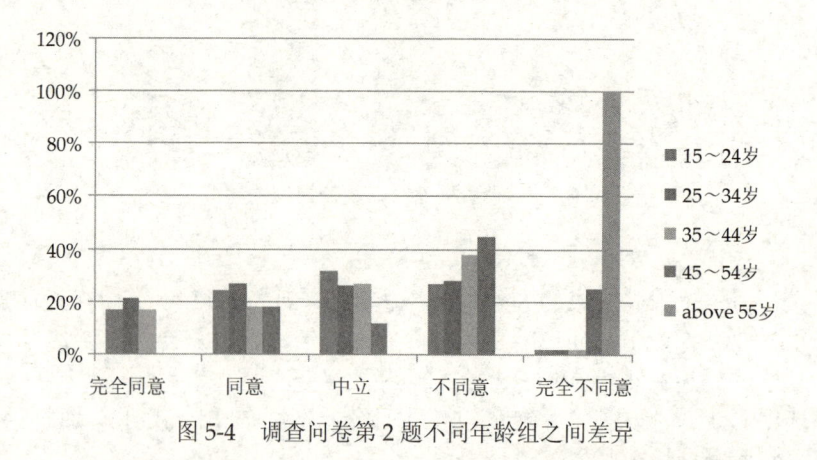

图 5-4　调查问卷第 2 题不同年龄组之间差异

从图 5-5 可以看出，多数年长者（年龄大于 55 岁）"完全不同意"调查选项第 8 题中关于"当一位哈萨克族人和你用哈萨克语交流时，他（她）的语言中使用了大量借词，你可以接受这一现象"。

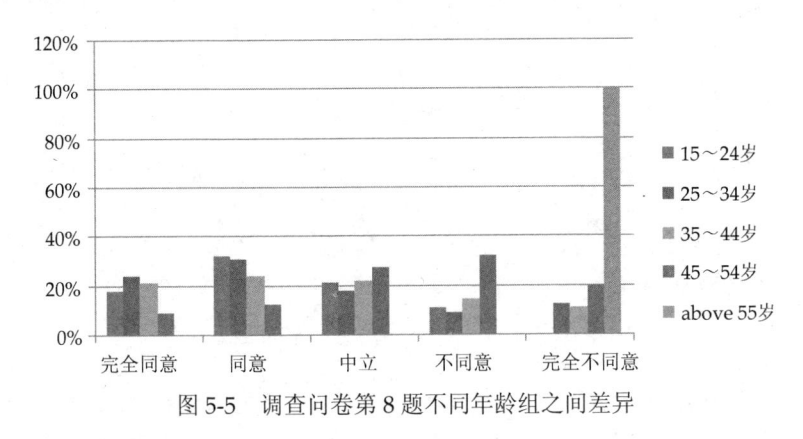

图 5-5　调查问卷第 8 题不同年龄组之间差异

从图 5-6 可以看出，大多年长者（年龄大于 55 岁）"完全不同意"调查选项第 11 题中关于"我更愿意在说话时使用一些汉语借词，是因为汉语借词表达的意思更加清晰明确"。

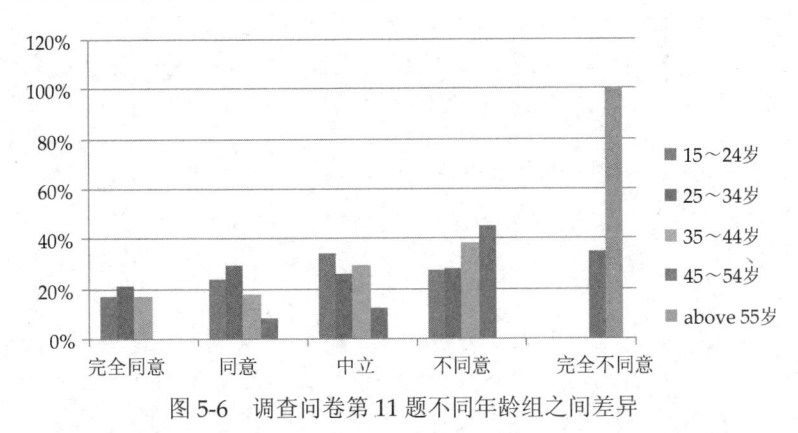

图 5-6　调查问卷第 11 题不同年龄组之间差异

从图 5-7 可以看出，大多年长者（年龄大于 55 岁）"完全不同意"调查选项第 15 题中关于"在日常生活中，我非常关注哈萨克语中的汉语借词的使用"。

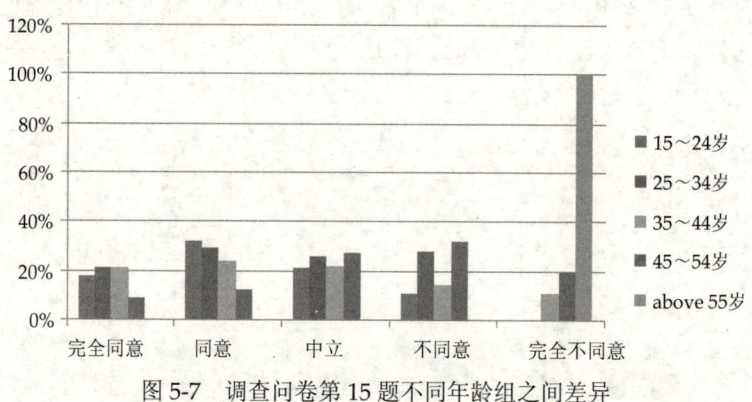

图 5-7　调查问卷第 15 题不同年龄组之间差异

以上题目的调查结果均显示出年长者对借词使用的态度更保守。这是因为老年人总认为自己已经掌握的、习惯了的事物是好的，所以他们较多地保留自己的本族语，并且大多用本族语与自己的下一代交流，以此来强调与其他言语集团的区别（Lambert，1972）。而作为年轻人，特别是在平辈人的交流中，尤其是年轻人之间，说话人对本族语的持有相对放松一些，而对汉语或哈汉夹杂却有一种相对开放和乐于接纳的态度。这是由于他们对社会因素引起的语言变异比较敏感，通常比老年人更易于接受新的语言形式。这一研究结果也与吴曦（2012）对哈萨克族语言态度和语言使用研究的结果吻合，即老年人对汉语的积极评价率和内部语言使用率较低，而中青年队汉语的积极评价率和内部语言使用率相对略高。

3. 所在地

通过对问卷结果的方差分析，选项 2、9 和 14 的 p 值均小于 0.05，说明不同所在地之间在问卷调查选项上存在差异（表 5-16）。

从图 5-8 可以看出来自城镇的受调查对象对于"我能够理解哈萨克语中大部分借词"的观点更多地表示"同意"，而来自乡村的受调查者大多表示"不同意"。

表 5-16　ANOVA 分析所在地与调查问卷相关性

选项	F	显著性（p）
q2	5.663	0.001
q9	2.915	0.035
q14	5.847	0.001

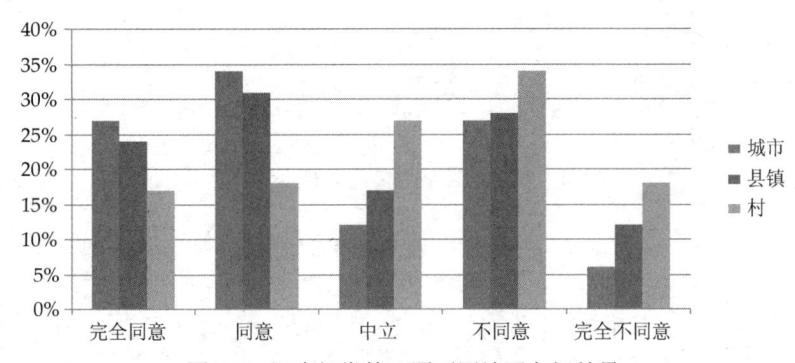

图 5-8　调查问卷第 2 题不同地区之间差异

从图 5-9 可以看出，来自乡村的受调查对象对于"我认为汉语借词对哈萨克语产生的是积极的影响"表示出明显不同意，暗示了他们对于汉语借词的排斥心理。

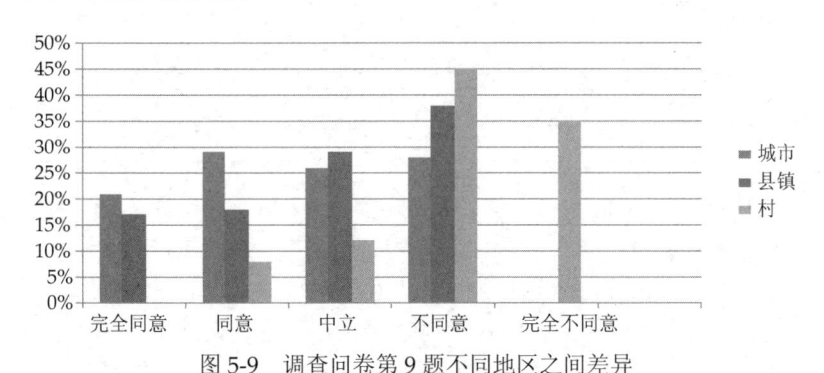

图 5-9　调查问卷第 9 题不同地区之间差异

从图 5-10 可以看出，来自乡村的受调查对象对于"因为我了解汉语文化，所以我会使用一些汉语借词"表示出明显不同意。

从上述结果可以看出，来自乡村的哈萨克族受调查者对借词的态

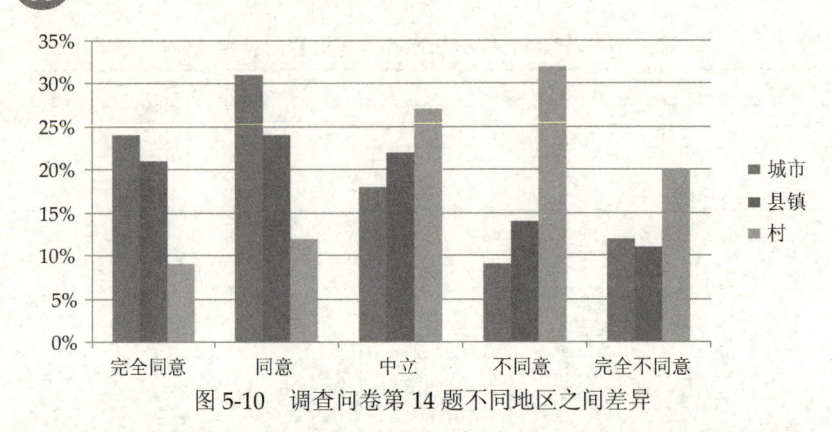

图 5-10 调查问卷第 14 题不同地区之间差异

度更为保守,这与城市和农村的语言环境有关。居住在城市的哈萨克族接受新事物的能力较快,城市里的语言环境也相对多元,因此城市哈萨克族对借词的接受度要高于来自乡镇的哈萨克族人。这一结果和王远新在《城市哈萨克族哈萨克词语掌握和使用状况调查》一文中的发现相吻合。

4. 教育程度

通过对问卷结果的方差分析,只有选项 1 的 p 值均小于 0.05,说明不同教育程度在问卷调查选项上存在差异(表 5-17)。

表 5-17　ANOVA 分析受教育程度与调查问卷相关性

选项	F	显著性(p)
q1	6.201	0

从图 5-11 可以明显看出,针对调查问卷第 1 题"我能够理解哈萨克语中大部分借词",受教育程度越高的受试者越同意该表述,说明借词的学习和接受与教育是有关联的。这一结果也和个人访谈中受试者提供的信息吻合。很多访谈对象表示,一些借词的学习和了解是通过长辈介绍获知,但更多是在学校中学习的。

5. 教育类型

民考汉学生从小在汉语学校中学习,常年与汉族接触,他们的汉语水平较高，而民考民学生从小在本民族语学校学习，汉语仅为第二语言，汉语能力有限。

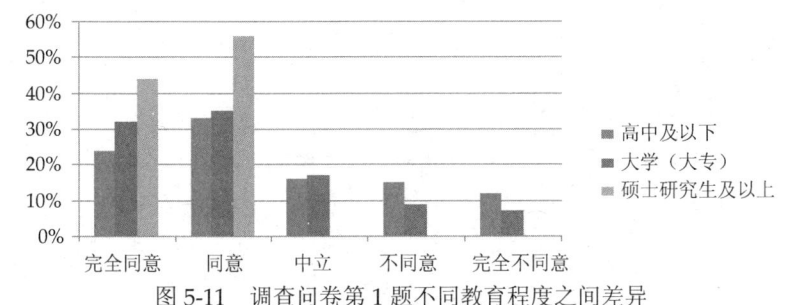

图 5-11　调查问卷第 1 题不同教育程度之间差异

通过对问卷结果的方差分析，选项 4、5 和 11 的 p 值均小于 0.05，说明不同教育程度在调查问卷选项上存在差异（表 5-18）。

表 5-18　ANOVA 分析不同教育类型与调查问卷相关性

选项	F	显著性（p）
q4	4.273	0.015
q5	3.594	0.029
q11	3.284	0.041
q12	3.215	0.042

从图 5-12 可以看出，民考民受调查者更同意调查选项第 4 题中关于借词污染了哈萨克语纯洁性的说法，而民考汉受调查者更多地表示不同意该说法。

从图 5-13 可以看出，民考汉受调查者更同意调查选项第 5 题中关于借词丰富了哈萨克语的说法，而民考民受调查者更多地表示不同意该说法。

如图 5-14 所示，在调查选项第 11 题上，民考民受调查对象倾向于不同意该表述"我更愿意在说话时使用一些汉语借词，是因为汉语借词表达的意思更加清晰明确"。这是因为民考汉学生接受系统性汉语学习的时间更长，他们的汉语听、说、读、写的能力较之民考民学生也更强，所以在对待借词特别是汉语借词的态度上，他们更倾向于使用借词。

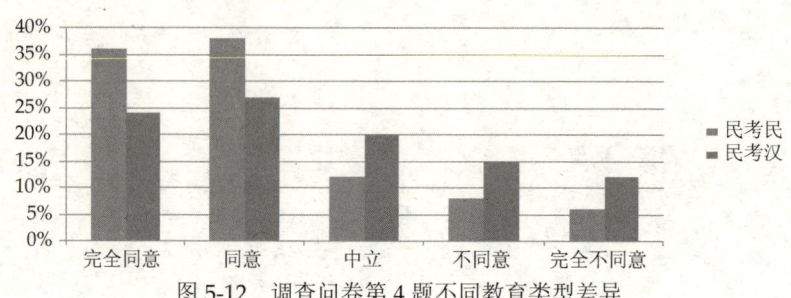

图 5-12　调查问卷第 4 题不同教育类型差异

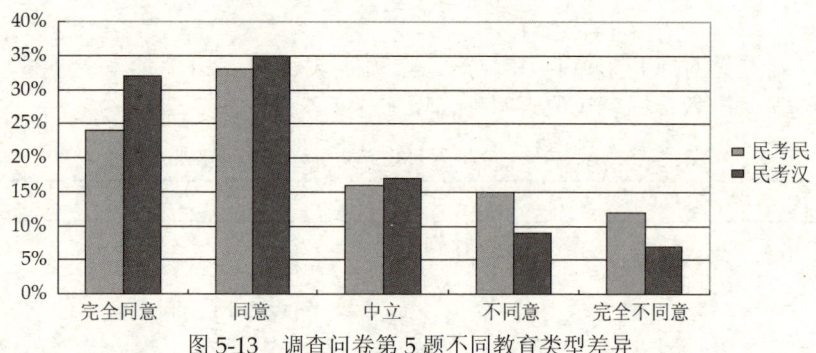

图 5-13　调查问卷第 5 题不同教育类型差异

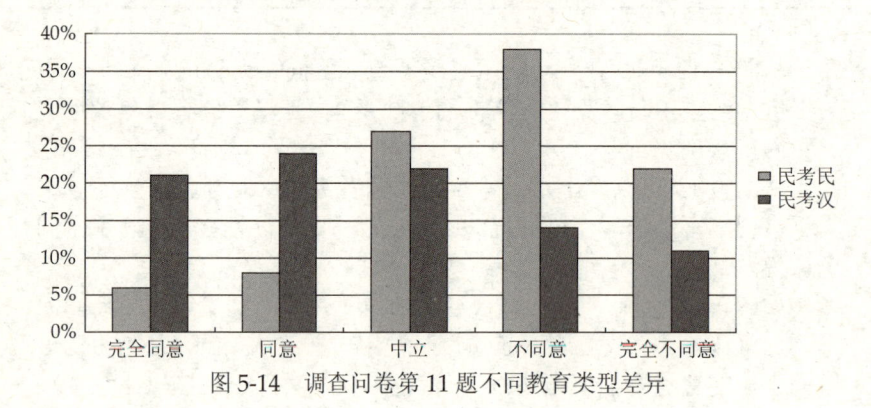

图 5-14　调查问卷第 11 题不同教育类型差异

通过调查结果可以看出，哈萨克族民考汉群体的基本特征为接受汉式教育、使用双语、更多地接受主流社会主体民族的思维方式

图 5-15 调查问卷第 12 题不同教育类型差异

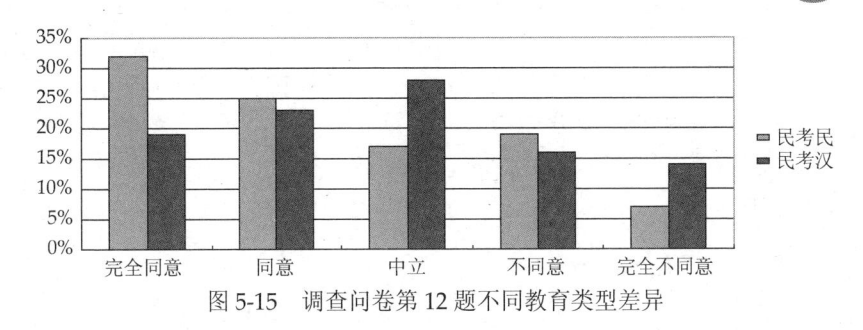

或价值观念等；而在该群体自我认同方面，他们认为自身介于两种不同的文化体系之中，并且因个体差异可能产生对自我社会身份归属的困惑。究其原因，主要是语言环境而言，民考汉学生在幼儿园甚至在刚学说话时就已经开始接触汉语，并且将其作为一种主要语言来学习，在汉语的听、说、读、写等方面已达到较高的水平。因此，无论在语言的亲和力还是语言的地位价值层面上，民考汉学生对汉语的评价高于哈语是在情理之中的；而大多数民考民学生是在小学三年级或是在上初中之后才开始系统地接受汉语学习，他们对本民族语言更为亲近，因此在使用汉语借词的态度上更加保守。

第四节 总 结

通过对现有哈萨克语中借词的归纳与分析，本研究发现以下三点：第一，哈萨克语种的借词主要来源自四种语言，分别是阿拉伯语、俄语、波斯语和汉语；其中来自阿拉伯语的借词数量最大，这与伊斯兰教传播而引发的语言接触有着密切关系。第二，哈萨克语中的借词主要存在四种借入方式，即音译、意译、混合和兼译；其中，音译借词所占数量最大，而意译借词所占数量最小，这一点体现了借词的层级性特征。第三，实义词是哈萨克语借词的主要组成；其中，名词借词的数量最大；哈萨克语借词的词义分布涉及日常生活的多个方面，和生活用品有关的借词数量最多。

基于调查问卷和个人访谈的结果可以看出，性别、年龄、所在地、教育程度和教育类型均影响着哈萨克族受试者对借词的态度。女性对借词的态度更为保守。在语言运用中，年长者较少地使用借词，也不愿意接受年轻人语言中使用借词的现象。和来自乡村的哈萨克族相比，来自城镇的哈萨克族更乐于使用并接受借词。民考民哈萨克族和民考汉哈萨克族在使用汉语借词的态度和动机上存在明显差异，民考汉更倾向于使用汉语借词。

第六章

哈萨克族语法使用变异分析

第一节 前　　言

　　语法是一种语言结构的规律，体现着每种民族语言的主要特点。在语法中，句法占据很重要的地位。句法是句子组成成分和它们排列的规律。每种语言的句法规律都有各自的特点。当两种语言长期且频繁地接触后，两种语言之间互相影响是不可避免的，主要表现在语音、词汇、句法等方面的变异上。其中，作为语言长期接触的重要产物，语码转换一直以来都被众多学者所关注。哈萨克语及汉语分属两个不同的语系。哈萨克语属阿尔泰语系突厥语族，是典型的主宾谓语言。除此之外，哈萨克语既是黏着语又是孤立语，但以黏着语占主导地位（张定京，2010），因此由于哈萨克语丰富的形态变化，语法功能的实现除了靠语序的变换和功能词的运用外，大部分语法功能都靠形态变化来实现。而汉语的情况则大不相同，汉语属汉藏语系，是典型的主谓宾语序，并且也是典型的孤立语。因此，汉语语法的功能主要靠语序的改变及功能词的运用来实现。由于哈萨克语（以下简称哈语）与汉语的长期接触，哈汉语码转换成为哈萨克人尤其是哈萨克族城市居民日常对话中的普遍现象，尤其以哈汉句内语码转换最为常见。虽然以往对语码转换的研究是比较多的，但对少数民族语言与汉语之间语码转换的研究并不多见，其中对哈萨克语与汉语句内语码转换的研究更少有涉及。因此，本研究分别对嵌入哈语句子中的汉语成分、嵌入的汉语成分的形态变化及嵌入汉语成分的语序影响这三个方面对哈汉句内语码转换进行了研究。

第二节 研究方法

一、研究目的、范围和对象

（一）研究目的

本研究以乌鲁木齐市为样板地，通过分析哈汉双语人口语中出现的哈汉句内语码转换的语言特征、功能以及产生的原因，探索哈汉两种语码转换的内在机制和规律，了解使用者的御用和社会目的。

（二）研究范围

新疆哈萨克族居民的语码转换涉及多种语言的语码转换，既有书面的也有口语的，内容包括哈—汉语码转换、汉—哈语码转换、哈语与其他少数民族之间的语码转换、哈语与其他国家语言之间的语码转换。本研究以乌鲁木齐市为样板地，仅限于考察哈萨克族居民日常对话中的哈语与汉语的句内语码转换。

（三）研究对象

本研究的研究对象为来自乌鲁木齐市的130名哈萨克族居民，其中男性为56名，女性为74名；最大年龄是75岁，最小年龄是5岁。研究对象教育程度包括小学、初/高中、大学，接受教育类别分别是民考民和民考汉社会角色涉及学生、公务员、记者、编辑、医生等。

二、语料采集、整理和分析

（一）语料

本研究在对乌鲁木齐市130名哈萨克族居民在家庭、朋友、工作、教育及公共场所 5 个领域的自然日常对话进行录音的基础上，得到了共 120 个小时的自然录音。

（二）语料收集与整理

1. 录音

本研究采取的是自然录音的方法。录音是从 2011 年 12 月开始到 2012 年 10 月结束，约持续 10 个月的时间，总共得到 178 个小时的录音，经过筛选，符合研究标准的录音时长为 120 个小时。录音工作是由本课题组成员选定的录音人完成。录音人在经过培训后，携带专业录音设备索尼牌录音笔，深入家庭域、朋友域、工作域、教育域及公共场所域进行录音。

本研究采取了现场隐蔽观察录音的方法（陈松岑，1999；祝畹瑾，1992）。在现场隐蔽观察录音过程中，录音人事先隐蔽调查人的身份，不事先通知谈话参与人录音，在谈话参与者完全不知情的情况下录制哈汉双语人的自然话语。其中，谈话主题不受限制，由此，保证了言语资料的完整性、自然性和真实性。

2. 语料转写和切分

本研究的录音材料由哈汉双语人转写，转写人均通过汉语水平考试（HSK）8 级。语料的切分以 Huang 和 Milroy（1993）的句内语码转换基本单位的确定原则及黄国文（2006）的小句切分标准为基础，本研究共切分出 1348 个小句，得到 1621 次转换。

第三节　结果与讨论

一、嵌入哈萨克语句中的汉语成分

经研究发现，在嵌入哈萨克语句中的汉语成分中，单词、词组及句子均发生了转换，但转换的次数及所占比例并不相同，如表 6-1 所示。

表 6-1 嵌入在哈汉句内语码转换句中的汉语成分及频率

嵌入汉语成分	频率（次）	百分比/%
单词	1318	81.30
词组	297	18.10
句子	9	0.60
总计	1621	100

在所有嵌入哈萨克语句子的汉语成分中，单词转换次数最多，共转换 1318 次，占总数的 81.30%；其次是词组，转换了 297 次，占总数的 18.10%；转换最少的是句子，在本研究中，只有 9 个小句发生了转换，只占总数的 0.60%。这个结果与郭林花（2006）、陶媛（2009）及朱莉（2009）的研究成果是一致的。因此，可以看出，单词是在所有参与语码转换成分中最活跃的成分。Poplack（1980）认为语码转换最容易发生在两个语言语法最相近处，并且发生语码转换的地方既不违反第一语言的语法，也不违反第二语言的语法。相对于词组和句子，单词更容易同时满足两种语言的语法要求，因此，单词转换相对来说比较多。除此之外，Pfaff（1979）讨论了一系列容易对等转换的单词。和词组和句子相比，哈萨克语中单个词所表示的意义和功能在相对应的汉语中更容易找到对等关系，并且，对哈萨克族居民来说，对汉语单个词的掌握较词组和句子来说更加容易些。

词组与句子相对单词来说转换次数大幅度降低，共占总数 18.7%。本研究初步认为是词组及句子的结构复杂性影响了它们转换的频率。在哈萨克语中，词组间的联系方式是多种多样的，并且与汉语词组的构成方式不同。除此之外，哈萨克语句子的结构与汉语句子的构成也大不相同，并且句子都是表达较完整及复杂的意思。词组及句子的转换需要说话者较高的汉语水平，因此，词组及句子的转换相对来说是比较少的。

（一）嵌入哈萨克语句中的汉语单词

在参与转换的单个词中，除个别几个词类未发生转换以外，绝大多数词类都发生了转换，但转换的频率并不相同，如表 6-2 所示。在所有参与转换的单个词中，内容词汇共转换了 1310 次，占了 98.6%，几乎占了总数的全部，而系统词汇只占了 1.4%。这一结果与曹湘洪（2011）等人的结果是一致的。Myers-Scotton（1993）认为内容词汇是提供实在具体意义的，因此，对于说话人来说是比较容易掌握的，而系统词汇起到连接结构的作用。因此，这一结论印证了 Myers-Scotton 的系统词汇原则的假设。这个假说认为在 EL（Embedded Language）+ ML（Matrix Language）的结构中，所有与中心词成分有表层语法关系的系统词汇都来源于 ML，在本研究中是哈萨克语。并且，Myers-Scotton 还认为说话者需要掌握一些嵌入语的内容词汇用来说话的需要，但没有必要掌握大量的嵌入语的系统词汇，因为系统词汇会来自主体语。因此，相对系统词汇来说，汉语中的内容词汇比较容易被哈萨克族居民掌握。在内容词汇中，发生转换的有名词、动词、形容词及副词，其中，名词转换次数最多，共转换 1026 次，占总数的 77.8%；其次是动词，转换了 219 次，比例为 16.6%；而形容词与副词转换的次数较

表 6-2　嵌入在哈汉句内语码转换句中的汉语单词类别及出现频率

嵌入汉语成分		种类	频率（次）	百分比/%
单词	内容词汇	名词	1026	77.80
		动词	219	16.60
		形容词	34	2.60
		副词	21	1.60
		代词		
		介词		
		小计	1310	98.60
	系统词汇	数词	13	1.00
		量词	5	0.40
		助词		
		象声词		
		感叹词		
		连词		
		语气词		
		小计	8	1.40
		总计	1318	100

少，分别转换了 34 次及 21 次，占总数的 2.6% 及 1.6%。在系统词汇中，只有数词及量词发生了转换，并且分别只转换了 13 次和 5 次，占总数的 1% 和 0.4%，从而印证了系统词汇主要来自于主体语的假设。

1. 嵌入哈萨克语句中的汉语名词

从表 6-2 可以看出，名词是所有发生转换词类中转换频率最高的词类，共发生了 1026 次转换，占总数的 77.8%。这与金钟太（1998，1991）、包秀明（2008）等人的研究结果是一致的。Poplack（1980）认为在语码转换时，所有词类中，唯独嵌入语为名词嵌入时，对整个句子剩余其他成分的影响是最小的。除此之外，这也和发生转换的名词的种类有关。如表 6-3 所示。

表 6-3 嵌入汉语名词的种类及频率

种类		频率（次）	百分比/%
普通名词	具体名词	864	84.20
	抽象名词	17	1.70
	小计	961	85.90
专有名词		145	14.10
总计		1026	100

在转换的名词中，普通名词占绝大数，占总数的 85.9%，而专有名词转换次数相对较少，只占了总数的 14.1%。在普通名词中，具体名词转换了 864 次，占普通名词的 84.20%。与其他名词相比，在哈萨克族居民的日常生活中，具体名词出现的频率较高因为它们所代表的事物更加贴近生活，因为发生转换的具体名词大多是关于食品、地名等关于日常生活中的词语，如"办事处""托儿所""卤肉"等。因此，对于哈萨克族居民来说，这些词在日常生活中运用的频率比较高，发生转换的几率就会比较高。

2. 嵌入哈萨克语句中的汉语动词

动词是转换频率中位居第二的词类，转换了 219 次，占总数的 16.60%。根据表 6-4 所示可知，所转换的动词几乎全是关于动作行为的动词，占了 99.50%，如"接了""打折""开除"等，而在本研究中，只有一例嵌入的汉语动词是描写心理变化的，占 0.50%。那一例嵌入的描写心理变化的动词是"羡慕"。Dan（2002）认为动词在句子中占有举足轻重的地位，因为任何句子框架结构的形成都是以动词为中心的。所以说话者经常运用语码转换来强调突出所要表达的意思，引起听话者的注意。因此，动词在整个词类中转换还是比较多的。而表示行为动作的动词和心理变化的动词相比转换较多是因为发生转换的行为动作的动词大多数表示具体的动作，心理变化的动词所表示的动作多是抽象的，需要说话人有相对较高的汉语水平去理解，因此，表示行为动作的动词转换的次数要远远高于表示心理变化的动词。

表 6-4　嵌入在哈汉句内语码转换句中的汉语动词种类及频率

种类	频率（次）	百分比/%
行为动词	218	99.50
心理变化动词	1	0.50
总计	219	100

3. 嵌入哈萨克语句中的汉语形容词及副词

嵌入的汉语形容词及副词相对名词及动词来说是比较少的，分别转换了 34 次和 21 次，占了总数的 2.60%和 1.60%。嵌入的汉语形容词为描写性形容词和关系性形容词，如"暂时的""丰盛"等。嵌入的汉语副词一般是形容动词的，如"正式"。形容词与副词在哈萨克语中一般用来修饰它们所对应的中心语，并不占主要成分。另外，张定京（2004）认为在哈萨克语中，除了形容词及副词可以做修饰成分外，还有许多语法形式可以起到修饰语的作用，比如名词经过变格后也可以修饰其他成分，但是，在汉语中是找不到这些相对应的语法成分的。因此，对于说话者来说，在说话连续体中专门找到这些与哈萨克语相对应的汉语表达方式是比较费力的，所以形容词与副词的转换也相应会比较少。

4. 嵌入哈萨克语句中的汉语数词及量词

在系统词汇中，只有数词及量词发生了转换，分别转换了 13 次和 5 次,占了 1.00%及 0.40%。但有一点要特别说明,在本研究中所有参与转换的数词及量词实质上都代表名词,并不是数词及量词本身所表达的意思。例如,"157"并不是总数为 157,实质指的是 157 路车,"157"是乌鲁木齐市居民为了说话的简便对 157 这一路车的简称。嵌入的数词全部代表公交车的名称,分别为"157""106""109"及"912"。如同数词,嵌入的汉语量词也表示所代表的名词,如"平方",实际上"平方"在对话中指的是房子的面积,但为了说话的简便,说话者习惯用"平方"代表房子的面积了。张定京(2004)认为当名词被数词和量词修饰时,在不引起歧义的情况下,可以用数词或量词代替所修饰的名词,即本研究出现的这种情况。因此,本研究中出现数词及量词的转换是可以理解的。

在本研究中未发现介词的转换,这说明在哈汉句内语码转换中介词是不能转换的。这是因为在哈萨克语中,介词的表现方式完全不同于汉语的表达方式。哈萨克语的介词大多是通过形态变化来完成的,而汉语要另加功能词,如下面两个例子。

例 1.　碾子沟　　-dan　　berə　　kel　　-də.
　　　碾子沟　（从格）　这边　　来　　（过去时）
　　　车从碾子沟来了。

例 2.　电梯　　　-da　　adam　　køp
　　　电梯　　（时位格）　人　　多
　　　电梯里人很多

例 1 中,汉语"碾子沟"的后面附加了哈语表示从格的词缀"-dan",表示"碾子沟"是车来的方向,而在汉语中,一般附加介词"从"来表示车来的方向。例 2 中"电梯"也加上了哈萨克语的时位格"-da",表示地点,表明"电梯"里的人很多,而不是"别的地方"人很多,而在汉语中,经常会用"在"表示处在及地点。正是因为在介词方面哈萨克语与汉语的表示方式完全不同,所以在本研究中没有出现一例的介词转换。

基于以上分析,本研究可得出以下结论:在哈汉句内语码转换中发生转换的汉语单词包括内容词汇及系统词汇。内容词汇包括名词、动词、形容词及副词,其中,名词转换次数最多。系统词汇包括数词及量词。在数词及量词代表名词的条件下,数词及量词的转换是有可能的，但是介词没有发生转换。

（二）嵌入哈萨克语句中的汉语词组

在本研究中，共有三种词组发生转换，分别是名词词组、动词词组及形容词词组（表6-5）。

表6-5　嵌入在哈汉句内语码转换句中的词组种类及分布

种类	频率（次）	百分比/%
名词词组	214	72.80
动词词组	73	24.80
形容词词组	7	2.40
总计	294	100

词组发生转换的频率的顺序和单个词的顺序是一样的，名词词组转换次数最多，共转换241次，占总数的72.80%；其次是动词词组，转换了73次，占总数的24.80%；最后是形容词词组，只转换了7次，占总数的2.4%。Chomsky（1957）认为在向心结构中，成分分布的功能和它们的中心词是一致的。名词词组、动词词组及形容词词组是典型的向心结构。因此，在本研究中，词组发生转换的频率的顺序和单个词顺序是一样的。这个结果与郭林花（2002）的研究结果是吻合的。嵌入的名词词组一般表示食品的名称、地名等，如"韭菜盒子""肿瘤医院"等；嵌入的动词词组全部表示动词行为，如"锻炼身体"；而形容词词组多为描写性形容词，如"臭得很"。

（三）嵌入哈萨克语句中的汉语句子

在本研究中，句子发生转换的频率是最低的，总共只有9个句子发生了转换。发生转换的9个句子均是简单句，其中主谓句转换了8次，占了总数的88.9%，在主谓句中，动词主谓句占的较多，总共发生5次转换，占55.6%，而非主谓句只有一例。相对单个词和词组的转换，句子的转换要求说话者有较高的汉语水平，而复杂句的转换所需的汉语水平更高。所以，在整个发生转换的成分中，句子发生的转换是最少的，并且没有复杂句的转换（表6-6）。

表 6-6　嵌入在哈汉句内语码转换句中汉语小句及频率

嵌入汉语成分		种类		频率（次）	百分比/%
句子	简单句	主谓句	动词主谓句	5	55.60
			形容词主谓句	3	33.30
			名词主谓句		
		小计		8	88.90
		非主谓句	动词非主谓句	1	11.10
			形容词非主谓句		
			名词非主谓句		
		小计		1	11.10
	复杂句				
总计				9	100

二、嵌入的汉语成分形态变化

由于哈萨克语既是分析语又是黏着语，因此，在哈萨克语词汇中有着丰富的形态变化；而汉语是分析语，因此，汉语几乎没有形态的变化。但是，通过分析，如表 6-7 所示，嵌入的汉语单词、词组及句子都发生了形态变化。发生形态变化的单词共计1194 个，占 80.30%；发生形态变化的词组共有 284 个，占 19.10%，发生转换的 9 个句子都发生了形态变化，比例为 0.60%。本研究发现当汉语嵌入哈萨克语中时，嵌入的所有汉语成分都按照哈萨克语的语法规则发生了形态变化。这一结果与金钟太（1998，1991）、包秀明（2008）的结果是一致的。

表 6-7　嵌入在哈汉句内语码转换句中的汉语成分形态变化种类及频率

嵌入汉语成分	种类	词缀种类	频率(次)	百分比/%
单词	名词	汉语名词 + 哈萨克语词缀	951	64.00
	动词	汉语动词 + 哈萨克语词缀	219	14.70
	形容词	汉语形容词 + 哈萨克语词缀	24	1.60
	小计		1194	80.30
词组	名词词组	名词词组 + 哈萨克语词缀	204	13.70
	动词词组	动词词组 + 哈萨克语词缀	73	5
	形容词词组	形容词词组 + 哈萨克语词缀	7	0.50
	小计		284	19.10
小句		汉语句子 + 哈萨克语词缀	9	0.60
总计			1487	100.00

(一)嵌入哈萨克语句中的汉语单词形态变化

1. 嵌入哈萨克语句中的汉语名词的形态变化

如表 6-8 所示,本来缺乏形态变化的汉语名词当嵌入哈萨克语句中时都发生了形态变化,分别经历了格、人称、复数领属物及多种词缀的形态变化。这些词缀都是哈萨克语名词所有的变化。其中,汉语名词加上格词缀所占比例最大(91.80%),汉语名词缀加哈萨克语领属物词缀所占比例最小(0.3%)。经过研究发现,嵌入的汉语全部都放弃

表 6-8 嵌入汉语名词的形态变化种类及频率

种类	形态变化种类		频率	百分比/%
名词	汉语名词 + 格	宾格	432	45.40
		时位格	102	10.70
		主格	95	10.00
		属格	87	9.10
		向格	82	8.60
		从格	43	4.50
		工具格	33	3.50
		小计	874	91.80
	汉语名词 + 人称变化	第三人称	29	3.00
		第二人称	6	0.60
		第一人称	4	0.40
		小计	39	4.00
	汉语名词 + 复数		10	1.10
	汉语名词 + 领属物		3	0.30
	汉语名词 + 多种词缀	复数 + 格	12	1.30
		领属人称 + 格	8	0.80
		格 + 格	3	0.30
		复数 + 领属人称	1	0.10
		复数 + 领属人称 + 格	1	0.10
		小计	25	2.60
	总计		951	100

了原有汉语的功能词，如"在""里"等介词及复数标志"们"，而使用哈萨克语的表示形态变化的词缀表达相应的语法功能及意义。比如下面几个例子。

例3：biz -dəŋ 老板-ø　　maʜ lan bir dærə ber-di
　　　我们(属格) 老板（主格）给我 一个 药　给 （过去时）
　　　我们的老板给了我一个止疼的药。

例4：南疆 -nan　　kel-gen　　awrw-lar　　taŋerteŋ
　　　南疆（从格）来（形动词）　　病人　　　　早晨
　　　erte　　palaw⊚e -jdi
　　　早早　　抓饭吃（陈述）
　　　从南疆来的病人早晨会早早吃抓饭。

例5：大学生　-dar kelep　qarsə aladə
　　　大学生（复数）来　　迎接
　　　是大学生们来迎接。

例6：钱包　- əm　　-də　　al　-ma　-dəm
　　　钱包（第一人称）（宾格）拿 （否定）（过去式）
　　　我没带钱包。

在例3中，汉语名词"老板"后加了主格"-ø"，代表"老板"在句中是主语。在哈萨克语中，主格是没有形式的，即零形式。例4中的"南疆"加上了哈萨克语中的从格词缀"-nan"，表示是主语的来源，这时，汉语名词"南疆"表示病人是从南疆来的。在汉语中，表示来源时多数都要使用介词"从"，但如例4，将汉语名词嵌入哈萨克语中时，放弃了介词，而使用哈萨克语的格词缀。例5中的"大学生"后缀加了哈萨克语复数标志"-dar"表示大学生是复数形式。在汉语中，复数多用"们"来表示，但汉语名词"大学生"缀加了哈语词缀，便放弃使用汉语复数标志"们"。例6中"钱包"后加了哈萨克语的人称标志，表示钱包归谁所有，即主语"钱包"不是别人的，而是属于第一人称"我"的。

2. 嵌入哈萨克语句中的汉语动词的形态变化

汉语的动词很少有形态变化，一般会通过助词来表示时、态、语气等，如"着""了"表示时态，"由""被"表示被动语态。在哈萨克语中，动词有丰富的形态变化表示相应的语法意义，实现其语法功能（表6-9）。

表6-9 嵌入在哈汉句内语码转换句中的汉语动词形态变化及频率

种类	词缀种类	频率（次）	百分比/%
动词	汉语动词 + 时、态、体	118	53.90
	汉语动词 + 副词化词缀	70	32.00
	汉语动词 + 形容词化词缀	24	11.00
	汉语动词 + 多种词缀	5	2.30
	汉语动词 + 名词化词缀	2	0.90
总计		219	100

从表6-9中可以看出嵌入哈萨克语句子中的汉语动词经历了时、态、体、副词化、名词化、形容词化及几个词缀相叠加的形态变化。其中汉语动词缀加时、态、体的词缀出现次数最多（53.80%），汉语动词接名词化词缀出现最少（0.90%）。这些词缀原本是哈萨克语中动词词缀的变化，当汉语动词嵌入哈萨克语句中时，汉语动词也被赋予了哈萨克语动词词缀的变化。在这里，需要说明的一点是汉语动词在汉语中使用时是通过语序的变化来改变词类及在句子中所承担的成分的，但当被嵌入哈萨克语的句子中时，通过缀加副词化、名词化及形容词化的词缀后，汉语动词转变为副词、名词及形容词，并在句中充当副词、名词及形容词所担任的功能。换句话说，从某种程度上来说，当汉语动词嵌入哈萨克语句中并缀加哈萨克语的词缀后，汉语动词的功能被扩大了，这一结果与金钟太（1998，1991）研究的结果是一致的。比如下面几个例子。

例7：ylgərip kele almajdə, ⊙ol -da 堵了 bol-əp⊙aəp
（他）赶不过来，路（时位格）堵了 成（副动词）着呢
他赶不过来了，路上堵车着呢。

例8：ol 退休 bol -ʜ lan adam
他 退休 成 （形动词）人
他是退休的人。

例9：住校 qəl-w mekep -təŋ 计划 -sə
住校 干（动名词）学校（属格）计划（第三人称无意义）

住校是学校的计划。

例 7 中汉语动词"堵了"后面加了哈萨克语的副动词词缀"-əp"，"堵了"由动词转换成副词了，表示交通的状态。例 8 中，汉语动词"退休"后加了哈萨克语形动词词缀"-ʁlan"，汉语动词就由动词转换成形容词了，描述主语的状态，表示"他"已经不再工作了。例 9 中，"住校"后加上了哈萨克语动名词词缀"-w"，汉语动词由动词转换成名词，在句中充当主语了。

3. 嵌入哈萨克语句中的汉语形容词的形态变化

在汉语中，形容词是没有形态变化的，但在哈萨克语中形容词如同动词一样，也有着丰富的形态变化（表 6-10）。

表 6-10　嵌入在哈汉句内语码转换句中的汉语形容词形态变化及频率

种类	词缀种类	频率	百分比/%
形容词	汉语形容词 + 动词词缀	13	54.20
	汉语形容词 + 格	9	37.50
	汉语形容词 + 人称词缀	2	8.30
总计		24	100

如表 6-10 所示，嵌入的汉语形容词经历了哈萨克语动词词缀、格词缀及人称词缀的变化，其中缀接动词词缀所占比例最大（54.20%），缀接人称词缀的比例最小（8.30%）。比如下面几个例子。

例 10：təmaw degen 暂时的- ø, bir apta –da saqajəp ketedi
　　　　感冒　　 暂时的-ø，一个星期（时位格）恢复　去
　　　　感冒是暂时的，一个星期就会恢复的。

例 11：新鲜　-in　 al!
　　　　新鲜（宾格） 拿
　　　　买新鲜的。

例 10 中，汉语形容词"暂时的"在句中起的是谓语的作用，所以缀加了哈萨克语谓语词缀，但由于主语是第三人称，所以谓语词缀是"-ø"，即零形式。例 11 中，汉语形容词"新鲜"表示的是新鲜的食物，相当于名词的作用，所以缀接了哈萨克语名词词缀"-in"，指

明"新鲜"在句子中充当宾语。所以，经过缀接哈萨克语词缀，汉语形容词的语法功能也扩大了。

（二）嵌入哈萨克语句中的汉语词组和句子

如同汉语单词所经历的形态变化一样，如表 6-11 所示，汉语名词词组、动词词组及形容词词组也都经历了相应的哈萨克语形态变化。对于汉语名词词组来说，名词词组后缀加哈萨克语格的形式所占比例最大（91.20%），而动词词组缀加哈萨克语时态词缀出现的最为频繁（83.60%）。汉语形容词大部分都加上了哈萨克语动词词缀（71.40%）。因为乔姆斯基认为在向心结构中，成分分布的功能和它们的中心词是一致的，所以嵌入汉语词组缀接的哈萨克语词缀与汉语单词缀接哈萨克语词缀的比例是一致的，所嵌入的汉语句子都缀加了相应的哈萨克语词缀，表示此句话是引自或是转述别人的话。比如下面一个例子。

表 6-11 嵌入在哈汉句内语码转换句中的汉语词组形态变化及频率

种类	词缀种类	频率（次）	百分比/%
名词词组	名词词组 + 格	186	91.2
	名词词组 + 人称词缀	6	2.90
	名词词组 + 复数	2	1.00
	名词词组 + 领属物	1	0.50
	名词词组 + 多种词缀	5	2.40
	名词词组 + 动词词缀	4	2.00
	总计	204	100
动词词组	动词词组 + 时、态、体	61	83.60
	动词词组 + 形容词化词缀	6	8.20
	动词词组 + 副词化词缀	4	5.50
	动词词组 + 名词化词缀	2	2.70
	总计	73	100
形容词词组	形容词词组 + 动词词缀	5	71.40
	形容词词组 + 格	1	14.30
	形容词词组 + 人称词缀	1	14.30
	总计	7	100

例 12：ol，-才下班吗？　-dejdi.
　　　　他，-才下班吗？　-说了
　　　　他说才下班吗？（系动词）

例 12 中，汉语句子后缀接"-dejdi"（系动词）表示这句话是转述另一个人的话，并且说话是第三人。

三、嵌入哈萨克语中的汉语语序

哈萨克语的语序是主宾谓，而汉语是主谓宾语，因此，哈语与汉语的语序最大的不同之处是在宾语与谓语的位置上。在哈萨克语中，宾语需放在谓语之前，而在汉语中，宾语需要放在谓语之后。如同汉语一样，哈萨克语的句子有六种成分，分别为主、宾、谓、定、状、补。主要语序排列如下：

（定语）—主语—[状语]—（定语）—宾语—<补语>/[状语]—谓语。

从图中我们可以看出哈萨克语中主要成分是主、宾、谓。和汉语语序不同，哈萨克语的宾语是放在谓语之前的，除此之外，起修饰作用的成分，如定语、状语等都在中心语之前。

经过分析，本研究发现除补语位置上没有出现语码转换以外，所有成分都出现了语码转换，但频率各不相同，如表 6-12 所示。

表 6-12　哈汉句内语码转换中汉语成分所在句法位置及频率

成分	主语 数量（次）	主语 百分比/%	宾语 数量（次）	宾语 百分比/%	谓语 数量（次）	谓语 百分比/%	定语 数量（次）	定语 百分比/%	状语 数量（次）	状语 百分比/%	总计
单词	230	17.5	508	38.5	322	24.4	125	9.5	133	10.10	1318
词组	56	19.0	105	35.7	76	25.9	22	7.5	35	11.90	294

从表 6-12 中，我们可以看出在宾语的位置上发生语码转换的次数最多，单词和词组分别发生了 508 次和 105 次，所占比重都是最大的（词占 38.5%，词组占 35.7%），其次是谓语（词占 24.4%，词组占 25.9%）、主语（词占 17.5%，词组占 19.0%），比较少的是在状语（词占 10.10%，词组占 11.90%）和定语上（词占 9.5%，词组占 7.5%）。并且这个顺序和汉语词组发生转换的频率的顺序是一样的。这说明，除了补语外，嵌入的汉语可以在哈萨克语句中可以作任何成分，这与

曹湘洪等（2011）人的研究结果是一致的。

在宾语位置上，可以发生转换的有名词、数词、形容词及名词词组。当汉语在宾语的位置上发生转换时，研究表明嵌入的汉语按照哈萨克语的语序放在了谓语的前面，如下面例子所示。

例 13：专家　　-nə　　osi　　ѳer　　-ge　　al　-əp　kel
　　　　专家　（宾格）这个　地方　（向格）　拿（副动词）过来
　　　　你把专家带到这个地方来。

例 14：奶茶粉　　i ѳ　　　-ti
　　　　奶茶粉　喝　（动词过去时）
　　　　他 喝了奶茶粉

例 13 中，嵌入汉语"专家"被放在了谓语"al"（拿）之前。例 14 中，嵌入汉语"奶茶粉"也在谓语"喝"之前。这两例都说明嵌入的汉语在做宾语时遵循哈萨克语语序，需放在谓语之前。

在谓语的位置上可以发生转换的有动词及动词词组。在谓语位置上发生转换的汉语均遵照哈语语法，都在宾语之后；而在主语的位置上发生转换的有名词、数词及名词词组。由于哈语和汉语的语法都要求主语放在句子的最前面，因此，在主语的位置上，嵌入的汉语都在句首。如下列例子所示。

例 15：men　telkefon　-də　　打了　qəl　-dəm
　　　　我　　电话　（宾格）　打了　干（第一人称过去时）
　　　　我打了电话。

例 16. 奖金　　-de　　扣　la　　masa　　jaqse　edi
　　　　奖金　（宾格）　扣　　不（假设）　好　会（是）
　　　　不扣奖金的话该多好。

例 17：小姑子　sulw　　eken　Ӊ loj
　　　　小姑子　漂亮　　嘛
　　　　小姑子挺漂亮的嘛！

例 18：丸子药　　az　　qal　　-əp　　　　-tə
　　　　丸子药　少　剩　（副动词）（动词过去时）
　　　　丸子药没剩多少。

例 15 中，嵌入的汉语动词"打了"放在宾语"电话"之后，例 16 中的嵌入汉语动词"扣"也放在了宾语"奖金"之后，说明在嵌入汉语动词做谓语时,是必须放在宾语之后的。例17中的"小姑子"出现在句子的首位,即主语位置;同样,例18中,嵌入汉语"丸子药"充当的是主语成分,也放在了句子的首位。根据分析表明,嵌入的汉语是遵循哈萨克语语序的。

在状语和定语的位置上,发生转换的有名词、数词、形容词及名词词组、形容词词组等。嵌入的汉语仍然遵循哈语语法,都位于所修饰的中心语前面,如下面例子所示。

例19: ælki 民工 -dəŋ bala -sə ɵjnɵjaŋ -ʜ la kel -di
那个 民工(属格)孩子(第三人称)新疆(向格)来(陈述)
那个民工的孩子来新疆了。

例20: ne qəzmet iste -seiŋdə 认认真真地 iste
哪个 工作 干(第二人称属格)认认真真地 干
干哪个工作你都认认真真地做。

例19中,汉语名词"民工"缀加了哈萨克语属格,用来修饰中心语"孩子",表明是谁的孩子。例20中的汉语副词"认认真真地"放在了中心词"iste"(干)前,表示干的状态。

在宾语和谓语的位置上转换的频率最高是因为相对于主语来说,宾语和谓语所承载的是未知的信息(胡壮麟,2002),也就是新的信息,是说话者希望能引起听话者重视并重点传达信息的位置。因此,这两个位置语码转换的频率比较高。另外,由于哈语的语法要求宾语要在谓语前面,因此,宾语先被用来表达新的信息,并且听话者先接收到的信息是由宾语传达的,因此,宾语转换的频率高于谓语。并且,由于哈语是以黏着语为主的,所以在嵌入的汉语名词等成分上已经由词尾表现出所要表达的语法意义,如人称、数量等。所以,在哈语中,在不影响双方交流的情况下,主语都会被省略的,因此,和宾语及谓语相比,在主语位置上发生语码转换的次数会相对少一些。相对主、宾、谓来说,定语和状语并不是句子的中心成分,因此,它们并不承载句子的主要信息。另外,在这两个成分上转换的多位汉语名词再缀接哈语的词缀,在汉语中是没有这种表达方式的,所以对于哈萨克族居民来说,这样的转换相对来说比较麻烦。因此,在这两个成分上语码转换发生的次数相对来说会少一些。

第四节 总 结

　　本研究基于乌鲁木齐市哈萨克族居民日常自然对话的真实语料，探讨了哈萨克族居民的语言语法变异情况。研究发现：第一，在哈汉句内语码转换中，嵌入的汉语成分有词、词组及句子。其中，汉语词的转换频率最高，其次是词组，句子最少。在汉语词中，内容词汇及系统词汇都发生了转换。在内容词汇中，发生转换的有名词、动词、形容词及副词；在系统词汇中，发生转换的有数词及量词。第二，哈萨克语对嵌入的汉语成分产生了形态上的影响。嵌入的汉语成词、词组及句子都缀加了哈萨克语的词缀以表达相应的语法意义，主要表现在名词及名词词组缀加了格、复数、领属物及几个词缀相叠加词缀；动词及动词词组经历了时、态、名词化、形容词化及副词化的形态变化；形容词及形容词词组发生了名词格词缀、名词领属物词缀及动词词缀的变化；第三，哈萨克语决定了嵌入汉语的语序。除补语外，所有句子成分上都可以发生转换，宾语位置上转换次数最多，其次是谓语和主语，状语和定语的位置上转换次数最少；并且所有嵌入的汉语成分都遵循哈萨克语语序，即主语在句首，宾语位于谓语之前，所有修饰成分位于中心语之前。本研究的结论初步展示了乌鲁木齐市哈萨克族居民语言语法的变异特点。研究表明，在哈汉句内语码转换中，作为主体语的哈萨克语提供语法框架，对嵌入的汉语有明显的限制特点。

第七章

哈萨克族语言使用变异

第一节 引 言

语言选择是指多语言语共同体在特定场合所选用某种语言或语言变体的现象。学者们认为语言选择即是语言使用（Verschueren,1999），它可以是对语言结构的选择，如语音、语调、语码、词汇、语法结构等，也有语言策略的选择，即顺应交际环境和交际对象的策略选择。语言选择与选择者身份地位、思想意识及其所从事的社会实践有着紧密的联系（Labov, 1972; Heller, 1995），同时也受到场景或话题的影响（Li, 1994）。

语言变异是指语言运用上的变化和差异，它是通过使用各种不同的语言上的变体表现出来的（祝畹瑾，1992）。社会的发展和变化促使语言产生变异，包括"各种由于社会条件所限制的集体性变异，以及各 种由特殊社会身份所造成的个人变异。"（徐大明等，1997）。语言变异最终导致交际者语言使用上的差异，语言使用变异研究旨在联系社会来研究存在于现实话语中的各种语言变异，找出各种重要的语言变异与社会因素的相关规律，并从这种研究中，找出那些具有发展趋势的语言变异形式，用来指导我们对语言发展的干预（陈松岑，1997）。

新疆是一个比较典型的多元文化和多种语言共处的社会，哈萨克族是新疆的第二大少数民族，有自己的语言文字。作为新疆的世居民族，哈萨克族接触汉语的历史久远，使用汉语的范围广泛。尤其进入

21世纪以来，随着中央实施西部大开发的战略，新疆文化经济迅速发展的同时也加速了汉语和哈萨克语的接触和相互影响，语言的发展速度和语言的变异现象日益凸显。在这种情况下，认清新疆哈萨克族语言使用和演变的特点，预测双语发展变化的趋向以及阐明双语发展变化的因素，对我们无疑是有重要意义的。但文献查询显示，对哈萨克族语言使用的研究大多从语言结构系统出发，探究哈萨克语在语音或语义、词汇或语法层面上的特征，依据大样本的哈萨克族居民的语言使用及变异的社会语言学调查还不多见。此次新疆哈萨克族语言使用变异研究主要通过问卷调查、访谈的方式在回答以下两个问题：①新疆哈萨克族居民语言使用变异情况；②不同社会变量对语言使用变异的影响。

第二节　研　究　方　法

一、调查取样

本研究选择巴里坤哈萨克自治县为调查点。巴里坤哈萨克自治县是新疆维吾尔自治区东北部的一个边境县，也是我国三个哈萨克族自治县之一，现全县下辖四镇、八乡、两场和两个开发区。境内有哈萨克、汉、蒙古、维吾尔、回、满、俄罗斯等14个民族，其中汉族、哈萨克族人数最多（见2009年巴里坤统计年鉴）。根据2012年人口统计，全县人口共104 106人，汉族64 892人，约占总人口的62.33%，哈萨克族36 941人，约占总人口的35.48%，其他民族2273人，约占总人口的2.19%（依据巴里坤县统计局提供的具体数据）。

根据王远新（2002）对少数民族居住形式的划分界定，以及巴里坤哈萨克自治县哈萨克族居住情况，我们划定萨尔乔克乡、大红柳峡乡、下涝坝乡、海子沿乡、八墙子乡为聚居区；巴里坤镇为杂居区，三塘湖乡、石人子乡、博尔羌吉镇、大河镇、奎苏镇、花园子乡为散居区。如果想要全面了解该地区哈萨克族居民的语言使用情况，应该设计样本总体为巴里坤哈萨克自治县的所有哈萨克族人，但由于研究条件限制，难以执行，我们选取了有代表性的萨尔乔克乡、海子沿乡为聚居区的调查点，巴里坤镇为杂居区的调查点，大河镇、奎苏镇为散居区的调查点（表7-1）。

表7-1 巴里坤哈萨克自治县各地区各民族人口统计表（N=104 106）

乡镇	总人口数/人	汉族/人	哈萨克族/人	哈萨克族比例/%	其他民族/人
巴里坤镇√	13 377	9 465	3 473	25.96	439
博尔羌吉镇	447	435	3	0.6	9
大河镇√	21 159	19 246	1 483	7.00	430
奎苏镇√	12 814	11 039	1 587	12.38	188
花园乡	6 805	5 562	963	14.15	280
石人子乡	8 779	7 381	704	8.02	694
三塘湖乡	1 295	1 174	91	7.02	2
萨尔乔克乡√	5 510	270	4 678	84.90	562
大红柳峡乡	4 636	490	4 070	87.79	76
海子沿乡√	7 981	185	7 779	97.46	17
下涝坝乡	6 609	10	6 597	99.81	2
八墙子乡	2 249	240	2 004	89.10	5
红山农场	8 115	7 254	821	10.12	40
红星一牧场	4 330	2 141	2 164	49.98	25
总计	10 4106	64 892	36 941	35.48	2 273

注：√表示本次研究的样板地。

本研究调查对象均要求为上述调查点的哈萨克居民，我们取居住时间为1年以上、父母均为哈萨克族、年龄介于15岁以上的居民为对象。把年龄的下限定在15岁主要是确保调查对象有足够的认知能力完成问卷的填写。此外，我们还选定了社会变量，即文化程度包括未入学到大专以上学历；教育类型分为民考民和民考汉两种；职业包括国家公务员、企事业单位等七类。在选定社会变量后，我们对调查点的人口进行10%分层抽样，获得总人数为1680人（如表7-2所示）。在抽样时，我们尽量要求年龄层、性别层和教育类别层有较均匀的分布，其他个人背景因素没有做具体的控制。

表7-2　巴里坤哈萨克自治县各地区抽样人数（N=1680）

居住区		抽样人数（人10%）	
聚居区	海子沿乡	7 779	244*
	萨尔乔克乡	4 678	321*
杂居区	巴里坤镇	3 473	653
散居区	大河镇	1 483	219
	奎苏镇	1 587	243
总计		19 270	1 680

*由于当地部分居民农忙及受教育水平有限，有效问卷获取量较少，并未到达10%。

二、问卷的设计及发放

　　本研究所使用的研究工具包括调查问卷和访谈。调查问卷是基于徐大明（2004）设计的新加坡华人的语言态度和语言使用调查问卷和邬美丽（2007）设计的在京少数民族大学生语言使用及语言态度调查加以修改制成的。问卷分为三部分，共53道题。第一部分主要考察哈萨克族居民的双语能力和语言使用情况（共19题）；第二部分主要考察哈萨克族居民的语言态度（共12题）；第三部分是关于被调查人的个人信息（共21题）。三部分均为单选题。问卷已转写为哈萨克语以确保填写的效度。在调查问卷的基础上，研究者设计了6个深入访谈问题对问卷内容进行补充，所有的访谈信息都通过录音笔进行记录并转写，用于随后的分析。问卷调查始于2013年1月，结束于2013年6月。基于问卷发放的覆盖面和回收率的考虑，我们主要通过学校为渠道，将问卷发放给学生、学生家长及学生的爷爷奶奶（其中填写问卷学生的年龄需在15岁以上）。本研究根据社会选项的要求，共调查10所学校，其中小学4所，中学1所，九年一贯制中学5所。这些被调查的学校基本辐射到所调查区域。本次调查共发放问卷2200份，收回1828份问卷，其中有效问卷1680份，回收率为83.09%，符合统计要求。全部的调查数据采用社会科学设计配套软件（SPSS16.0）进行统计。

第三节　结果与讨论

一、巴里坤哈萨克自治县哈萨克族居民语言使用变异情况

（一）总趋势

从表7-3中的平均值可以看出：巴里坤哈萨克族居民日常生活中所选用的语言（按使用的降频率排列）是哈萨克语，达到75.84%；哈汉夹杂（理论上称语码转换）占19.36%；汉语占4.35%；其他语言占0.45%。从这个结果可以得出：第一，日常交际中，哈萨克语仍然是该地区哈萨克族人的强势语言。众所周知，民族语言是一个民族的重要特征，是一个民族历史、文化的集中体现，是其语言社团共同的语言心理和语言核心价值的非常重要的一个方面（李静，2006）。巴里坤哈萨克族居民对本民族母语有着天然的、浓厚的感情，试图在日常生活中极力保持使用母语，这种有意识的母语维护反映出了该群体对民族语言和文化高度的认同感。第二，哈汉夹杂占一定的比重。哈汉夹杂或哈汉语码转换是语言变异的一种现象。语码转换是"一个句子中或两个句子之间两种语言的交替使用，是说话人停止使用语言A而开始使用语言B的现象"（Clyne，1991：161）。语码转换不是随意进行的，哈萨克族人在交际中出现的哈汉夹杂现象必然有其原因。Myers-Scotton和Ury（1977：199）在谈双语策略（bilingual strategies）时曾指出，"语码转换之所以产生，是由于说话人至少有一人希望借助改变交谈的社会场景重新确立交谈的性质，所以，(a)语言代码的使

表7-3　巴里坤哈萨克自治县哈萨克族居民语言使用变异总趋势　　单位：%

居住区	语言使用	哈萨克语	哈汉夹杂	汉语	其他
聚居区		81.01	14.77	3.73	0.49
杂居区		75.69	20.14	4.03	0.14
散居区		70.80	23.16	5.31	0.73
平均值		75.84	19.36	4.35	0.45

用和（b）交谈的社会意义之间是有着某种联系的"。社会场景相当于一组特定的规范，它"代表人们对不同性质的交谈的理解，即交谈中预期的行为是什么，偏离预期行为的可允许度又是什么?"。Myers-Scotton 和 Ury（1977：211）还指出，"没有一种变体在所有的社会场景中都维持固定不变的单一意义。每一种选择都有一组有限的具有社会意义的属性"。根据这一观点，我们可以假设：在本研究的哈萨克族人中，使用哈汉夹杂意味着说话人在某一时刻，由于谈话人角色、双方的关系及话题的确定，所采用的一种适合某种场景的语言策略，以求实现自己要表达出的同等、身份、缩小或扩大社会距离、幽默等社会意义。但我们必须指出的是，社会场景的改变及相应的社会距离的改变所引发的一定量的哈汉夹杂的使用，其实都离不开哈萨克族人对汉语的认知。研究者在语言态度中设计了关于语码转换使用动机的题目，当被问及"为什么在说哈萨克语时您要夹进汉语词语和句子呢？"及"如果在哈萨克语对话中夹进汉语词语或句子，你认为这样做会达到什么效果？"时，39.5%的被试的答案为"有些词用汉语更简洁、方便"，56.2%的被试认为哈汉夹杂"有利于沟通，避免歧义，提高交际效果"。这说明哈萨克族双语人在多元文化的生活背景下，对汉语有意识和无意识地接受和认可。汉语是国家通用语言文字，随着目前中国经济的发展，汉语的社会功能、使用范围不断扩大，如果能掌握汉语，则能为少数民族更好地融入主流社会和掌握现代化知识提供便利。正因此越来越多的哈萨克族同胞意识到了汉语作为交流工具的实用性，从而选择学习和使用汉语。第三，汉语使用在该地区哈萨克族人中所占的比例较低（4.34%）。我们知道，语言具有实际交流和承载民族感情的双重作用。人们在选择语言进行交际时，一方面要在感情上把它作为"文化象征"，另一方面在理性上把它作为"交流工具"（王洋，2004）。本研究在问卷调查中设计了对母语的情感态度问题，当问及"您觉得哈萨克语好听，亲切吗？"时，88.48%的被调查者觉得哈萨克语非常好听，91.68%的被调查者觉得哈萨克语非常亲切。从此可以看出哈萨克族人对母语着深厚的情感，持有坚定的母语维护态度。从理性上看，巴里坤是哈萨克自治县，现全县人口共106 104 人，其中哈萨克族人口 36 941 人，占 35.48%。哈萨克语文在该地区是法定语文，行政公文使用汉、哈两种文字，加之哈萨克族人口比例较大,哈萨克语在该地区优势的社会功能使其仍然是哈萨克族人主要使用的语言。

(二)不同居住区哈萨克族居民语言使用变异情况

进一步的观察表明,虽然在聚居区、杂居区和散居区,哈萨克族语言使用变异情况基本趋于一致(哈萨克语>哈汉夹杂>汉语>其他),但在使用量上又有区别。从聚居区到杂居区再到散居区,哈萨克语的使用量呈下降趋势,而哈汉夹杂和汉语的使用量呈上升趋势(图7-1)。

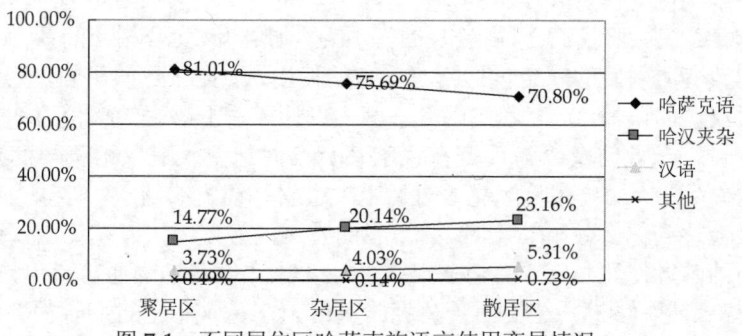

图7-1 不同居住区哈萨克族语言使用变异情况

民族的杂居和聚居对语言接触会产生不同的后果,杂居区的语言影响大,转用主体民族语言快,而聚居区相对较慢(袁焱,2001)。萨尔乔克乡和海子沿乡是两个典型的哈萨克族聚居区,哈萨克族人口分别占总人口的84.90%和97.46%。首先,由于民族成分较为单一,地理环境相对封闭,平日交往接触都是本民族同胞,与汉族接触的范围不甚广泛,哈萨克语自然成为优势语言,这种语言地位容易使哈萨克语在这一地区流通、保持并受到人们的尊重;其次,萨克乔克乡和海子沿乡都属于牧业乡,长期的游牧生活使哈萨克族人固守在自己生长的土地上,即使有劳务输出,也主要以短期为主,这种相对稳定的生活格局为他们保存自己的语言提供了天然条件;最后,强烈的民族意识是聚居区母语维护和传承的重要心理条件,虽然他们具有一定程度的开放性,但生活中仍然沿袭本民族传统文化习俗。相反,在一个特定的民族杂居区,不同民族的杂居为各民族兼通语言提供了条件,杂居区内各民族在使用本族语言的同时兼用其他民族语言，就形成了各种各样的双语或多语现象（王远新，2000）。巴里坤杂居区和散居区以汉族人口居多，民族成分多元化，各民族之间的接触和交往的范围广、频率高，汉语以其强势的社会文化功能成为不同民族之间交际的通用语，因此，在杂居区和散居区，汉语或哈汉夹杂的使用量较聚居区多。

二、巴里坤哈萨克自治县哈萨克族居民在五域中的语言使用变异情况

著名美国社会语言学家 Fishman（1972）曾指出，语言使用域是指社会中一种语言所使用的场合、使用对象及用该语言谈论的话题范围等使用领域。对与操双语者或多语者而言，人们期望他们在不同的语域使用不同的语言，因此语言使用域的研究有助于揭示不同领域中语言选择的优先性甚至唯一性。Fishman 还提出了五个典型的语言使用域：家庭域、朋友域、教育域、宗教域、工作域。本研究在此基础上，结合哈萨克语使用现状提出了家庭域、朋友域、学校域、工作域和公共场所域。透过五域，进一步观察哈萨克族居民的语言使用情况。

（一）总趋势

从表 7-4 的数据可知，尽管哈萨克族人在不同语域中的语言选择模式和总趋势基本一致（哈萨克语>哈汉夹杂>汉语>其他），但哈萨克语、哈汉夹杂和汉语的使用量在不同语域中有区别。从家庭域—朋友域—学校域—工作域—公共场所域，哈萨克语的使用量从 88.03%减少到 49.81%，呈递减趋势；而哈汉夹杂的使用量从 10.63%上升到 35.99%，呈递增趋势；汉语的使用量也从 1.05%增加到 13.46%。因此对于巴里坤哈萨克族居民来说，使用本族语最多的领域是家庭域，而使用哈汉夹杂和汉语最多的领域是公共场所域。这一数据说明了随着谈话人之间的亲近或熟悉度的逐渐减少，哈萨克族人对本族语的使用也随之逐渐减少，而对汉语和哈汉夹杂的使用则迅速增加。这个结果与前人的研究一致（邬美丽，2007；王洋，2004；曹湘洪和王丽，2009；吴曦，2012）。那么为什么会导致这一语言使用情况呢？Fishman 认为语域是从交际话题、交际者的关系和交际场所概括出来的社会—

表 7-4　哈萨克族居民在五域中语言使用变异总趋势　　　单位：%

语域	哈萨克语	哈汉夹杂	汉语	其他
家庭	88.03	10.63	1.05	0.29
朋友	84.00	14.09	1.53	0.38
学校	79.95	17.08	2.58	0.30
工作	77.39	18.98	3.16	0.47
公共场所	49.81	35.99	13.46	0.74
平均值	75.84	19.36	4.35	0.45

—文化构念，这三个组成部分中任何一个发生变化都会对交际者的语言选择造成影响。Myers-Scotton 和 Ury（1977）把交际场景分为三种：对等场景、权势场景和事务场景。家庭成员、同学、同民族成员间的交谈多属于对等场景中的交谈，他们至少要具备一个共同的特征——职业、种族或年龄等；老师和同学、经理和职员之间的谈话体现了参与者的权势差异，属于权势场景中的交谈；买者和卖者或陌生人之间没有明显的同一特征，也不存在悬殊的权势差异，他们的交谈属于事务场景中的交谈。根据这些概念，我们可以推理：首先，家庭域和朋友域所确立的交际场景是对等场景，哈萨克族人在该场景中的语言使用是基于彼此之间存在着某种程度的亲近和熟知，体现一种共聚（solidarity）的关系。而母语的选择恰恰体现了与家庭成员或朋友之间的亲切，表示自己属于这个文化集团的成员。其次，对个体而言，家庭是一个人获得母语能力及母语能力成长的重要条件。对于一个语言集团来说，家庭也是母语保持的最后堡垒（丁石庆，2009）。上述讨论中我们已经提到，巴里坤哈萨克族人对母语的保持和保护意识很强，在访谈中，许多被试强调在家庭域中使用母语，着力营造母语环境，期望以此对母语的传承和沿袭有所帮助。在公共场所域里，谈话双方是在事务场景里进行交流，交谈者之间既没有明显的相似之处，也没有相对的权势差异，这时选择有较高社会政治和经济地位的汉语，哈萨克族人一方面可能表示自己受过良好的教育，故意增大双方的社会距离，以突显自己的权势地位或传达自己不向对方的权势靠拢的意愿；另一方面可能由于巴里坤各民族接触频繁，与陌生人交流时，在判断出对方身份之前，通常选择通用语——汉语，或哈汉夹杂的方

式方便彼此交流，扫除交际障碍。总之，无论是在家庭域里最大限度地使用本民族语言，还是在公共场所域里比其他语域较多地使用汉语或哈汉夹杂，从总体上看，哈萨克族人对语言的选择是为了协商在特定的语境下的人际关系（如共聚、权势等），从而实现自己交际的目的。除此之外，哈萨克族人在五域中不同的语言选择，也体现了哈萨克语、汉语或是哈汉夹杂在社会功能上的层次性：母语多用于关系密切型的家庭域和朋友域，而哈汉夹杂和汉语多用于具有地位标志或权势关系的学校域、工作域和公共场所域。三种语言使用变异类型都有其存在的地位和分布范围，相辅相成，并行不悖，共同担负着现代社会的交际职能。

（二）不同居住区哈萨克族居民在五域中的语言使用变异情况

前面我们分析了不同居住区内哈萨克族居民语言使用的差异，且得出了从聚居区到杂居区再到散居区，哈萨克语使用量呈下降趋势、哈汉夹杂和汉语使用量呈上升趋势的结论。那么在五个语域中，不同居住区内哈萨克族人语言使用的情况是否也保持该趋势？这是我们下面着重谈论的内容。

1. 家庭域

表7-5数据中的平均值显示，首先，在家庭域中，首先从聚居区到杂居区再散居区，哈萨克语的使用量呈下降趋势（90.53%>87.27%>86.04%），哈汉夹杂的使用量呈上升趋势（8.03%<11.29%<12.60%），与总趋势保持一致；但从汉语的使用量来看，杂居区最多，散居区其次，聚居区最少（1.23%>1.22%>0.69%），与总趋势略有差别。其次，总体上看，哈萨克族人与长辈和晚辈交谈时，哈萨克语的使用量大于与平辈交谈时的使用量；而与平辈交谈时，哈汉夹杂和汉语的使用量要比与长辈和晚辈交流时用的多。这是因为在家庭中，老年人追求稳定安宁，比较怀旧，表现在语言上自然是更多地保留自己的本族语；而晚辈为了表现出自己是该家庭集团的一分子，在语言选择上，他们会按照父母或祖父母所希望的那样，尽可能使自己像一个地道的哈萨克族人。平辈人的交流中尤其是年轻人之间，由于对新事物反应敏锐，追求新时尚，接受新事物能力较强，因此在语言上则更容易接受新形式，对

汉语或哈汉夹杂持有一种相对开放和乐于接纳的态度（图7-2）。

表7-5 不同居住区内哈萨克族居民在家庭域中的语言使用变异情况　　单位：%

语言使用	居住区	家庭域			平均值
		与长辈	与平辈	与晚辈	
哈萨克语	聚居区	94.81	82.49	94.29	90.53
	杂居区	92.72	90.97	78.13	87.27
	散居区	93.10	74.02	90.91	86.04
	平均值	93.54	82.49	87.77	
哈汉夹杂	聚居区	3.15	16.38	4.56	8.03
	杂居区	6.67	19.57	7.63	11.29
	散居区	6.44	23.45	7.92	12.60
	平均值	5.42	19.80	6.70	
汉语	聚居区	0.56	0.75	0.75	0.69
	杂居区	0.45	1.99	1.25	1.23
	散居区	0.46	2.29	0.93	1.22
	平均值	0.49	1.68	0.97	
其他	聚居区	0.74	0.38	0.38	0.50
	杂居区	0.15	0.31	0.16	0.21
	散居区	0.76	0.23	0.23	0.15
	平均值	0.55	0.31	0.26	

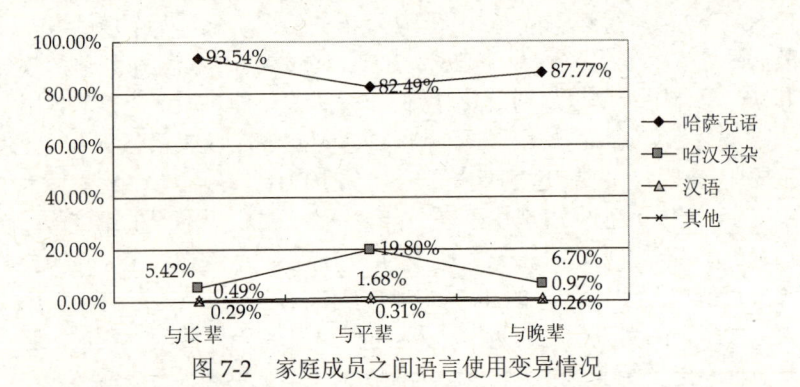

图7-2 家庭成员之间语言使用变异情况

进一步观察数据发现，聚居区和散居区家庭成员之间的语言使用情况与总趋势一致，但在杂居区情况有所不同。在杂居区，哈萨克族人与长辈的母语使用频率最高，其次是平辈和晚辈；且三个居住区中，杂居区哈萨克族人对晚辈的母语使用频率最低（78.13%<90.91%<94.29%），汉语使用频率最高（1.25%>0.93%>0.75%）。在此用一组颇具代表性的访谈予以说明。当问及"您在家里和孩子用哪种语言交流"时，来自海子沿乡（聚居区）的家长表示，现在孩子们在学校里都可以学习汉语，学校的大环境有利于孩子练习和使用汉语。因此在家里，他们会刻意更多地和孩子用哈萨克语交流，毕竟母语是不能被遗忘的；而来自巴里坤镇（杂居区）的一位家长表示，孩子会自然地在家里或和小伙伴玩耍的时候习得母语，母语使用的环境也比较多，因此在家里会较多地和孩子们说汉语。在此必须指出，这种观点并不代表家长放弃对孩子的母语教育，而是更多地考虑到汉语的社会功能，力图使孩子成为优秀的双语人，有利于孩子将来的发展。

2. 朋友域

表 7-6 中，在朋友域中，从聚居区到杂居区再到散居区，哈萨克语的使用量呈下降趋势（87.27%>83.74%>81.01%），哈汉夹杂和汉语的使用量呈上升趋势（11.05%>14.74%>16.48%，0.94%>1.37%>2.29%），与总趋势一致。朋友之间的交际是私人交际，用本民族语可以显示亲密的关系、融洽的气氛。朋友间使用哈萨克语可以更好地建立起信任、真诚的情感，表示较小的社会距离。通过对巴里坤县地区三中（完全民族中学）部分中学生的访谈我们了解到，平时与朋友聊天时，他们更倾向使用哈萨克语（他们的朋友也大多都是同族人），认为说汉语会疏远彼此，显得做作。

表 7-6 不同居住区内哈萨克族居民在朋友域中的语言使用变异情况　　单位：%

居住区	朋友域	哈萨克语	哈汉夹杂	汉语	其他
聚居区	与朋友	87.27	11.05	0.94	0.75
杂居区	与朋友	83.74	14.74	1.37	0.15
散居区	与朋友	81.01	16.48	2.29	0.23
平均值		84.01	5.42	0.49	0.29

3. 学校域

从表 7-7 可以看出，从聚居区到杂居区再到散居区，哈萨克语的使用量呈下降趋势（83.14%>80.19%>76.66%）；哈汉夹杂呈上升趋势（14.31%<16.49%<20.46%），与总趋势保持一致；但汉语的使用量在杂居区最多，散居区次之，聚居区最少（3.25%>2.41%>2.09%），与总趋势略有差别。对于哈萨克学生来说，学校是学习汉语的重要场所。根据双语教育的要求，他们会自主或不自主地在课内或课外使用汉语。但目前来看，汉语在巴里坤学校域还没有得到充分的发展。调查者通过访谈及实地观察了解到，课下很少有哈萨克族老师或同学用汉语交流，大多数哈萨克族老师和学生都转用哈萨克语。多数人觉得民族语在本民族同学之间、本民族师生之间可以起到沟通感情的作用，但在谈论学习情况时，没有汉语那么方便，因此有相当

表 7-7　不同居住区内哈萨克族居民在学校域中的语言使用变异情况　　单位：%

语言使用	居住区	学校域		平均值
		与老师	与同学	
哈萨克语	聚居区	86.20	80.08	83.14
	杂居区	84.28	76.09	80.19
	散居区	80.05	73.27	76.66
	平均值	83.51	76.48	
哈汉夹杂	聚居区	11.53	17.08	14.31
	杂居区	12.33	20.65	16.49
	散居区	17.20	23.73	20.46
	平均值	13.69	20.49	
汉语	聚居区	1.70	2.47	2.09
	杂居区	3.24	3.26	3.25
	散居区	2.29	2.53	2.41
	平均值	2.41	2.75	
其他	聚居区	0.57	0.38	0.48
	杂居区	0.15	0.00	0.075
	散居区	0.46	0.23	0.35
	平均值	0.39	0.20	0.30

一部分人往往会用哈汉夹杂的方式交流学习内容。老师之间谈工作时，往往是用汉语进行交流，但在与同民族的老师聊天时便转用到民族语，而要谈正事的话题，考虑到其他汉族老师在场会再次转用汉语。再者，聚居区乡镇只设立民语学校，汉语课多由民族老师担任，有限的教育师资和教育水平在一定程度上限制了该地区汉语教育的发展；而杂居区巴里坤镇是巴里坤城市化发展最迅速的地区，也是全县的教育中心，相对优越的教育设施和教育水平保障了汉语教育的实施。由此可见，学校教育的大环境必然对学生的语言使用产生重大而深远的影响，巴里坤双语教育水平存在区域性差异且学校域双语环境也有待进一步塑造。

进一步观察语料发现，无论是聚居区、杂居区还是散居区，学生与老师交谈时更倾向于用哈萨克语，同学之间交流时哈汉夹杂或汉语的使用量比与老师交流时多。根据 Giles 和 Smith（1979）的观点，在交际过程中，说话人会采用语言靠拢或语言偏离的交际策略与另一社会集团融合或区别。一般认为，语言靠拢是友善的交际策略，有助于交际双方的和谐共处（Beebe&Giles，1984），权势较低的一方更容易向权势较高的一方聚合，因为他们更需要对方的赞许，完成互动中的社交目的。相反说话人也可能采用偏离的交际策略凸显自己的社会特征，以及与其他群体的差异。他们可以维持自己的语言特征，甚至在语言上故意偏离外群体会话伙伴的语言（Coupland&Giles，1988）。上文已提到，学校域属于权势场景，老师与同学之间存在权势关系。哈萨克族学生多用本族语与老师交流，通过语言靠拢策略谋求老师的承认，得到老师的好感，从而顺利地、正确地表达他们想要表达的意思；而学生之间不存在权势关系，因而哈汉夹杂和汉语的使用量要比与老师交流时用的多，这种语言偏离策略的使用一方面强调了与对方的同等关系，同时也表现了自己的汉语能力，让对方不要小看自己。该选择趋势在三个居住区中保持一致（图 7-3）。

4. 工作域

从表 7-8 可以看出，在工作域中，从聚居区到杂居区再到散居区，哈萨克语使用量呈下降趋势（81.41%>78.77%>72.01%），哈汉夹杂和汉语呈上升趋势（15.09%<18.05%<23.81%，3.02%<3.11%<3.44%），与总

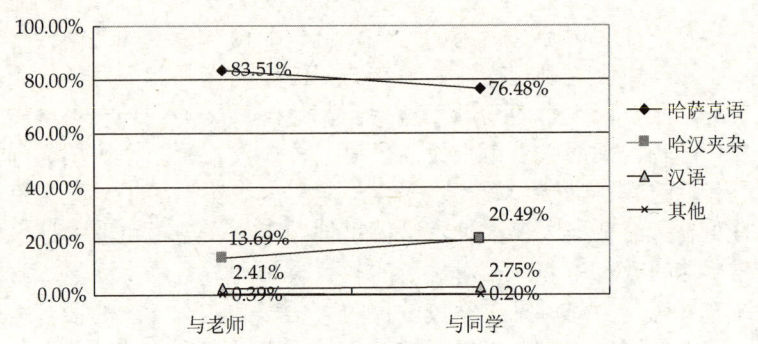

图 7-3　学校域中不同交际者之间语言使用变异情况

表 7-8　不同居住区内哈萨克族居民在工作域中的语言使用变异情况　单位：%

语言使用	居住区	工作域				平均值
		与上级	与平级	与下级	与陌生人	
哈萨克语	聚居区	87.36	83.49	87.12	67.67	81.41
	杂居区	80.25	80.15	79.72	74.96	78.77
	散居区	76.89	72.35	76.09	62.70	72.01
	平均值	81.50	78.03	80.98	68.44	
哈汉夹杂	聚居区	10.75	13.70	10.23	25.71	15.10
	杂居区	17.23	17.13	16.65	21.17	18.05
	散居区	21.84	24.42	19.45	29.52	23.81
	平均值	16.61	18.42	15.44	25.47	
汉语	聚居区	1.70	2.25	2.46	5.67	3.02
	杂居区	2.15	2.62	3.56	4.11	3.11
	散居区	1.61	2.53	3.43	6.18	3.44
	平均值	1.82	2.47	3.15	5.32	
其他	聚居区	0.19	0.56	0.19	0.95	0.47
	杂居区	0.46	0.00	0.15	0.15	0.19
	散居区	0.46	0.69	0.23	0.97	0.59
	平均值	0.37	0.42	0.19	0.69	

趋势保持一致。根据我们调查，在杂居区与散居区工作的巴里坤县各政府机关和企事业单位的工作人员，既有哈萨克族，也有汉族。其中哈萨克族都是哈汉双语人，部分汉族也懂一些简单的哈萨克语。调查者走访了巴里坤县政府部门的一些工作人员，当问到"学习汉语给您的工作带来什么好处"时，他们普遍表示，现在工作的环境里，人员越来越复杂，工作内容、信息量也越来越多，这就迫使他们去学习汉语以适应工作的需要。有些工作人员还说道，汉语对晋升职务也有一定的影响，有些少数民族专业技术人员职务的晋升与是否掌握汉语直接有关。因为汉语水平已被列为考核的一项内容。因此，在其他条件相同的条件下，说好汉语也会产生些许帮助。但是在聚居区，政府和单位的工作人员以哈萨克族人为主，且工作对象主要是广大的牧区群众，生活在牧区的哈萨克族老乡主要使用哈萨克语，很多都听不懂汉语。所以，在给基层干部开会或者下到区乡开展工作时，哈萨克语是最重要的工作用语，如果不懂哈萨克语，工作就难以进行。因此由于工作环境和对象的不同，不同居住区工作人员的语言使用也会稍有差异。

进一步观察语料发现，与不同交际者交谈时，哈萨克族人的语言选择出现了一些差别：与上级交谈时哈萨克语使用量最多，其次是与下级和平级，陌生人最少；而与陌生人交谈时哈汉夹杂和汉语使用量最多。一般来说，工作域是一个典型的权势场景，除平级人以外，交际者之间有一定的权势关系。语言的使用反映出说话人与听话人之间的社会关系，权势量（power）指说话者与听话者之间的地位差别大小，地位高的人权势量大（徐大明等，1997）。与上级说话时，说话人为了回避显示权势量而较少用到汉语，选择母语哈萨克语则是为了取悦上级，缩小与上级的社会距离；而与陌生人交谈时，为了显示自己的受教育层次，说明自己是懂汉语的双语人，以及提高自己的社会身份，说话者一般会选用汉语或哈汉夹杂。该选择趋势在三个居住区基本一致（图7-4）。

5. 公共场所域

表7-9反映了公共场所域里陌生人之间交流时的语言选择。数据显示，从聚居区到杂居区再到散居区，哈萨克语的使用量逐渐减少

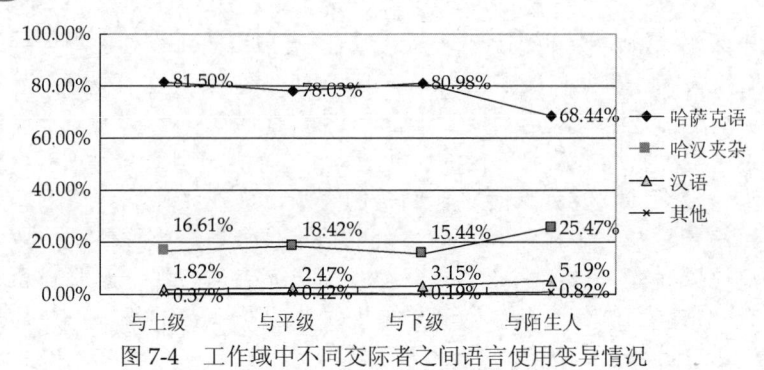

图 7-4 工作域中不同交际者之间语言使用变异情况

表 7-9 不同居住区内哈萨克族居民在公共场所域的语言使用变异情况 单位：%

居住区	公共场所域	哈萨克语	哈汉夹杂	汉语	其他
聚居区	与陌生人	62.69	25.38	11.93	0.00
杂居区	与陌生人	48.46	40.12	11.27	0.15
散居区	与陌生人	38.28	42.46	17.17	2.09
	平均值	49.81	35.99	13.46	0.75

（62.69%>48.46%>38.28%）；哈汉夹杂使用量在增加（25.38%> 40.12%> 42.46%），与总趋势保持一致；但就汉语的使用量来说，杂居区最少，聚居区次之，散居区最多（11.27%<11.93%<17.17%）。值得注意的是，在散居区，哈汉夹杂的使用量已经超过了哈萨克语（42.46%>38.28%）。作为具有社会属性的人，个体都将处于公众场合之下进行社会活动。处在公众场合之下的个体必然会与其他个体发生交流，此时的语言选择将影响到他在公众场合中的收益。 巴里坤哈萨克自治县汉族人居多，尤其在杂居区和散居区，因而在日常生活中与汉族人的接触较多，在与陌生人交流时，首先选择有较高的社会政治和经济地位的汉语，哈萨克族人可表明自己受过良好的教育，提升自己的社会地位。在判断其身份后再根据对方的身份选择语言，出于尊重或是想和对方拉近沟通的距离，往往会专用对方熟悉的民族语进行深入的交谈。如果对方愿意使用汉语则继续使用汉语交谈。

三、巴里坤哈萨克自治县哈萨克族居民语言使用变异归因分析

前面我们已经对哈萨克族在不同语域中的语言使用变异的总趋势做了分析。本章就社会因素，即年龄、性别、教育程度、教育类型（民考汉/民考民）居住、收入及家中是否有民考汉成员，对语言使用变异的影响做进一步讨论。

（一）年龄

不同年龄的人在语言使用上往往也有不同的特点，这也是语言的一个普遍现象。即使在同一个家庭内，不同年龄的人尽管朝夕相处、同食同住，在其语言上也会出现一定差异。我们不仅要研究不同年龄表现出的种种语言差异，还要探索年龄影响语言变体的主要原因。是否会说汉语已经成为一种社会地位象征。青年人具有一种赶潮流、求创新的敏感心态。当他们意识到汉语代表的文化更先进、更现代时，对原有的语言观念、评价便不知不觉地发生了变化，对新的语言特点采取一种开放的心态很快就反映到语言中。相反，老年人一般追求稳重、安定的感受，对新的东西不容易很快感染，对已熟悉的语言系统感情较深，不会轻易地接受别的特点（戴庆厦，1993）。

1. 家庭域

根据图7-5和表7-10结果显示，不同年龄段的人在哈萨克语、哈汉夹杂和汉语的使用上存在着显著性差异（F=5.220，p=0.000；F=2.601，p=0.035；F=2.777，p=0.026）。从结果中的不同年龄群体之间的比较来看，哈萨克语的使用率存在着随年龄增大使用率增加的现象，也就是说年龄越大使用哈萨克语越多；而哈汉夹杂和汉语的使用率存在着随年龄的增大使用率减少的趋势。在家庭中，老年人哈萨克语的使用量大于晚辈，这是因为在家庭域中，老年人总认为自己掌握的、习惯了的事物是好的，所以他们较多地保留自己的本族语，并且大多用本族语与自己的下一代交流，以此来强调与其他言语集团的区别（Lambert，1972）。但在年轻人之间，说话人对本族语的持有相对放松一些，而对汉语或维汉夹杂却有一种相对开放和乐于接纳的态度。这是由于他们对社会因素引起的语言变异

比较敏感，通常比老年人更易于接受新的语言形式。

图 7-5　家庭域不同年龄语言使用情况

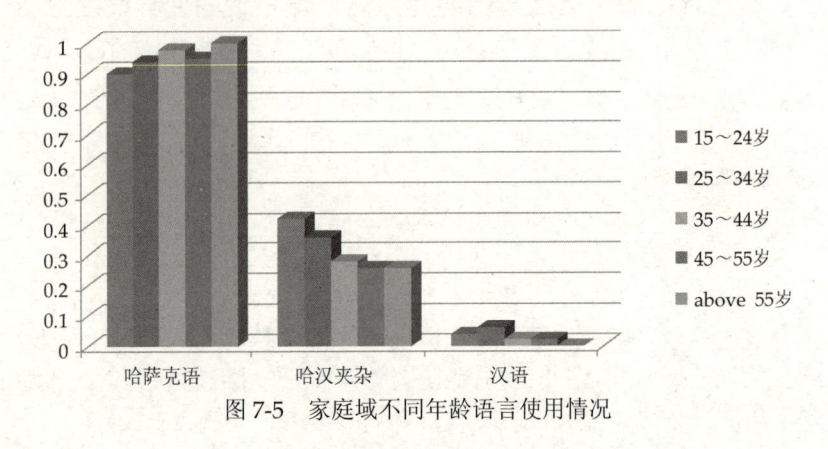

表 7-10　家庭域语言使用的年龄差异

	F	$Sig.$
哈萨克语*年龄	5.220	0.000
哈汉夹杂*年龄	2.601	0.035
汉语*年龄	2.777	0.026

2. 朋友域

根据图 7-6 和表 7-11 显示，不同年龄段在哈萨克语使用上有显著性差异（$F=1.328$, $p=0.028$），而在哈汉夹杂和汉语的使用上不存在显著性差异（$F=0.527$, $p=0.716$；$F=1.114$, $p=0.349$），说明在朋友域中，年龄差异影响哈萨克人的哈萨克语使用量，出现年龄越大使用哈萨克语越多的趋势。这是因为朋友间的交际是私人交际，用本民族语可以显示亲密关系、融洽的气氛，朋友间使用哈萨克语可以更好地建立起相互信任、相互真诚对待的情感，表示较小的社会距离。这种需求和动机是民族间紧密联系的内在动力，也是增强民族团体凝聚力的心理动力。少数民族对本民族语言天然的、浓厚的感情也正是其民族凝聚力的充分体现（徐思益，1997）。

图 7-6　朋友域不同年龄语言使用情况

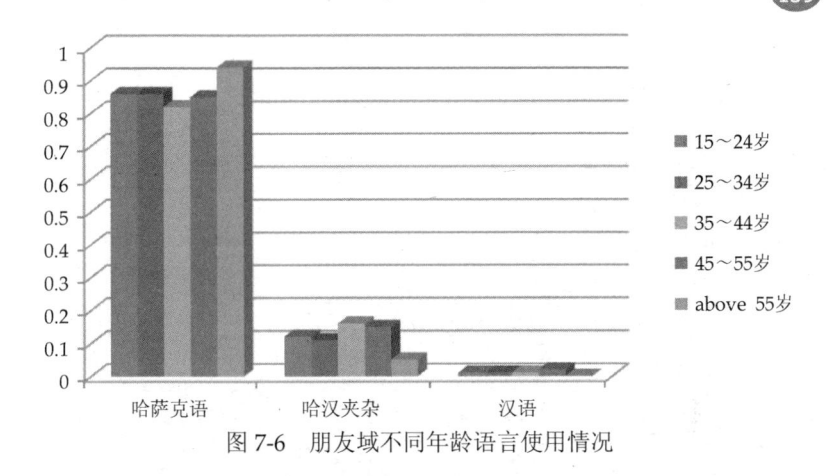

表 7-11　朋友域语言使用的年龄差异

	F	Sig.
哈萨克语*年龄	1.328	0.028
哈汉夹杂*年龄	0.527	0.716
汉语*年龄	1.114	0.349

3. 工作域

根据图 7-7 和表 7-12 显示，在工作域中，年龄差异在哈萨克语和哈汉夹杂使用上有显著性差异（$F=1.383$，$p=0.038$；$F=0.300$，$p=0.034$），而在汉语的使用上没有显著性差异（$F=1.491$，$p=0.203$）。说明哈萨克人在工作当中对哈萨克语和哈汉夹杂的使用受年龄差异的影响，并出现随着年龄上升哈萨克语的使用量增加，而哈汉夹杂的使用量减少的趋势。一般来说，工作域是一个典型的权势（power）场景，除平级人以外，交际者之间有一定的权势关系。例如，工作人员（不论职位大小）与陌生人就是一种权势关系。年纪大的工作人员说话用到较少的汉语反映了说话人回避显示权势量的心态，而说话较多地选择哈汉夹杂来反映说话人在受教育层次上不低于对方，说明自己是懂汉语的双语人，以及提高自己的社会身份的心态。

图 7-7　工作域不同年龄语言使用情况

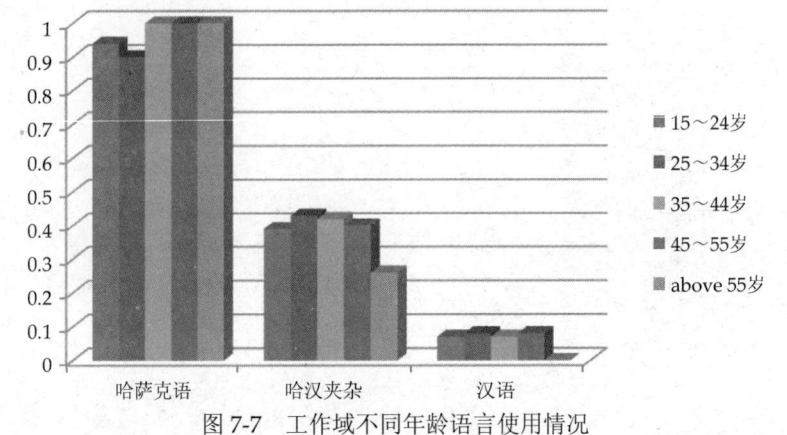

表 7-12　工作域语言使用的年龄差异

	F	Sig.
哈萨克语*年龄	1.383	0.038
哈汉夹杂*年龄	0.300	0.034
汉语*年龄	1.491	0.203

4. 学校域

根据图 7-8 和表 7-13 结果显示，在学校域中，不同年龄段的人在

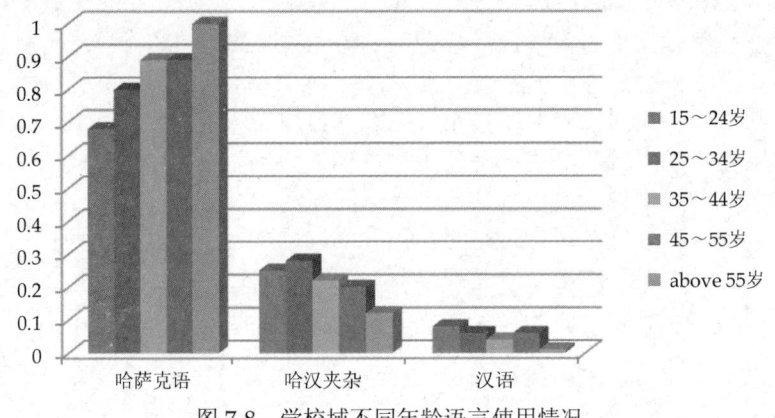

图 7-8　学校域不同年龄语言使用情况

表 7-13 学校域语言使用的年龄差异

	F	Sig.
哈萨克语*年龄	0.735	0.568
哈汉夹杂*年龄	0.501	0.735
汉语*年龄	0.946	0.037

汉语使用上存在显著性差异（$F=0.946$, $p=0.038$），而在哈萨克语和哈汉夹杂的使用量上不存在差异（$F=0.735$, $p=0.568$；$F=0.501$, $p=0.735$）。说明在学校里哈萨克人的汉语使用量随年龄的上升而呈下降趋势。这是因为对维吾尔族学生来说，学校是学习汉语的重要场所，根据双语教育的要求，他们会自主或不自主地在课内或课外使用汉语，虽然汉语的使用量还是有限。年轻人交谈时多用些汉语，说话人是为了表现自己的汉语能力，强调与对方的同等关系，让对方不要小看自己。

5. 公共场所域

根据图 7-9 和表 7-14 显示，在公共场所中，不同年龄段在哈汉夹杂和汉语的使用上呈现出显著性差异（$F=1.153$, $p=0.030$；$F=1.119$, $p=0.046$），而对哈萨克语的使用没有显著性差异（$F=1.776$, $p=0.131$）。这说明随着年龄的增大，哈汉夹杂和汉语的使用率呈现下降的趋势。因为公共场所是一个事务场景里的交流，交谈者之间既没有明显的相似之

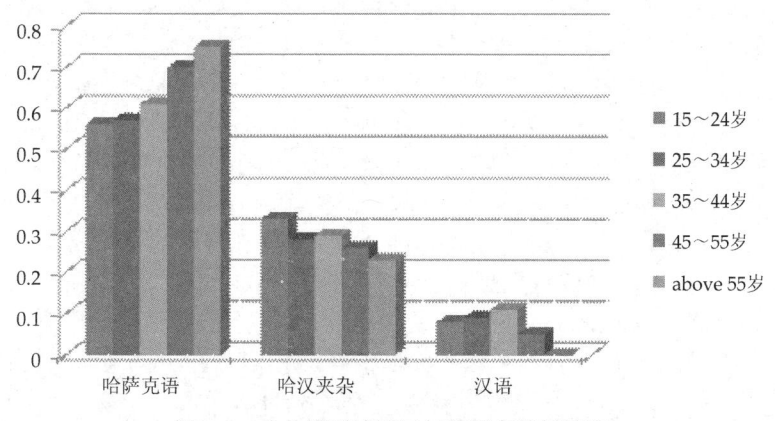

图 7-9 公共场所域不同年龄语言使用情况

表 7-14　公共场所域语言使用的年龄差异

	F	Sig.
哈萨克语*年龄	1.776	0.131
哈汉夹杂*年龄	1.153	0.030
汉语*年龄	1.119	0.046

处，也没有相对的权势差异。这时哈萨克族说话人选择有较高的社会政治和经济地位的汉语，以表示自己受过良好的教育，提升自己的社会地位，同时根据当时的情景来拉大或缩小与受话人的社会距离。

6. 总体使用状况

从图 7-10 上可以看出，哈萨克语的使用随年龄的增大而出现增高的趋势，而哈汉夹杂和汉语的使用率随年龄的增大出现下降的趋势。根据在五域中哈萨克人的语言使用特点的总体分析，我们得出：在家庭域中，不同年龄段的人在哈萨克语、哈汉夹杂和汉语的使用上存在着显著性差异；在朋友域中，不同年龄段在哈萨克语使用上有显著性差异，而在哈汉夹杂和汉语的使用上不存在显著性差异；在工作域中，年龄差异在哈萨克语和哈汉夹杂使用上有显著性差异，而在汉语的使用上没有显著性差异；在学校域中，不同年龄段的人在汉语使用上存在显著性差异，而在哈萨克语和哈汉夹杂的使用量上不存在差异；在公共场所中，不同年龄段在哈汉夹杂和汉语的使用上呈现出显著性差异，而对哈萨克语的使用没有显著性差异；总体来说，老人倾向使用哈萨克语，而年青人倾向于使用哈汉夹杂和汉语。关于年龄对语言的影响，我们的研究和以往社会语言学的研究结论一致。语言在时间上的差异造成语言的年龄差异，即使用同一种语言的同时代人，因年龄层次不同，语言的特点也有差异。一般来讲，老年人总认为自己掌握的、习惯了的事物是好的，所以他们较多地保留自己的本族语，并且大多用本族语与自己的下一代交流，以此来强调与其他言语集团的区别（Lambert，1972）。但在年轻人之间，说话人对本族语的持有相对放松一些，而对汉语或哈汉夹杂却有一种相对开放和乐于接纳的态度，这是由于他们对社会因素引起的语言变异比较敏感，通常比老年人更易于接受新的语言形式。

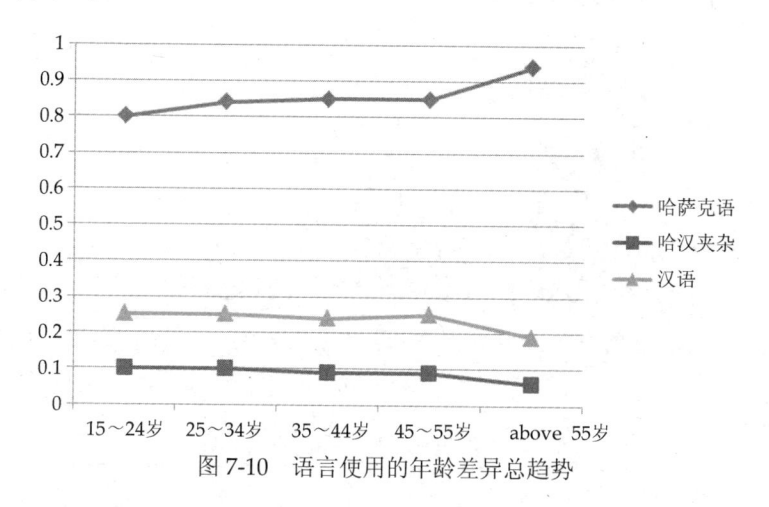

图 7-10 语言使用的年龄差异总趋势

(二) 性别

性别不仅是人的基本生理特征,同时也是人的基本社会特征之一。不同性别的个体,其社会化过程具有的特点是不一样的。在本研究中,性别不同的哈萨克族人在在语言使用上是否具有不同的特点呢？下面将从五域（家庭域、朋友域、工作域、学校域和公共场所域）进行语言结构差异的统计分析。

1. 家庭域

图 7-11 和表 7-15 表明,在家庭域中,哈萨克族男性和女性在使用哈萨克语和哈汉夹杂上存在着明显差异,方差分析结果为（$F=2.795$,$p=0.025$；$F=9.162$,$p=0.000$）,说明男性比女性倾向使用哈萨克语,而女性比男性较多地使用哈汉夹杂。在汉语的语言使用和性别不存在差异（$F=1.616$,$p=0.168$）,说明性别不影响哈萨克人的汉语使用。

2. 朋友域

图 7-12 和表 7-16 分析结果表明,在朋友域中,不同性别的哈萨克族男女的语言使用没有显著性差异（$F=0.596$,$p=0.666$；$F=0.018$,

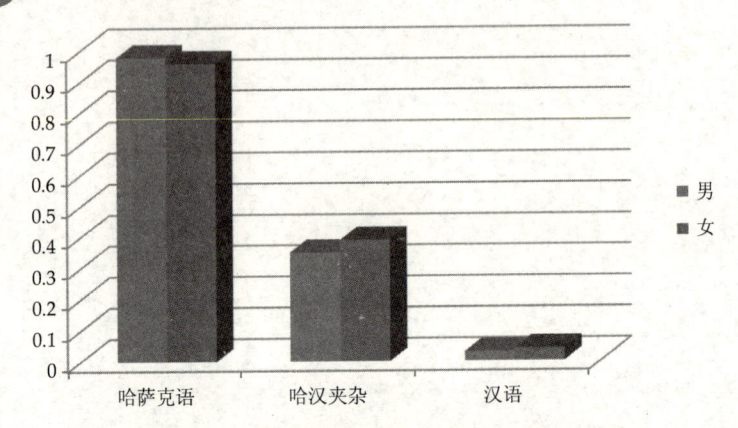

图 7-11 家庭域不同性别语言使用情况

表 7-15 家庭域语言使用的性别差异

	F	*Sig.*
哈萨克语*性别	2.795	0.025
哈汉夹杂*性别	9.162	0.000
汉语*性别	1.616	0.168

p=0.999；F=0.819，p=0.513），说明性别不影响哈萨克人在朋友域中使用哈萨克语、哈汉夹杂和汉语。

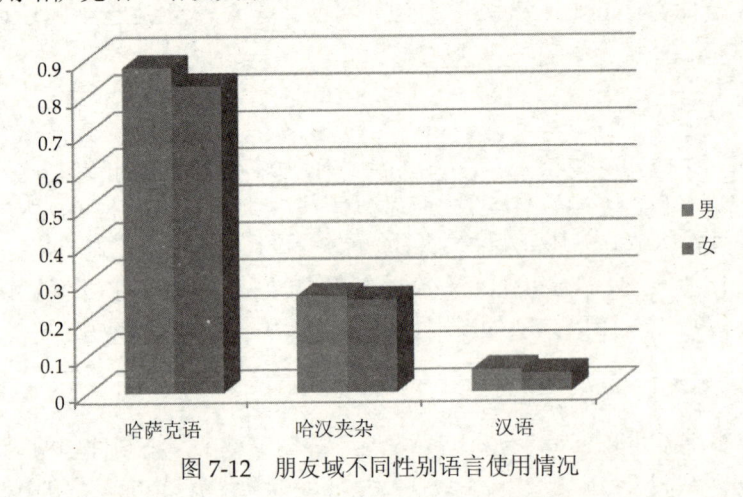

图 7-12 朋友域不同性别语言使用情况

表7-16　朋友域语言使用的性别差异

	F	Sig.
哈萨克语*性别	0.596	0.666
哈汉夹杂*性别	0.018	0.999
汉语*性别	0.819	0.513

3. 工作域

根据图7-13和表7-17可以看出,在工作域当中,哈萨克族男性和女性在汉语选择上存在差异($F=2.114$,$p=0.046$),说明哈萨克族女性比男性更趋于使用汉语,而男性更多地使用母语或者其他语言;而对其他两种语言使用的统计表明,不同性别男女在哈萨克语及哈汉夹杂的使用率上没有差异($F=1.411$,$p=0.666$;$F=0.249$,$p=0.999$)。

4. 学校域

根据图7-14和表7-18结果显示,学校域中男女在哈萨克语、哈汉夹杂和汉语的使用率上没有显著差异($F=0.310$,$p=0.871$;$F=0.253$,$p=0.908$;$F=0.284$,$p=0.908$),说明在学校中性别差异不会影响哈萨克人的语言使用。

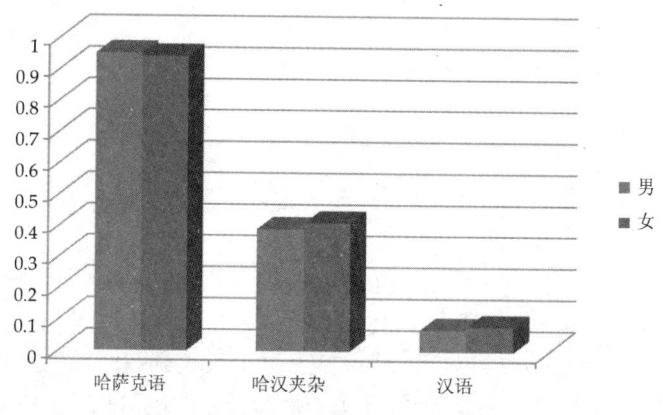

图7-13　工作域不同性别语言使用情况

表 7-17 工作域语言使用的性别差异

	F	Sig.
哈萨克语*性别	1.411	0.666
哈汉夹杂*性别	0.249	0.999
汉语*性别	2.114	0.046

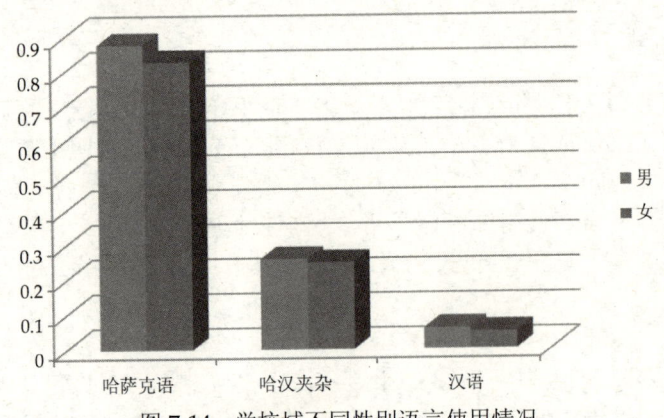

图 7-14 学校域不同性别语言使用情况

表 7-18 学校域语言使用的性别差异

	F	Sig.
哈萨克语*性别	0.310	0.871
哈汉夹杂*性别	0.253	0.908
汉语*性别	0.284	0.908

5. 公共场所域

图 7-15 和表 7-19 表明，在公共场所中，男性和女性在哈萨克语使用上有显著性差异（$F=1.108$，$p=0.028$），说明在公共场合男性比女性倾向于使用哈萨克语；而不同性别对于哈汉夹杂和汉语的使用率没有显著性差异（$F=1.480$，$p=0.750$；$F=1.209$，$p=0.305$）。

第七章　哈萨克族语言使用变异

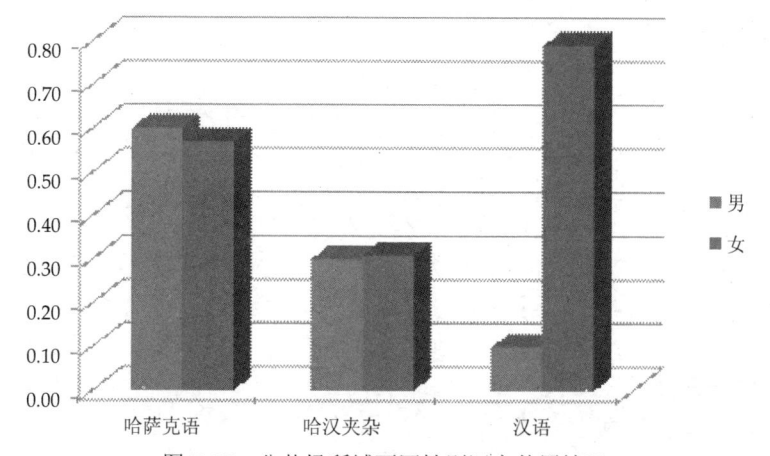

图 7-15　公共场所域不同性别语言使用情况

表 7-19　公共场所域语言使用的性别差异

	F	Sig.
哈萨克语*性别	1.108	0.028
哈汉夹杂*性别	1.480	0.750
汉语*性别	1.209	0.305

6. 总体使用状况

从图 7-16 可以看出，性别对哈萨克人的语言使用有一定影响，哈萨克族男性倾向于使用哈萨克语，相反，哈萨克族女性较多地使用哈汉夹杂和汉语。根据在五域中哈萨克人的语言使用特点的总体分析，我们得出：在家庭域中，哈萨克族男性和女性在使用哈萨克语和哈汉夹杂上存在着明显差异，而汉语的使用上不存在差异；在朋友域中，不同性别的哈萨克族男性和女性的语言使用没有显著性差异；在工作域当中，哈萨克族男性和女性在汉语选择上存在差异，而不同性别在哈萨克语及哈汉夹杂的使用率上没有差异；学校域中男女在哈萨克语、哈汉夹杂和汉语的使用率上没有显著差异；在公共场所中，男性和女性在哈萨克语使用上有显著性差异，而不同性别对于哈汉夹杂和汉语的使用没有显著性差异。总体来说，哈萨克族男性比女性更倾向于使用哈萨克语，而哈萨克族女性比男性在语言使用上更倾向于汉语普通话。一般来说，女性倾向于使用更具优势的语言形式，她们的语言更接近标准语言，女性语言向标准化趋同的意识的原因很复杂，除了自身生理性别因素之外，还有更深厚的社会因素。语言地位是由社会地位决定的一种言语交际态势。Trudgill（1972）认为，由于女子的社会地位比男子低，所以她们更为强烈地意识到表示地位的语言标志的价值。男子可以根据他们的实际能力来决定自己的社会地位，而女性处于从属地位，需要别的方面来表明和保障其社会地位。女性使用标准的语言形式旨在与男性语言认同的过程中获得一种潜在的声望。正因为这样，言语对她们就十分重要了。换言之，她们通过使用较为标准的言语变体，就可以使她们的从属地位得以补偿。

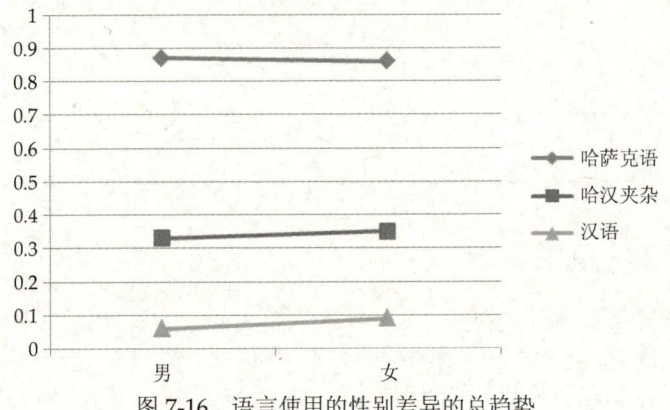

图 7-16　语言使用的性别差异的总趋势

语言变异的定量研究中发现了大量的性别研究差异，例如，Labov（1972）研究美国方言语音变化时就发现女性在所有被调查的社团中都处于较为领先的地位。一般来说，不同阶层和年龄的女性总是比男性更倾向于使用标准变体和标准变式；女性倾向于使用标准变体来获取社会声望，也有不少社会语言学的调查支持这一观点（Lakoff, 1975; Terttu & Raumolin-Brunberg, 2003; 徐大明等, 1997）。Fasold（1990）称这一现象为"社会语言学的性别模式"；Chambers

(1995)则认为它是"社会语言学的一个真理"。

(三)受教育程度

社会语言学在语言变异的研究中,教育程度一直作为一个重要的社会影响因素。在我国,普通话作为民族共同语和社会的通用语言,具有较高的威望标准,是具有显威望的语言形式。因此,普通话水平的高低与人们的受教育程度呈正比,而受教育程度一般又会决定一个人所处的社会阶层。把汉语作为第二语言学习者的哈萨克族,他们使用汉语时的变异程度是否也和教育程度密切相关呢?我们要进一步进行探索。

1. 家庭域

图 7-17 和表 7-20 表明,不同文化程度的哈萨克族在哈萨克语的使用上存在差异(F=2.331,p=0.041),而与哈汉夹杂和汉语的使用间不存在差异(F=1.223,p=0.296;F=1.767,p=0.117),说明哈萨克语的使用量随着文化程度的升高而逐渐降低。早在 20 世纪 60 年代,新疆维吾尔自治区教育厅《关于改进提高中小学汉语教育工作的通知》中就将汉语课列为民族中学的主要学科之一。到了 80 年代,新疆又提出"民汉兼通"的目标,要求少数民族中小学从小学三年级起坚持汉语教学,到高中毕业,绝大多数民族高中生要在听、说、读、写方面基本上达到民汉兼通的水平。这些政策的提出和实施无疑对少数民族的汉语水平的提高起到了重要作用。

2. 朋友域

图 7-18 和表 7-21 表明,在朋友域中,受教育程度与哈萨克语和哈汉夹杂的使用率存在差异(F=3.471,p=0.004;F=3.941,p=0.002),而汉语的使用率不存在差异(F=3.164,p=0.976),表明随着文化程度升高,哈萨克语使用量降低,而哈汉夹杂的使用量增高。朋友间的交际是私人交际,通常使用母语来表达彼此间亲密的情感;但随着社会的进步,人们文化程度的上升,朋友间的交谈中会选择少量的哈汉夹杂,其目的是为了相互间迅速和通畅的交际。

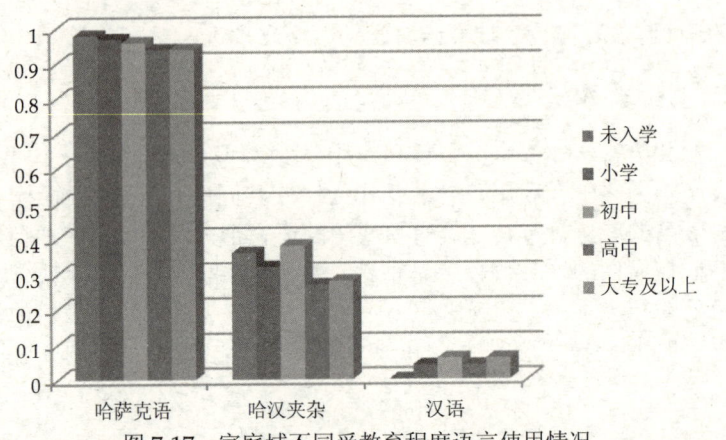

图 7-17　家庭域不同受教育程度语言使用情况

表 7-20　家庭域语言使用的受教育程度差异

	F	*Sig.*
哈萨克语*受教育程度	2.331	0.041
哈汉夹杂*受教育程度	1.223	0.296
汉语*受教育程度	1.767	0.117

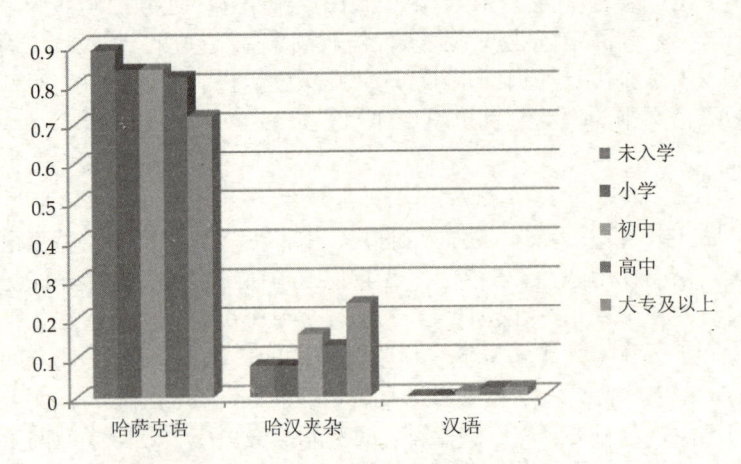

图 7-18　朋友域不同受教育程度语言使用情况

表 7-21　朋友域语言使用的受教育程度差异

	F	Sig.
哈萨克语*受教育程度	3.471	0.004
哈汉夹杂*受教育程度	3.941	0.002
汉语*受教育程度	3.164	0.976

3. 工作域

分析图 7-19 和表 7-22，在工作域中，不同文化程度的哈萨克人在汉语的使用率上存在差异（$F=1.284$，$p=0.022$），而与哈萨克语和哈汉夹杂的使用量之间不存在差异（$F=1.471$，$p=0.197$；$F=1.873$，$p=0.096$），表明文化程度越高，汉语的使用率也越高。工作域是事物场景中的交流，无论人们选择哪一种语码，其动机都是为了协商特定语境下的人际关系，从而实现自己的交际目的。人们有时选择具有较高社会政治和经济地位的汉语，来表达自己受过良好的教育，故意增大双方的社会距离，以突显自己的权势地位或自己不向对方的权势靠拢。

图 7-19　工作域不同受教育程度语言使用情况

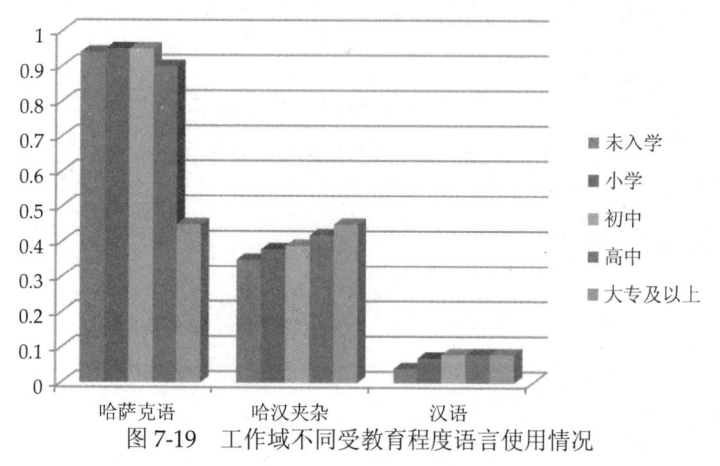

表 7-22　工作域语言使用的受教育程度差异

	F	Sig.
哈萨克语*受教育程度	1.471	0.197
哈汉夹杂*受教育程度	1.873	0.096
汉语*受教育程度	1.284	0.022

4. 学校域

图 7-20 和表 7-23 表明,在学校域中,受教育程度的不同与哈萨克语、哈汉夹杂和汉语的使用率没有显著性差异(F=1.522,p=0.180;F=1.453, p=0.203;F=1.864,p=0.505),即文化程度的高低对于学校域中的哈萨克人的语言使用没有影响。

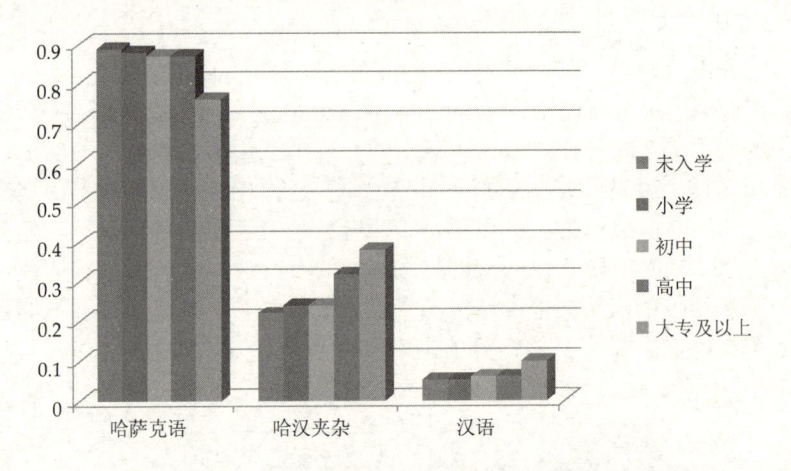

图 7-20 学校域不同受教育程度语言使用情况

表 7-23 学校域语言使用的受教育程度差异

	F	Sig.
哈萨克语*受教育程度	1.522	0.180
哈汉夹杂*受教育程度	1.453	0.203
汉语*受教育程度	1.864	0.505

5. 公共场所域

图 7-21 和表 7-24 统计结果表明,在公共场所域中,不同教育程度的哈萨克族人在语言使用上差别不显著(F=1.961,p=0.082;F=1.935, p=0.458;F=1.549,p=0.739),即在公共域中教育程度的高低对哈萨克族对哈萨克语、哈汉夹杂和汉语的使用没有影响。

图 7-21　公共场所域不同受教育程度语言使用情况

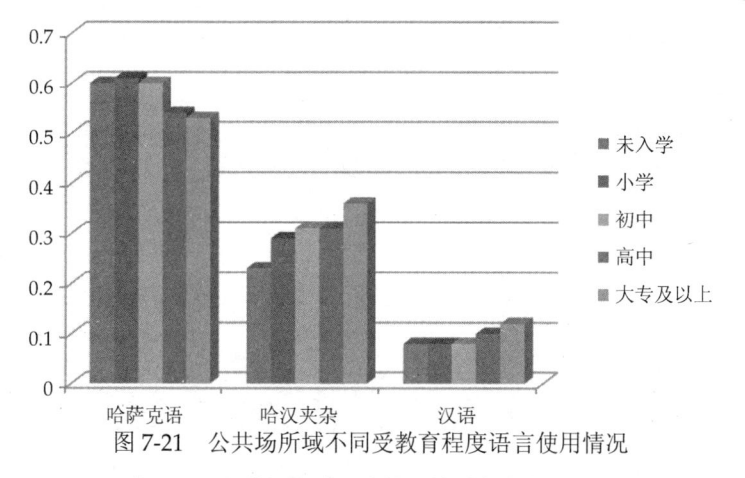

表 7-24　公共场所域语言使用的受教育程度差异

	F	Sig.
哈萨克语*受教育程度	1.961	0.082
哈汉夹杂*受教育程度	1.935	0.458
汉语*受教育程度	1.549	0.739

6. 总体使用状况

从图 7-22 可以看出，随着文化程度的升高，哈萨克语的使用量减少，而哈汉夹杂和汉语的使用量加大。根据在五域中哈萨克人的语言使用特点的总体分析，我们得出：在家庭域中，不同文化程度的哈萨克族在哈萨克语的使用上存在差异，而在哈汉夹杂和汉语的使用上不存在差异；在朋友域中，不同受教育程度在哈萨克语和哈汉夹杂的使用率上存在差异，而汉语的使用率上不存在差异；在工作域中，不同文化程度的哈萨克人在汉语的使用率上存在差异，而在哈萨克语和哈汉夹杂的使用量上不存在差异；在学校域中，受教育程度的不同在哈萨克语、哈汉夹杂和汉语的使用率上没有显著性差异；在公共场所域中，不同教育程度的哈萨克族人在语言使用上差别不显著。总体而言，文化程度高的人群倾向于使用哈汉夹杂和汉语，而文化程度较低的人群仍倾向于使用哈萨克语，调查结果与陈松岑（1999）的结论一致。陈松岑调查了绍兴市城区普通话的使用情况，结果发现，在其他条件相同的情况下，普通话的使用频率和水平高低与人们的受教育程度成正比。对于这种情况我们可以理解为，由于少数民族接受高等教育，接触汉语及汉族文化增多，或多或少对汉族产生民族认同，因而随着文化程度的增高，汉语的使用量加大。

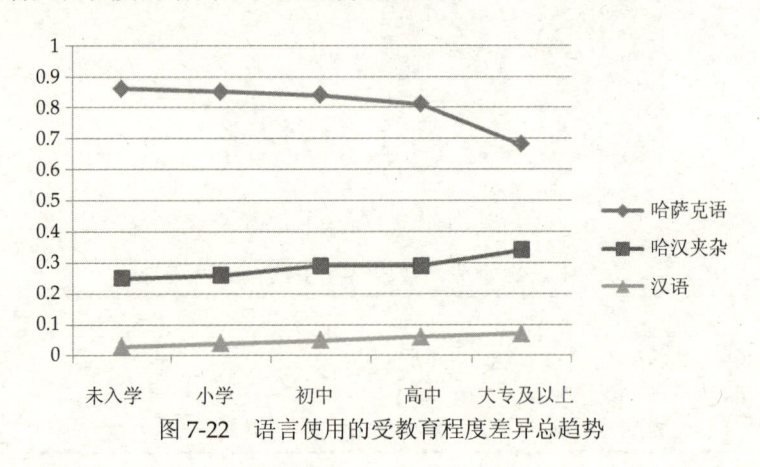

图 7-22　语言使用的受教育程度差异总趋势

（四）受教育类型

在新疆，少数民族的教育分为两类：民考民和民考汉。民考民指少数民族学生以母语为教学语言；民考汉指少数民族学生以汉语为教学语言。在本研究中，不同的教育类型是否会对哈萨克族的语言使用产生影响作用，我们做以下分析。

1. 家庭域

图 7-23 和表 7-25 表明，在家庭域中，不同受教育类型的人，在哈萨克语的使用率上存在显著差异（$F=3.361$，$p=0.035$），而在哈汉夹杂和汉语的使用上不存在显著性差异（$F=2.135$，$p=0.219$；$F=1.434$，$p=0.539$），说明民考民成员比民考汉成员更趋向于使用哈萨克语。说话人选择本民族语来与其家庭其他成员交流感到比较亲切，标示自己属于这个文化集团的成员。换句话说，说话人用这种语言趋同（Giles & Smith，1979）的方式来体现民族共同体的特征，强化自己的民族

感情。作为民考民成员的人为了表现出自己是该家庭集团的一分子，在语言选择上会按照父母或祖父母所希望的那样，尽可能使自己像一个地道的哈萨克族人。

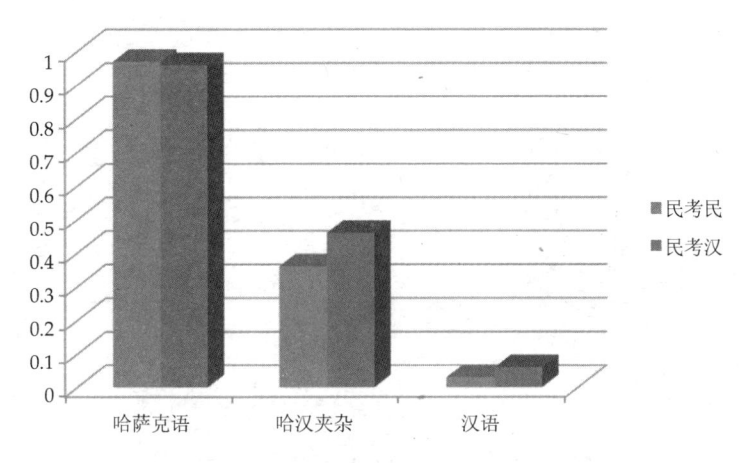

图 7-23　家庭域不同受教育类型语言使用差异

表 7-25　家庭域语言使用的受教育类型差异

	F	Sig.
哈萨克语*受教育类型	3.361	0.035
哈汉夹杂*受教育类型	2.135	0.219
汉语*受教育类型	1.434	0.539

2. 朋友域

图 7-24 和表 7-26 表明，在朋友域中，不同受教育程度在哈汉夹杂和汉语的使用量上有显著性差异（$F=1.086$, $p=0.038$；$F=0.480$, $p=0.019$），而在哈萨克语的使用量上没有显著性差异（$F=1.953$, $p=0.142$），说明民考汉成员倾向于使用哈汉夹杂和汉语。一般来讲，朋友间的交际时私人交际，用本民族语言交谈可以建立互信，传达彼此真挚的感情，但随着双语教育的政策的实施及汉语在政治、经济、文化中的强势地位决定了少数民族想要进步并获取新的知识和信息，就必须要学习和使用汉语。因此，为了彼此间交际的通畅，朋友间会出现或多或少夹

杂汉语的现象，这种需求和动机是紧密联系民族间的内在动力，也是增强民族团体凝聚力的心理动力。

图 7-24　朋友域不同受教育类型语言使用情况

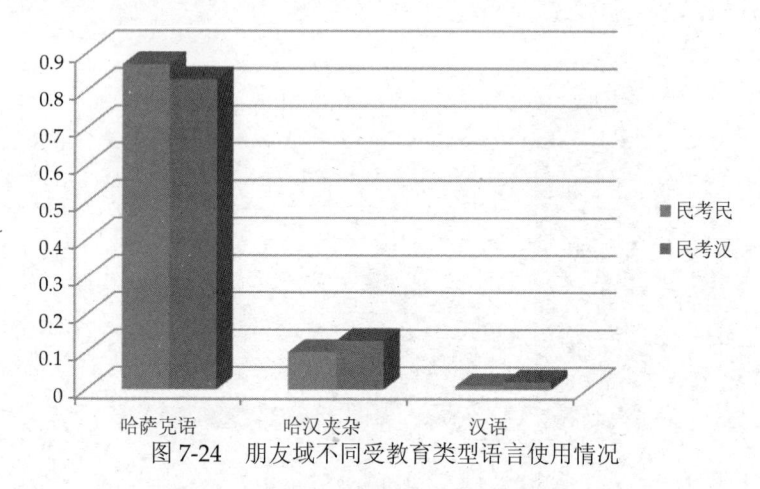

表 7-26　朋友域语言使用的受教育类型差异

	F	Sig.
哈萨克语*受教育类型	1.953	0.142
哈汉夹杂*受教育类型	1.086	0.038
汉语*受教育类型	1.480	0.019

3. 工作域

图 7-25 和表 7-27 显示，在工作域中，受教育类型不同的人在哈萨克语的使用上呈现出显著性差异（$F=2.128$，$p=0.021$），而在哈汉夹杂和汉语的使用率上不存在显著性差异（$F=2.142$，$p=0.118$；$F=0.928$，$P=0.396$），说明在工作域中民考民成员比民考汉成员更多地使用哈萨克语来处理公共事务。工作人员（无论职位大小）与陌生人就是一种权势关系（陈松岑，1989）。无论是工作人员还是陌生人，他们说话的目的是为了准确的传达信息和获取信息。因此，在工作场景中，民考民工作人员会选择自己最为熟悉和快捷的方式与人交谈，最终达到准确的传达信息和获取信息。

图 7-25　工作域不同受教育类型语言使用情况

表 7-27　工作域语言使用的受教育类型差异

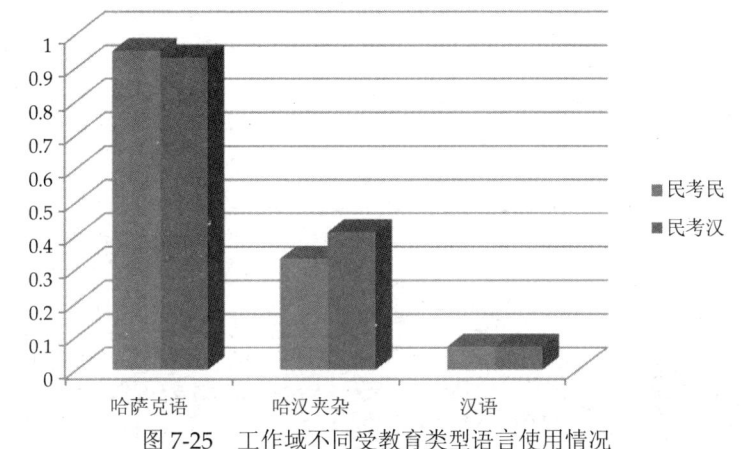

	F	$Sig.$
哈萨克语*受教育类型	2.128	0.021
哈汉夹杂*受教育类型	2.142	0.118
汉语*受教育类型	0.928	0.396

4. 学校域

图 7-26 和表 7-28 表明，在学校域中，不同教育类型的哈萨克人在汉语的使用率上呈现显著性差异（F=2.985，p=0.015），然而在哈萨

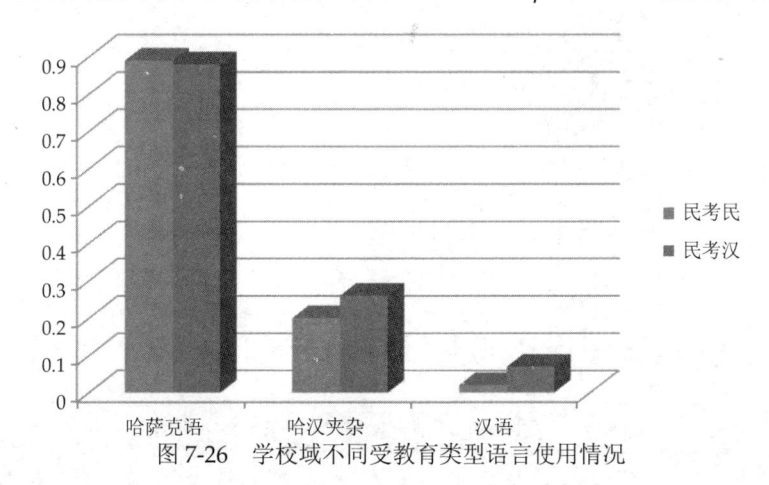

图 7-26　学校域不同受教育类型语言使用情况

表 7-28　学校域语言使用的受教育类型差异

	F	Sig.
哈萨克语*受教育类型	2.022	0.133
哈汉夹杂*受教育类型	1.522	0.219
汉语*受教育类型	2.985	0.015

克语和哈汉夹杂的使用率上不存在显著性差异（F=2.022，p=0.133；F=1.522，p= 0.219），说明在朋友域中民考汉成员倾向于使用汉语。我们可以把民考汉和民考民成员看作是两种不同的语言社团（speech community），"是指在某种语言运用上持有某些社会准则的人们的集合体。"（祝畹瑾，2001）从这个意义上讲，民考汉成员使用汉语属于一个言语社团，因此，这个言语社团会更倾向于使用汉语。

5. 公共场所域

图 7-27 和表 7-29 表明，在公共域中，受教育类型不同的哈萨克族人在哈汉夹杂和汉语的使用率上存在显著性差异（F=1.277，p=0.029；F=1.303，p=0.039），而不同受教育类型在哈萨克语的使用上不存在显著性差异（F=1.023，p=0.360），说明在在公共场所中民考汉成员倾向于使用哈汉夹杂和汉语。公共场所域属于事务场景（Myers-Scotten

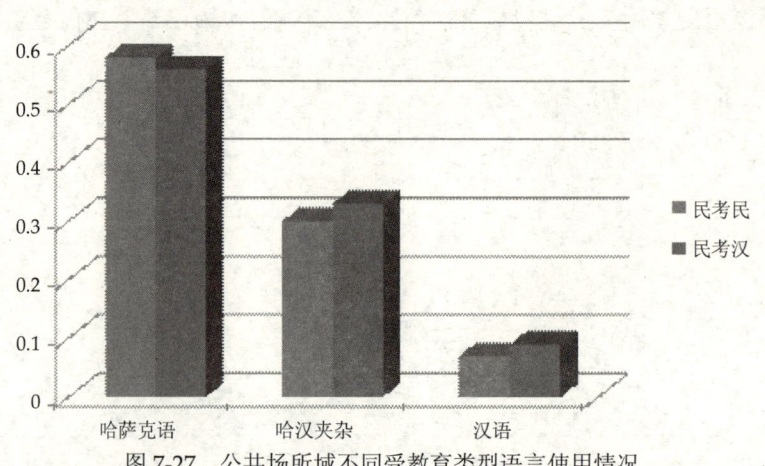

图 7-27　公共场所域不同受教育类型语言使用情况

表 7-29　公共场所域语言使用的受教育类型差异

	F	Sig.
哈萨克语*受教育类型	1.023	0.360
哈汉夹杂*受教育类型	1.277	0.029
汉语*受教育类型	1.303	0.039

& Ury, 1977), 因为交谈者之间既没有明显的相似之处, 也没有相对的权势差异, 这时民考汉成员选择具有较高社会政治和经济地位的汉语, 说话人可以显示自己受到过良好的教育, 故意增大双方的社会距离, 以凸显自己的权势地位或自己不向对方的权势靠拢。

6. 总体使用状况

图 7-28 表明, 受教育类型对哈萨克族的语言使用有显著影响。总的来说, 民考民成员哈萨克语的使用率高于民考汉成员, 而民考民成员哈汉夹杂和汉语的使用率低于民考汉。根据在五域中哈萨克人的语言使用特点的总体分析, 我们得出: 在家庭域中, 不同受教育类型的人在哈萨克语的使用率上存在显著差异, 而在哈汉夹杂和汉语的使用上不存在显著性差异; 在朋友域中, 不同受教育程度在哈汉夹杂和汉语的使用上有显著性差异, 而在哈萨克语的使用上没有显著性差异; 在工作域中, 受教育类型不同的人在哈萨克语的使用上呈现出显著性差异, 而在哈汉夹杂和汉语的使用率上不存在显著性差异; 在学校域中, 不同教育类型的哈萨克人在汉语的使用率上呈现显著性差异, 然而在哈萨克语和哈汉夹杂的使用率上不存在显著性差异; 在公共域中, 受教育类型不同的哈萨克族人在哈汉夹杂和汉语的使用率上存在显著性差异, 而在哈萨克语的使用上不存在显著性差异。一般来说, 语言社团 (speech community) 是人们在频繁交往中逐渐形成、在语言运用方面自成体系、与其他社团的语言形式具有明显差别的语言团体, 并且人们在心理上具有相同的认同感, 即他们具有基本一致的语言态度 (祝畹瑾, 2001)。由于民考民与民考汉属于不同语言社团, 各群体间有一定的交往密度。一般来说, "属于同一个语言社团的人, 由于生活在同一个地区, 经常有言语交往的机会", "属于同一个语言社团的人对本社区有自我认

同的意识"(陈松岑,1999)。因此,民考民成员倾向于使用哈萨克语,而民考汉成员倾向于使用哈汉夹杂和汉语。

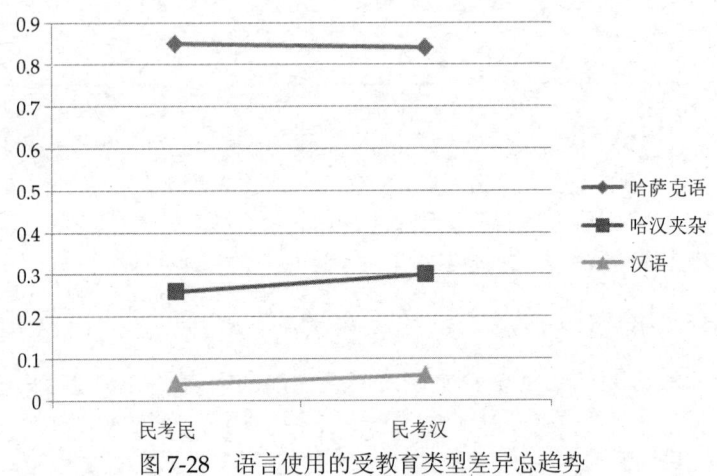

图 7-28　语言使用的受教育类型差异总趋势

(五)收入

Labov(1972)认为,社会阶级是区分言语行为的可靠标准,但如何划分阶级却缺乏完全一致的看法。我国研究者一般都用职业、受教育程度、收入作为语言变异的社会因素来代替西方某些社会语言学家所使用的阶级。调查结果也表明,这些社会因素相互联系、相互组合,的确与所调查的语言变异有关。那么,收入作为划分阶级、阶层的一项重要指标,是否对哈萨克人的语言使用情况有影响呢?我们将进行一下分析。

1. 家庭域

表 7-30 表明,在家庭域中,不同经济收入的人在哈萨克语和汉语的使用率上存在显著差异($F=4.437$,$p=0.008$;$F=2.894$,$p=0.000$),在哈汉夹杂的使用上不存在显著性差异($F=2.303$,$p=1.233$)。图 7-29 显示,无收入群体汉语的使用率最高,其中主要是学生,这和学生作为特殊职业群体的统计基本一致。收入两端的

群体语言使用的大致情况如下：随着经济收入的增高，哈萨克语的使用率降低，而汉语的使用率升高。分析认为，收入低是以生存作为第一需要，并且这部分收入的人往往也和低教育程度及体力劳动有关，自然以母语为主，对标准语要求不高；而调查中的高收入多为商人、教师公务员或专业技术人员这一群体，他们则受汉语影响较大。

图 7-29　家庭域不同收入语言使用情况

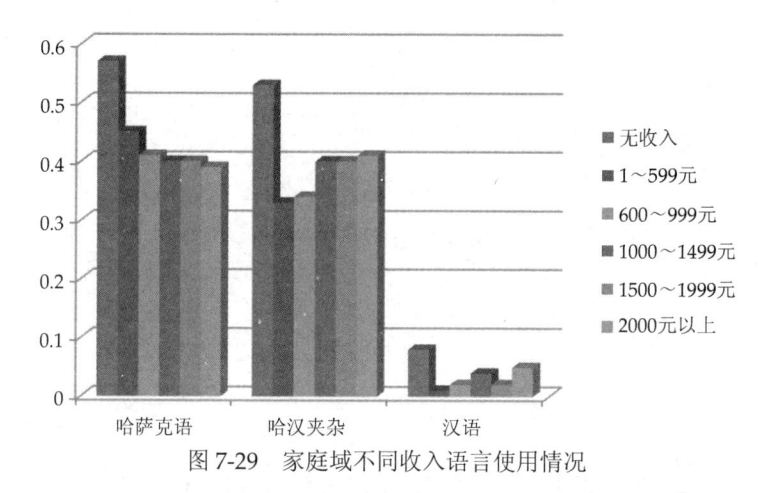

表 7-30　家庭域语言使用的收入差异

	F	Sig.
哈萨克语*收入	4.437	0.008
哈汉夹杂*收入	2.303	1.233
汉语*收入	2.894	0.000

2. 朋友域

图 7-30 和表 7-31 显示，在朋友域中，不同收入在哈萨克语、哈汉夹杂及汉语的选择上没有显著性差异（$F=0.626$，$p=0.710$；$F=0.502$，$p=0.808$；$F=0.503$，$p=0.806$），说明哈萨克人在朋友域中的语言使用与收入的高低无关。

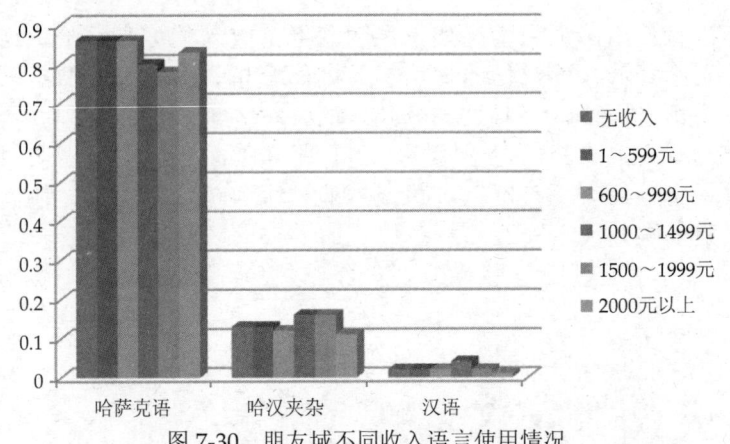

图 7-30　朋友域不同收入语言使用情况

表 7-31　朋友域语言使用的收入差异

	F	Sig.
哈萨克语*收入	0.626	0.710
哈汉夹杂*收入	0.502	0.808
汉语*收入	0.503	0.806

3. 工作域

图 7-31 和表 7-32 表明，在工作域中，不同收入的哈萨克人在哈汉夹杂使用率上存在显著性差异（$F=1.718$, $p=0.014$），而在哈萨克语和汉语的使用率上不存在显著性差异（$F=2.022$, $p=0.060$; $F=0.352$, $p=0.909$），说明收入越高，哈汉夹杂的使用率越高。在本研究中，高收入多为商人、教师、公务员或专业技术人员这一群体，由于受教育程度相对较高，因此受汉语影响也较大。在语言社团当中，特定的阶级或阶层根据自己的地位、爱好、习惯等因素，往往把各集团共同的交际用语进行加工、分类，这就是所谓的社会阶级或阶层烙印（陈原，2004）。

4. 学校域

图 7-32 和表 7-33 表明，在学校域中，不同收入在哈萨克语、哈汉夹杂和汉语的使用率上不存在显著性差异（$F=2.242$, $p=0.237$; $F=2.944$, $p=0.107$; $F=0.642$, $p=0.696$），说明在学校中收入的多少对哈萨克人的语言使用没有影响。

图 7-31　工作域不同收入语言使用情况

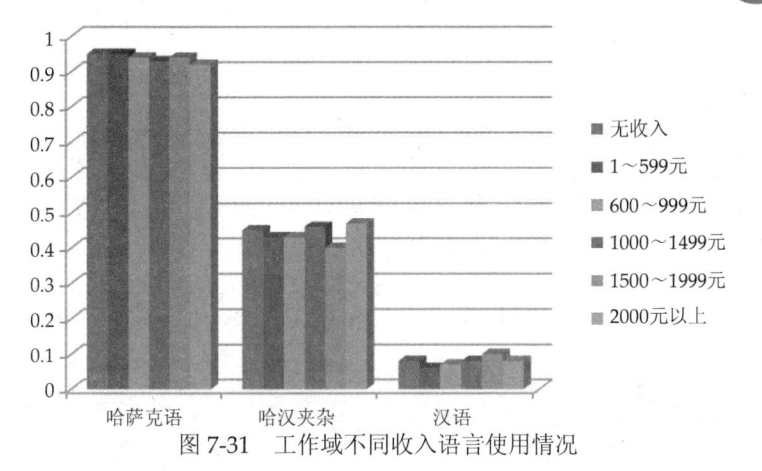

表 7-32　工作域语言使用的收入差异

	F	*Sig.*
哈萨克语*收入	2.022	0.060
哈汉夹杂*收入	1.718	0.014
汉语*收入	0.352	0.909

图 7-32　学校域不同收入语言使用情况

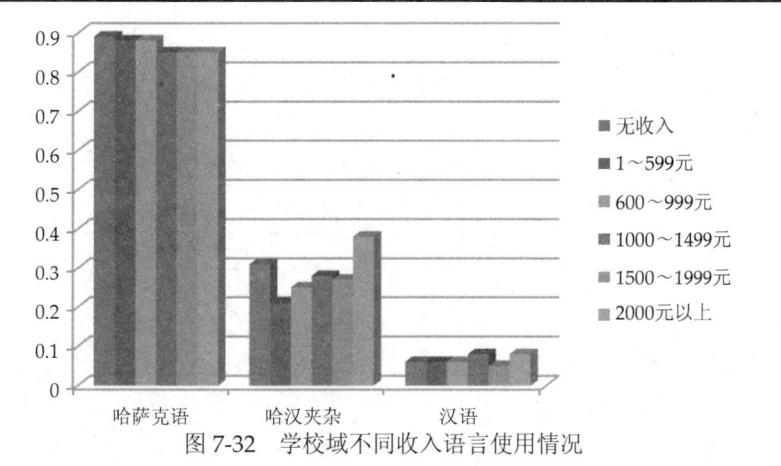

表 7-33　学校域语言使用的收入差异

	F	*Sig.*
哈萨克语*收入	2.242	0.237
哈汉夹杂*收入	2.944	0.107
汉语*收入	0.642	0.696

5. 公共域

图 7-33 和表 7-34 显示，在公共域中，不同收入在哈汉夹杂的使用率上有显著性差异（$F=2.321$，$p=0.031$），而在哈萨克语和汉语的使用率上不存在显著性差异（$F=0.825$，$p=0.551$；$F=1.187$，$p=0.311$），即无收入群体即学生的哈汉夹杂使用最高，其次是高收入者，并从低收入到高收入呈上升趋势，在我们调查中，这部分人主要是从农牧民到科教行政人员。

图 7-33　公共场所域不同收入语言使用情况

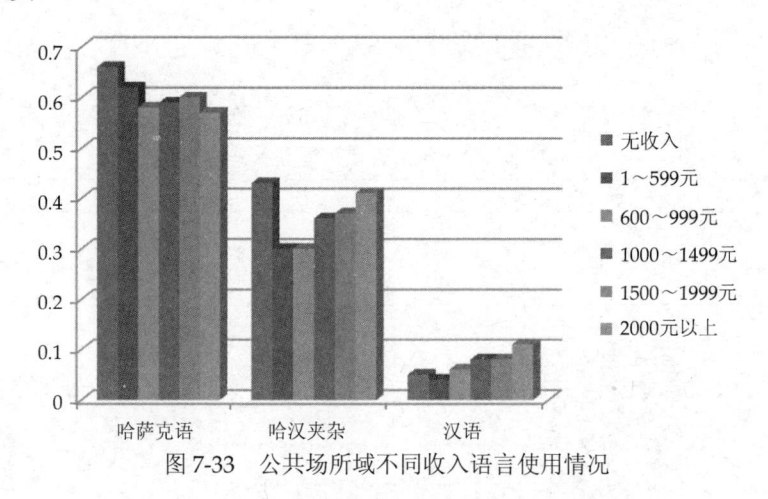

表 7-34　公共场所域语言使用的收入差异

	F	Sig.
哈萨克语*收入	0.825	0.551
哈汉夹杂*收入	2.321	0.031
汉语*收入	1.187	0.311

6. 总使用情况

图 7-34 表明，从总体使用情况来看，收入对哈萨克族语言使用有显著影响，无收入群体即学生的语言使用率最高，也即哈萨克语、哈汉夹杂及汉语的使用率最高，这和学生作为特殊职业群体的统计基本一致。在其他群体中，哈萨克语的使用率随着收入水平的增高

而呈下降趋势，然而，哈汉夹杂和汉语呈上升趋势。根据在五域中哈萨克人的语言使用特点的总体分析，我们得出：在家庭域中，不同经济收入的人在哈萨克语和汉语的使用率上存在显著差异，在哈汉夹杂的使用上不存在显著性差异；在朋友域中，不同收入在哈萨克语、哈汉夹杂及汉语的选择上没有显著性差异；在工作域中，不同收入哈萨克人在哈汉夹杂使用率上存在显著性差异，而在哈萨克语和汉语的使用率上不存在显著性差异；在学校域中，收入与哈萨克语、哈汉夹杂和汉语的使用率上不存在显著性差异；在公共域中，收入在哈汉夹杂的使用率上有显著性差异，而在哈萨克语和汉语的使用率上不存在显著性差异。这一现象可以用 Le Page 和 Tabouret-Keller（1985）身份认同观点解释，他们认为说话者创造多样的语言行为，这与群体语言与群体语言特征接近或与之相异，动机在于与群体认同或划清界限。人的多重身份构成一个动态的、不断变化的网络，人不断地通过语言行为编织、修改这个网络，可以说，人的任何语言行为都是表明身份的行为。同样，收入不同的群体，用不同的语言行为来构建自己的身份和地位。这种社会心理模式虽然不能反映语言与社会身份关系的全貌，但至少阐明了个体和群体选择语体时的心理过程，揭示了语体的选择是个体或群体参照对方社会身份和自己与其社会关系作出的决定，为进一步揭示语言与身份的互构关系奠定了心理分析基础。

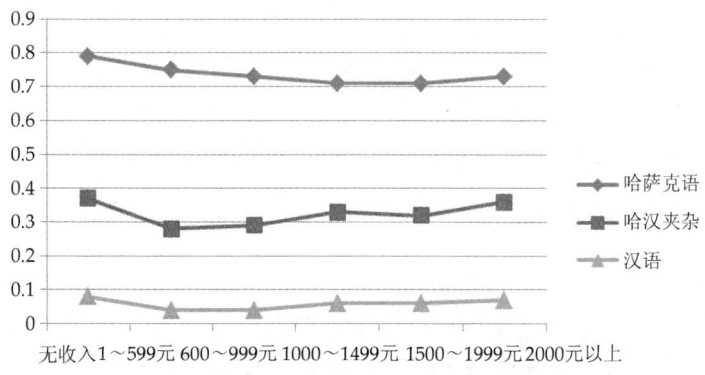

图 7-34　语言使用的收入差异总趋势

（六）家人是否有民考汉成员

家庭是社会构成的基本单位，无论对个人的发展还是对社会发展来说，家庭都是非常重要的社会生活组织。我们知道，家庭是孩子的第一所语言学校，家庭语言教育是孩子语言使用的摇篮，是人生接受语言教育的起点。家庭是社会化的起点，是一个极为重要的社会化因素。由于家庭群体成员间的联系在时间上具有持久性，再加上成员之间的亲密关系及交往的非正式性，因此家庭成员间的语言互动势必对每个人语言使用的影响起着举足轻重的作用，甚至起决定性作用。在本研究中我们要考察的是家人是否有民考汉成员这一社会因素对哈萨克族语言使用变异的影响作用。

1. 家庭域

由于民考民、民考汉的受教育方式不同，决定了两群体在语言使用上的差异。图 7-35 和表 7-35 显示，在家庭域中，家中有无民考汉成员在哈萨克族及哈汉夹杂的语言使用上存在着显著性差异（$F=1.567$，$p=0.018$；$F=1.008$，$p=0.042$），而家中有无民考汉成员在汉语使用量之间不存在显著性差异（$F=0.137$，$p=0.696$），说明家中有民考汉成员的倾向于使用哈汉夹杂，而家中没有民考汉成员的倾向于使用哈萨克语。

2. 朋友域

图 7-36 和表 7-36 显示，在朋友域中，家中有无民考汉成员在哈汉夹杂的使用率上存在着显著性差异（$F=1.202$，$p=0.008$），而在哈萨

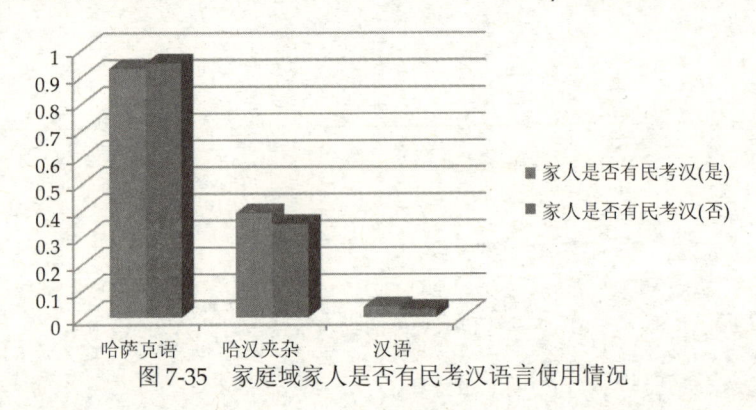

图 7-35　家庭域家人是否有民考汉语言使用情况

表 7-35　家庭域语言使用的家人是否有民考汉差异

	F	Sig.
哈萨克语*家人是否有民考汉	1.567	0.018
哈汉夹杂*家人是否有民考汉	1.008	0.042
汉语*家人是否有民考汉	0.137	0.696

克语和汉语的使用率上没有显著性差异（$F=1.472$，$p=0.109$；$F=1.112$，$p=0.978$），说明家中有民考汉成员的哈汉夹杂的使用率高，家中没有民考汉成员的哈汉夹杂使用率低。

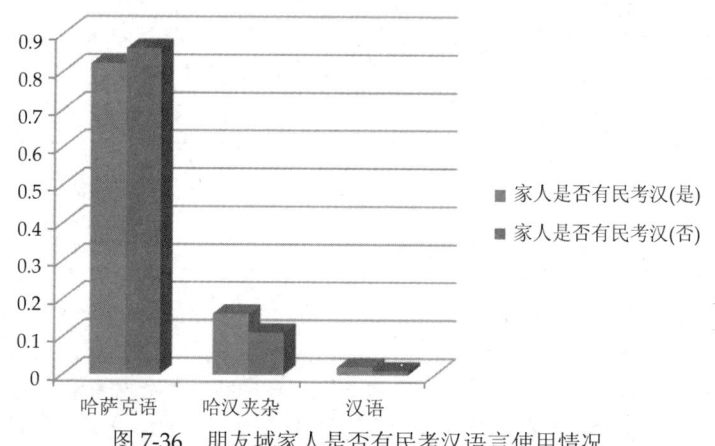

图 7-36　朋友域家人是否有民考汉语言使用情况

表 7-36　朋友域语言使用的家人是否有民考汉差异

	F	Sig.
哈萨克语*家人是否有民考汉	1.472	0.109
哈汉夹杂*家人是否有民考汉	1.202	0.008
汉语*家人是否有民考汉	0.112	0.978

3. 工作域

图 7-37 和表 7-37 显示，在工作域中，家中有无民考汉成员在汉语的使用率上存在显著差异（$F=2.025$，$p=0.038$），而在哈萨克语和哈汉夹杂的使用率上没有显著性差异（$F=1.160$，$p=0.327$；$F=0.527$，$p=0.716$），家中有民考汉成员的比家中没有民考汉成员更倾向于使用汉语。

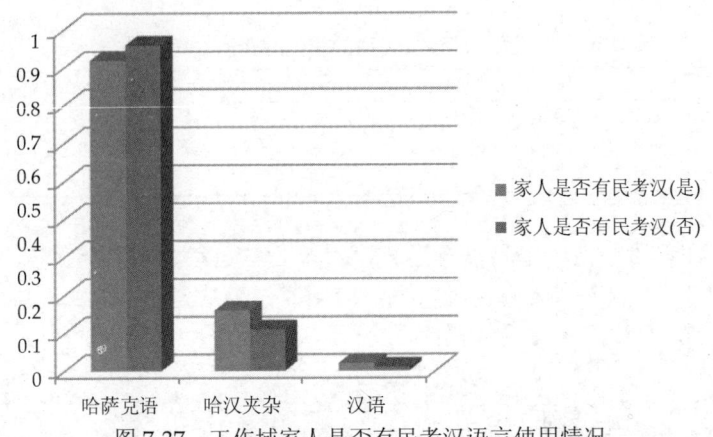

图 7-37　工作域家人是否有民考汉语言使用情况

表 7-37　工作域语言使用的家人是否有民考汉差异

	F	$Sig.$
哈萨克语*家人是否有民考汉	1.160	0.327
哈汉夹杂*家人是否有民考汉	0.527	0.716
汉语*家人是否有民考汉	2.025	0.038

4. 学校域

图 7-38 和表 7-38 显示，在学校域中，家中有无民考汉成员在哈萨克语的使用率上存在着显著差异（$F=1.062$，$p=0.034$），而在哈汉夹

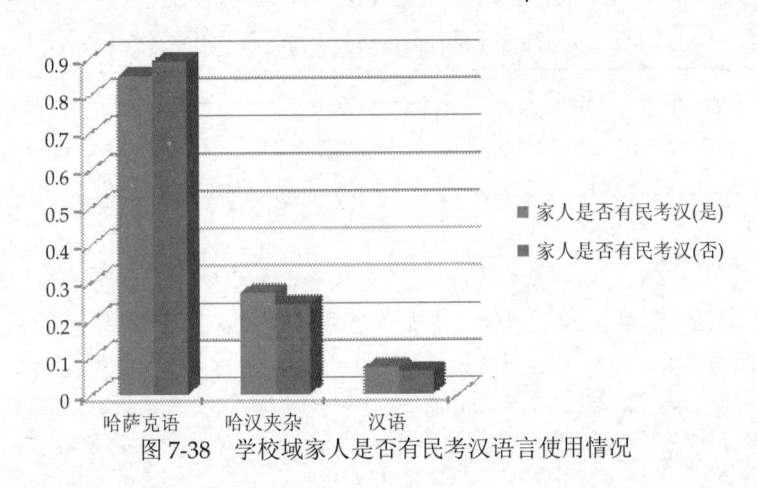

图 7-38　学校域家人是否有民考汉语言使用情况

表 7-38　学校域语言使用的家人是否有民考汉差异

	F	Sig.
哈萨克语*家人是否有民考汉	1.062	0.034
哈汉夹杂*家人是否有民考汉	0.550	0.119
汉语*家人是否有民考汉	0.150	0.339

杂和汉语的使用率上没有显著性差异（$F=0.550$，$p=0.119$；$F=0.150$，$p=0.339$），也就是说家中没有民考汉成员比家中有民考汉的更成员趋向于用哈萨克语。

5. 公共场所域

图 7-39 和表 7-39 显示，在公共域中，家中有无民考汉成员在汉语的使用率上存在着显著差异（$F=0.649$，$p=0.028$），而在哈萨克语和哈汉夹杂的使用率上没有显著性差异（$F=1.982$，$p=0.095$；$F=0.925$，$p=0.449$），说明家中有民考汉成员的比家中没有民考汉成员的汉语使用率高。

图 7-39　公共场所域家人是否有民考汉语言使用情况

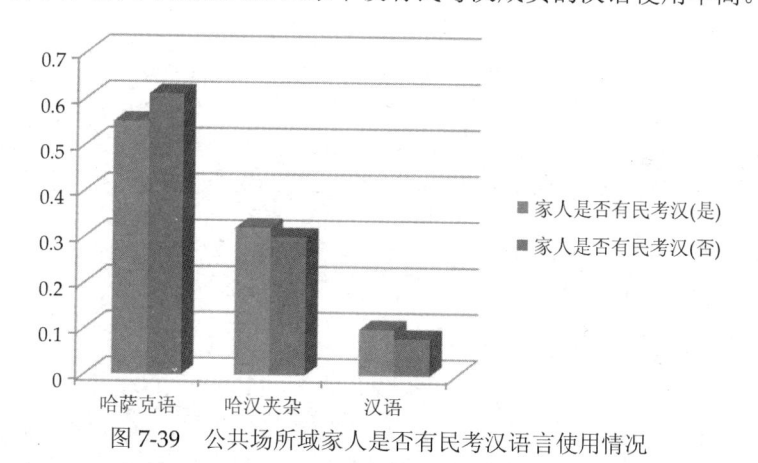

表 7-39　公共场所域语言使用的家人是否有民考汉差异

	F	Sig.
哈萨克语*家人是否有民考汉	1.982	0.095
哈汉夹杂*家人是否有民考汉	0.925	0.449
汉语*家人是否有民考汉	0.649	0.028

6. 总体使用状况

图 7-40 显示，家中有无民考汉成员在哈萨克族语言使用上存在着显著性差异。总体而言，家中有民考汉成员的说哈汉夹杂和汉语较多，而家中没有民考汉成员的说哈萨克语多。根据在五域中哈萨克人的语言使用特点的总体分析，我们得出：在家庭域中，家中有无民考汉成员在哈萨克语及哈汉夹杂的语言使用上存在着显著性差异，而在汉语使用量上不存在显著性差异；在朋友域中，家中有无民考汉成员在哈萨克语和哈汉夹杂的使用率上存在着显著性差异，而在汉语的使用率上没有显著性差异；在工作域中，家中有无民考汉成员在汉语的使用率上存在显著差异，而在哈萨克语和哈汉夹杂的使用率上没有显著性差异；在学校域中，家中有无民考汉成员在哈萨克语、哈汉夹杂和汉语的使用率上存在着显著差异；在公共域中，家中有无民考汉成员在汉语的使用率上存在着显著差异，而在哈萨克语和哈汉夹杂的使用率上没有显著性差异。这一现象与个体所处的家庭中的语言环境息息相关。语言环境指的是一个地区或一个社群语言生活的状况，是社会使用语言文字的基本面貌（曾毅平，1998）。 对双语者而言，环境包括语言习得者的父母家人所表达的言语及表达言语时的环境，以及他们对语言习得者所说的话语做出的言语的和非言语的反馈（周之南等，2003）。Jim Cummins 认为，少数民族学生语言（第二语言）学习

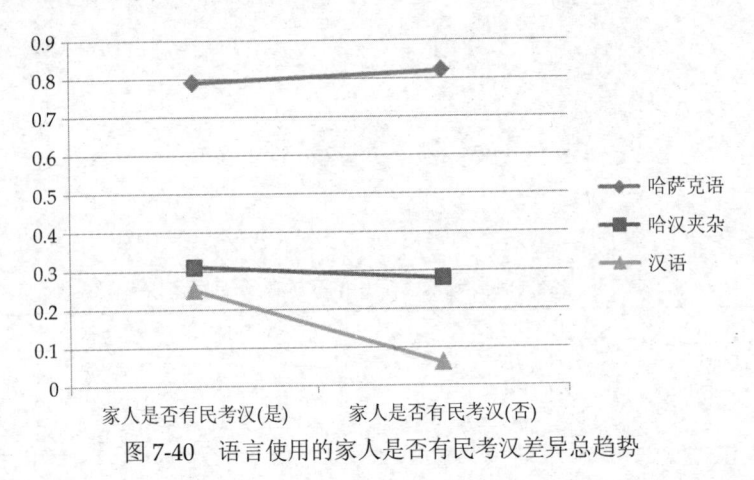

图 7-40 语言使用的家人是否有民考汉差异总趋势

的成功与失败取决于四个方面,其中两个方面是少数民族学生家庭语言和文化融入学校课程的程度和少数民族语言的社会和家长参与子女教育的程度(王斌华,2003)。家庭环境作为语言学习的第一环境,对个体接受双语教育、自然习得第二语言存在潜移默化的影响(王阿舒等,2009)。

四、巴里坤哈萨克自治县哈萨克族居民语言使用变异综合分析

为了进一步探明哈萨克族语言使用现状以及与社会因素之间的关系的全貌,我们根据徐大明(2005)的研究建立了总指标模型来考察哈萨克族个体语言使用情况以及社会因素对个体语言使用的影响,并且比较了这些因素影响力的差异。

通过表7-40可以看出,年龄、性别、受教育程度、受教育类型、收入、家人是否有民考汉成员六个社会因素对语言使用变异的影响程度不同,具体如下:首先,年龄对语言使用的影响最显著,这与以往的社会语言学的研究一致(徐大明,2005;夏历,2007;丁石庆,2009)。总体来讲,随年龄的增大,哈萨克语的使用量逐渐增高,而哈汉夹杂和汉语的使用量呈现减少的趋势。一般来讲,老年人总认为自己掌握的、习惯了的事物是好的,所以他们较多地保留自己的本族语,并且大多用本族语与自己的下一代交流,以此来强调与其他言语集团的区别(Lambert,1972)。但在年轻人之间,说话人对本族语的持有相对放松一些,而对汉语或哈汉夹杂却有一种相对开放和乐于接纳的态度。这是由于他们对社会因素引起的语言变异比较敏感,通常比老年人更易于接受新的语言形式。其次,受教育类型也是影响语言使用的显著因素。总体而言,民考民成员哈萨克语的使用率高于民考汉成员,而民考民成员哈汉夹杂和汉语的使用率低于民考汉。出现这一现象的主要原因是由于民考民与民考汉属于不同语言社团(speech community)。语言社团是指在某种语言运用上持有某些社会准则的人们的集合体。"属于同一个语言社团的人,由于生活在同一个地区,经常有言语交往的机会,并且同一个语言社团的人对本社区有自我认同的意识"(陈松岑,1999)。再次,家中是否有民考汉成员也是影响语言使用的重要因素之一。总体而言,家中有民考汉成员的倾向于使用哈汉夹杂和汉语;而家中没有民考汉成员的倾向于使用哈萨克语。我们知道,家庭是孩子的第一所语言学校,家庭语言环境是孩子语言

们知道,家庭是孩子的第一所语言学校,家庭语言环境是孩子语言使用的摇篮,是人生接受语言教育的起点。家庭环境作为语言学习的第一环境,对个体接受双语教育、自然习得第二语言存在潜移默化的影响(王阿舒等,2009)。除此之外,少数民族幼儿家庭的双语环境是社会、学校双语环境的延伸,尤其对于学前子女而言,这些因素会进一步强化幼儿语言习得的效果,有利于语言兴趣的培养与延续,也有利于子女双语观的形成。由此可见,少数民族的家庭语言环境作为子女形成自然双语个体的第一环境,直接影响子女的双语习得。

表 7-40 五域中社会因素归因分析

语域	语言	年龄	性别	受教育程度	受教育类型	收入	家人是否有民考汉	共计
家庭域	哈萨克语	X	X	X	X	X	X	6
	哈汉夹杂	X	X				X	3
	汉语	X				X		2
朋友域	哈萨克语			X				2
	哈汉夹杂			X	X		X	3
	汉语				X			1
工作域	哈萨克语				X		X	2
	哈汉夹杂	X				X		2
	汉语		X				X	3
学校域	哈萨克语						X	1
	哈汉夹杂	X						1
	汉语				X			1
公共场所域	哈萨克语		X					1
	哈汉夹杂	X			X	X		3
	汉语						X	3
共计		9	4	4	7	4	6	34

注:X 代表与语言使用具有相关性的社会变量。

第四节 总　　结

本文以巴里坤哈萨克自治县为例，通过问卷调查和访谈的方式，探讨了不同居住格局下哈萨克族居民的语言使用变异情况，以及不同社会因素与语言使用变异的相关性。主要结果分析如下。

第一，在语言选择上，首先，哈萨克语仍然是该地区哈萨克族人的强势语言，这展示了该群体对自己本民族语言和文化高度的认同感。其次，该群体在同一次哈萨克语对话或交谈中兼用汉语的现象逐渐普遍，这一现象反映了在"社会化"与"两种语码"（Lambert，1972）教育过程中，哈萨克人受社会文化因素和自身心理因素影响而用的一种语言混合变体的趋势，其主要目的是建立或"重新明确一种更适合交谈性质的不同交际场景"，从而"最终维持讲话的合适性"及交际的顺畅（Myers-Scotton & Ury，1977），然而目前汉语使用仍然较低。

第二，在不同居住区内，哈萨克语、哈汉夹杂和汉语的使用量上也有差别。从聚居区到杂居区再到散居区，哈萨克语的使用呈下降趋势，而哈汉夹杂的使用呈上升趋势。汉语在杂居区使用最多，其次是散居区、聚居区。这一现象说明，随着与汉族及其他民族接触频率和接触面的扩大，哈萨克族的使用量逐渐减少，而哈汉夹杂和汉语的量逐渐增大。

第三，巴里坤哈萨克族人在不同语域中的语言选择模式和整体趋势基本一致，但哈萨克语、哈汉夹杂和汉语的使用量在不同语域中存在差异：在朋友域、工作域和公共场所域中，哈萨克语的使用量逐渐减少，而哈汉夹杂和汉语的使用量在增加，尤其是散居区哈萨克族居民在公共场所域中，哈汉夹杂的使用量已经超过了哈萨克语，这表明了一方面交际双方之间的关系影响着说话人对语码的选择。交际者双方关系愈亲近和熟悉，哈萨克语使用量愈多，反之哈汉夹杂和汉语量增加。另一方面，语言选择还受具体语域里的说话人"权势"的影响，即在有"权势"差异的交际中，哈萨克语使用量增多，而在"对等"和"即没权势，也没对等"划分的交谈中，哈汉夹杂和汉语使用量增多。这进一步说明了说话人是根据不同的交际对象和场景来选择语码的，而这种选择是有规律可循的。

　　第四，在社会因素对语言使用变异的影响作用方面，随年龄的增大，哈萨克语的使用量逐渐增大，而哈汉夹杂和汉语的使用量呈现减少的趋势；哈萨克族男性倾向于使用哈萨克语，而哈萨克族女性较多地使用哈汉夹杂和汉语；文化程度高的哈萨克族倾向于使用哈汉夹杂和汉语，而没有文化或者文化程度较低的人则倾向于使用哈萨克语；民考民成员哈萨克语的使用率高于民考汉成员，而民考民成员哈汉夹杂和汉语的使用率低于民考汉；哈萨克语的使用率随着收入水平的增高而呈下降趋势，而哈汉夹杂和汉语呈上升趋势；家中有民考汉成员的说哈汉夹杂和汉语较多，反之则说哈萨克语多。通过对各社会因素的影响力对比分析，我们发现，年龄、受教育类型及家中是否有民考汉成员对哈萨克族的语言使用变异有显著的影响作用，而性别、受教育程度及收入对语言使用变异没有显著的影响作用。

　　总之，巴里坤哈萨克自治县哈萨克族居民的语言使用变异情况从一个侧面展示了新疆哈萨克族言语共同体的社会语言特点，同时也折射出语言规划中的少数民族言语社区语言变异的某些特征和规律，总结这些特征和规律将为新疆少数民族语言政策的制定和调整，以及双语教育中具体问题的处理提供参考信息。

第八章

总结与启示

第一节 总　　结

本研究以新疆哈萨克族语言使用变异现象为研究对象,采用社会语言学、文化人类学、社会心理学等学科理论和研究方法,探讨了由于汉语影响所导致的哈萨克语在语言不同层面和不同语域中变异的总趋势及语言特征,以及社会变量与语言使用变异之间的相互关系,本研究主要结果如下。

一、语音使用变异

（1）与汉语发音类似的五个哈语元音/æ/、/ɑ/、/u/、/o/和/y/出现向汉语/ɛ/、/a/、/u/、/o/和/y/靠拢的趋势,并有不同程度的变异;哈语辅音/r/出现弱化,清音/t/继续保留;哈语 C-V-C 音节出现了在以/k/和/qʰ/结尾的词后增加音节的倾向。

（2）哈语语音变异与代际有明显的相关性:祖代哈语语音保持不变;父代哈语语音出现既有保持,又有变化;孙代哈语语音明显向汉语语音靠拢。

二、词汇使用变异

（1）哈萨克语中的借词主要来源自四种语言,分别是阿拉伯语、俄语、波斯语和汉语,其中来自阿拉伯语的借词数量最大,这与伊斯兰教传播而引发的语言接触有着密切关系。

（2）哈萨克语种的借词主要存在四种借入方式，即音译、意译、混合和兼译。其中，音译借词所占数量最大，而意译借词所占数量最小，这一点体现了借词的层级性特征。

（3）实义词是哈萨克语借词的主要组成，其中，名词借词的数量最大。哈萨克语借词的词义分布涉及日常生活的多个方面，和生活用品有关的借词数量最多。

（4）性别、年龄、所在地、教育程度和教育类型均影响哈萨克族受试者对借词的态度。女性对借词的态度更为保守；年长者较少地使用借词，也不愿意接受年轻人语言中使用借词的现象；城镇的哈萨克族人更乐于使用并接受借词；民考汉哈萨克族人更倾向使用汉语借词。

三、句法使用变异

（1）在哈汉句内语码转换中，嵌入的汉语单词数量居首，其次为短语，最次是句子。可以单独转换的汉语内容词素包括名词、动词、形容词、副词及系统词素中的数词和量词。

（2）主体语——哈萨克语的基本语序决定了嵌入的汉语成分在哈汉语码转换句中的特定位置。当汉语成分充当主语时，必居于句首；而汉语成分做宾语时，宾语则要放在谓语之前。除补语外，哈汉句内语码转换句中的各句法位置均有汉语单词或短语嵌入，而各句法位置上发生汉语成分转换的比重排序为宾语＞主语和谓语＞状语和定语。

（3）主体语——哈萨克语将对嵌入的汉语成分（单词或短语）产生句法形态上的影响，使其发生形态上的变化。其主要表现为：汉语名词和名词性短语词尾加上哈萨克语格、复数和领属物词缀；汉语动词和动词性词组发生时态、名词化、形容词化和副词化的形态变化；汉语形容词及形容词词组发生名词格词缀、名词领属物词缀及动词词缀的形态变化。

四、日常会话使用变异

（1）在语言选择上，首先，哈萨克语仍然是该地区哈萨克人的强势语言，这展示了该群体对自己本民族语言和文化高度的认同感。其次，该群体在同一次哈萨克语对话或交谈中兼用汉语的现象逐渐普遍，这一现象反映了在"社会化"与"两种语码"（Lambert，

1972）教育过程中，哈萨克人受社会文化因素和自身心理因素影响而用的一种语言混合变体的趋势，其主要目的是建立或"重新明确一种更适合交谈性质的不同交际场景"，从而"最终维持讲话的合适性"及交际的顺畅（Myers-Scotton & Ury，1977），然而目前汉语使用仍然较低。

（2）在不同居住区内，哈萨克语、哈汉夹杂和汉语的使用量上也有差别。从聚居区到杂居区再到散居区，哈萨克语的使用呈下降趋势，而哈汉夹杂的使用呈上升趋势。汉语在杂居区使用最多，其次是散居区、聚居区。这一现象说明，随着与汉族及其他民族接触频率和接触面的扩大，哈萨克族的使用量逐渐减少，而哈汉夹杂和汉语的量逐渐增大。

（3）哈萨克族人在不同语域中的语言选择模式和整体趋势基本一致，但哈萨克语、哈汉夹杂和汉语的使用量在不同语域中存在差异：在朋友域、工作域和公共场所域中，哈萨克语的使用量逐渐减少，而哈汉夹杂和汉语的使用量在增加，尤其是散居区哈萨克族居民在公共场所域中，哈汉夹杂的使用量已经超过了哈萨克语，这表明了交际双方之间的关系影响着说话人对语码的选择。一方面，交际者双方关系愈亲近和熟悉，哈萨克语使用量愈多，反之哈汉夹杂和汉语量增加。另一方面，语言选择还受具体语域里的说话人"权势"的影响：在有"权势"差异的交际中，哈萨克语使用量增多，而在"对等"和"即没权势，也没对等"划分的交谈中，哈汉夹杂和汉语使用量增多。这进一步说明了说话人是根据不同的交际对象和场景来选择语码的，而这种选择是有规律可循的。

（4）在社会因素对语言使用变异的影响作用方面，随年龄的增大，哈萨克语的使用量逐渐增大，而哈汉夹杂和汉语的使用量呈现减少的趋势；哈萨克族男性倾向于使用哈萨克语，而哈萨克族女性较多地使用哈汉夹杂和汉语；文化程度高的哈萨克族倾向于使用哈汉夹杂和汉语，而没有文化或者文化程度较低的人则倾向于使用哈萨克语；民考民成员哈萨克语的使用率高于民考汉成员，而民考民成员哈汉夹杂和汉语的使用率低于民考汉；哈萨克语的使用率随着收入水平的增高而呈下降趋势，而哈汉夹杂和汉语呈上升趋势；家中有民考汉成员的说哈汉夹杂和汉语较多，反之则说哈萨克语多。通过对各社会因素的影响力对比分析，我们发现，年龄、受教育类型及家中是否有民考汉成员对哈萨克族的语言使用变异有显著的影响作用，而性别、受教育程度及收入对语言使用变异没有显著的影响作用。

第二节 启 示

新疆哈萨克族语言使用变异研究为我们提供了一个有价值的个案，其研究结果为语言接触和变异研究提供了以下几点启示。

一、语言使用变异产生于语言接触的大背景下

不同民族文化的接触、碰撞与融合是引起文化变迁及语言变异的重要原因之一。著名语言学家萨丕尔曾经说过："语言，像文化一样，很少是自给自足的。交际的需要使说一种语言的人和说临近语言的或文化上占优势的语言的人发生直接或间接的接触。交际可以是友好的或敌对的，可以在平凡的事物和交际的平面上进行，也可以是精神价值——艺术、科学、宗教——的借贷或交换。"语言接触是一种社会现象，它的形成本身就是有机整体，它的形成与发展不仅与语言本身有关，还与一个民族的政治、经济、文化、历史、宗教、居住环境、教育等因素有关，因此语言变异必须放在语言接触的大框架内去考察（袁焱，2000）。只有这样，我们才能看到一种语言变异的前后面貌及真正归因。哈萨克语在长期的历史发展中，一直受到外来文化的影响与推动，汉文化及汉语言是外来文化中的最有影响力的一种。第四章中提到过，早在汉朝时期，哈萨克族先民乌孙与汉族人早在汉朝时期起就在政治、军事、语言文化方面开始了接触往来，这样的接触使得哈萨克语一直不断地接受汉族文化和汉语的冲击和渗入。随着20世纪50年代的新疆屯垦戍边的发展，汉族大量地进入新疆，少数民族文化教育事业不断发展，哈萨克族与汉族的语言及文化接触日益增加，哈萨克语言的演变也日益增加。由此可见，接触与融合是语言文化自身发展的需要，而且"语言的接触和融合，一般都是与文化的交流和融合相伴随的，文化的差异及文明程度影响着语言接触及语言融合的方式和进程。"（邢福义，2000）

二、语言使用变异是与社会心理互动的产物

国家的政策引导着社会的变化，而社会的变化又会反馈回家庭及个人，并对家庭及个人的行为、思维模式、语言习惯、心理等方面产生影响。语言是思维的外在表现，人的社会心理的变化必然也导致或促使使语言产生变异（朱学佳，2002）。自20世纪50年代我国开始推行普通话起，国家语言态度引起新疆少数民族心理逐渐对普通话的认识及接受和认可。随着普通话在新疆的进一步推广和普及，少数民族势必朝着双语的方向发展。从巴里坤哈萨克族自治县的哈萨克族人的语言演变的轨迹我们可以看出，普通话在他们的居民，尤其是年轻、文化程度高、有民考汉教育背景人的语言生活中，尤其是在工作和公共场合的作用已越来越大，使用也越来越多。从众作为一种重要的社会心理现象对语言变异也起到了影响作用。顺同心理与语言变异也相互关联。人为了生存和发展，必须适应自然和社会的各种条件变化，因而便产生一种顺同心理。这种心理反映在语言使用上，就是说话人会根据不同目的、不同时间、不同场合、不同对象选择不同的语码（朱学佳，2002）。通过前几章的分析讨论我们可以看出，哈萨克族人尽管在不同的语域（家庭、工作等域）使用的语言（哈语、哈汉加杂、汉语）总趋势基本一致，但是不同域中的语言（语码）选择存在有差异，这说明顺同心理在语言使用变异上也起很大的作用。

三、语言接触的互补与竞争有助于语言的丰富与发展

当一种语言与另一种语言接触中，无论从形式还是内容上都会出现变化，尤其是强势语言与非强势语言接触后，后者受影响最大，其语言中出现的变化也就越发明显（袁焱，2000）。

在这些新形式和新内容中，有的是原本语言中没有的，如借词、转换的语码。当这些新的形式和内容逐渐被原民族广泛接受后，当自身语言或文化中不存在的形式和内容被本地化后，经过不断的社会化、生活化和日常化，自己的语言得到丰富和发展，这是语言的互补，也是语言发展的表现。从语言功能上讲，当一种语言由于使用功能上的欠缺（例如，某些词不能准确和精炼表达其含义，或一种语言不能

在特定环境下表达其语言和社会功能），说话人就可能选择另一种语言或在本民族语言中夹杂其他语言，这种现象就是语言使用功能上的互补，这也是语言接触后语言使用功能上竞争的结果。目前哈萨克语的词汇中有很多汉语借词，这类借词主要涉及生产、生活、文化等多个义类。这些汉语借词能够明显地体现当时语言与文化的共变关系，也反映出它对哈语词汇的互补作用。另外，在分析哈萨克语用变异时发现，在一些特定的语域，如工作域，尤其是公共场所域，哈萨克族人会使用哈汉夹杂的语言形式与人交流，以实现展示个人身份和与对方拉大距离的意图。

第三节　新疆哈萨克族民族语文及双语教育发展建议

本研究从共时的层面对新疆哈萨克族语言使用变异现状、规律及发展趋势进行了描述及分析，为了进一步加强对哈萨克族民族语文的保护及促进本民族的双语教育，我们提出以下建议。

一、重视和加强哈萨克族民族语文及文化传承体系

国家《宪法》《民族区域自治法》都明确规定，各民族都有使用和发展自己的语言文字的自由。民族语言文字是少数民族文化的结晶，是少数民族生存与发展的精神支柱。少数民族语言保护和发展的目的是保持与增强其活力。做好少数民族语言文字的保护工作，关系到少数民族语言与民族文化的传承与发展。哈萨克族作为新疆第二大少数民族，其语言是哈萨克族文化的重要载体，用以传承和发展哈萨克族文化，此外，哈萨克语还是民族认同的标志、增强民族凝聚力的主要工具。尤其是在一些民族节日、社交庆典、婚丧宴席等一系列民族民俗文化活动中，新疆哈萨克族更要强调使用本民族的语言。然而，本研究结果显示，哈萨克族老年人和年轻人语言态度的不同已经导致他们在语言使用变异上出现不同：老年人的哈语保持完整，青少年的哈语使用向汉语趋同。这表明虽然哈萨克族人都有意识十分自觉地在保留和弘扬本民族传统文化，但随着社会的发展，哈萨克族人的语言观念及文化态度发生了一定的变化，尤其是青少年缺乏民族传统文化氛围的熏陶和习染，民族意识日益淡漠，哈萨克族母语文化正日趋弱

化。因此，除了在法律上加以保障之外，我们还要进一步采取措施来保护和发展哈萨克语。比如，一方面，在司法、行政、传媒、教育培训和公共服务等社会生活领域应为哈萨克语语言文字提供更多的应用空间。鼓励哈萨克族与汉族和其他少数民族的人们相互学习彼此的语言，增进新疆各族人民之间的理解和交融，为哈萨克语语言注入更多的活力。另一方面，我们要编撰有利于哈萨克族语言文化传承的哈萨克族语文教材。加强哈萨克族语文教材的编撰是在哈萨克族中开展双语教学的前提，同时为哈萨克族语言文化的传承提供了保证。具体做法是深入哈萨克族聚居地区，运用现代技术记录和整理已有文献，补充和完善语音、词汇、语法方面的缺陷，使哈萨克族有自己的语文教材，以此为哈萨克族的双语教学提供支持。这对新疆的语言和谐、民族团结、社会和谐具有重要的现实意义。

二、提高哈萨克族对语言文化多样性的认识，建立语言和谐社会

促进少数民族语言使用和文化发展，构建和谐的语言环境，是现阶段我国民族语文工作的重要内容。新疆哈萨克族人在接受汉文化影响的同时，还受到邻近兄弟民族文化的影响，形成了区域性双语或多语文化现象及具有地方特色的亚文化现象。这种多元文化的影响使哈萨克族人的语言使用呈现不同格局。本研究的结果展示在不同居住区内，哈萨克族人的哈萨克语、哈汉夹杂和汉语的使用有差别。从聚居区到杂居区再到散居区，哈萨克语的使用呈下降趋势，而哈汉夹杂的使用呈上升趋势。汉语在杂居区使用最多，其次是散居区、聚居区。这一现象说明，随着与汉族及其他民族接触频率和接触面的扩大，哈萨克族在语言使用上由哈萨克语单一语言趋向双语或多语。所以，哈萨克族民族语文工作必须采取因地制宜、分类指导的方法，紧紧围绕"共同团结奋斗、共同繁荣发展"这一民族工作的主题，保护语言文化的多样性，使哈萨克语和汉语言在更加稳定、和谐的关系中相互促进、共同发展，从而提高哈萨克族的文化素质和生活水平，有效地保证新疆哈萨克族地区经济、社会的全面发展。

三、加强和完善哈萨克族的双语教育体系、模式、条件及教学方法

　　双语教育是少数民族增强自我发展能力、提高民族竞争力的重要途径，这对哈萨克族也是一样。为了发展科技教育、培养各类人才、增强自我发展能力、实现全面建设小康社会的宏伟目标，哈萨克族迫切需要提高本民族的双语能力，增加双语人的比重。新疆哈萨克族从20世纪50年代初就开始了双语教育，然而从目前调研结果看，哈萨克族人汉语的口语及文字应用还处于较低水平。一个人的双语能力除了可以通过日常生活交际获得外，相当多的人（尤其是青少年）要靠学校教育来获得。因此，我们应当通过提高和改善教育体系、模式、条件及教学方法来加强和完善哈萨克族的双语教育。

　　首先，因为我国各民族的历史文化传统、语言文字的使用环境、居住格局、交往的程度、面临的语言生态环境及双语在他们生活中的功能和作用都不同，我们必须建立比较完备的、专门针对哈萨克语和哈萨克族人双语教育的政策法规体系和学校教育体系。只有这样，才会符合哈萨克族人对双语教育的理解、需求和期待，才会让哈萨克族人认识到双语教育不仅担负着传承本民族优秀传统文化、传授现代科学技术和文化知识的功能，它还具有促进哈萨克族优秀传统文化教育和现代跨文化教育相互交融，以及在此基础上的文化创新功能。

　　其次，我国少数民族双语教育主要采用两种教学模式，第一种模式是以少数民族语言为主，汉语作为一门课程开设，简称民加汉模式，主要在少数民族聚居区使用，学生的家庭和社区中普遍使用少数民族语言，学生基本生活在母语环境中；第二种模式是以汉语为主，少数民族语言作为一门课程开设，简称汉加民模式，主要是在少数民族与汉族或多民族杂居地区使用，学生生活在双语或多语的语言环境中。本研究中哈萨克族居住格局的不同导致了语言使用不同，因此，政府和教育部门应当充分考虑到哈萨克族人的不同学习特点和实际需求，在不同的语言生态区域中选择民加汉或汉加民的双语教育模式来完善哈萨克族人的双语教育。另外，我们建议在哈萨克族与汉族或多民

族杂居地区多办一些民族合校合班,这不仅有利于构建开放兼容的哈萨克族双语教育体系,而且有利于哈萨克族人的国家认同和公民身份认同。

再次,我们要通过改善哈萨克族双语教育的教学条件来提高哈萨克族人的双语能力。第一,提高双语师资力量。我们调研中发现,在巴里坤哈萨克族双语学校中,一部分教师是哈萨克族,汉语文知识和汉语会话能力差,主要以哈萨克语作为教学语言授课,而另一部分教师是汉族教师,用汉语作为教学语言授课,他们往往都不能同时熟练地以另一种语言进行交际。这样的双语教育系统是有缺陷的。结果就在学校中形成两个教师群体,一个是以哈萨克语为教学语言的哈萨克族教师群体,另一个是以汉语为教学语言的汉族教师群体,相互之间没有融为一个有机的教学团队。因此,哈萨克族地区要加强双语教育师资队伍的培养,有计划地引进高水平的双语教育师资;加强在职教师的培训,定期选派优秀哈萨克族教师到国内高校进修,采取校本双语培训、培训转岗等多种形式,切实加快哈萨克双语教育师资队伍的建设步伐。第二,编写不同层次、各种类型、专门针对哈萨克族的双语教材。按照教材编写的实用性原则、交际性原则、知识性原则、趣味性原则、科学性原则和针对性原则,重视处理好哈萨克族传统文化和现代科学文化新成果的关系。在原有教材的基础上,进一步完善哈萨克族双语教材的编写和编译,多设计一些电子版教材,其内容可以添加一些卡通图片、背景音乐、活动影像资料,尽快形成完整的少数民族双语教材体系,努力做到思想性、科学性和民族性相统一。

最后,哈萨克族双语教育的完善离不开双语教学方法支撑和依托,尤其是结合哈萨克族民族文化、富有特色和针对性的双语教学方法对哈萨克族双语教育的发展能起到极大的推动作用。在哈萨克族双语学校还要培训和推广成熟有效的双语教学方法,如浸入式双语教学方法,分层、分流双语教学方法,情景式文化体验教学方法等,使哈萨克族地区的双语学校真正成为哈萨克族优秀传统文化和现代科技与文化知识的学习、传播中心。在实际教学中,教师应该哈汉语并重,以哈汉兼通为教育目的,注重哈汉互通,相互转换能力的培养,培养学生既需要相当的汉语文能力,接受先进的文化知识、科学技术,又要有相当的哈语文能力,把先进的科学技术、文化传播于本民族之中。

四、积极开展哈萨克族地区双语教育研究

在民族地区坚持和发展双语教育，一直都是我国的重要教育策略。不同民族地区的双语教育发展和面临的问题是不一样的，专家学者、政府职能部门应当从相关学科综合研究的角度，全面分析新疆哈萨克族地区语言文字使用的实际情况，深入探讨针对哈萨克族的双语教育和教学理论；同时要广泛发动双语教育专业人士和有双语专长者积极参与哈萨克族双语教育实验，对双语、双文化环境中哈萨克族人不同的语言态度、双语教育态度及行为倾向、实际选择进行全面具体的分析，从而设计更具针对性、更加优化的双语教育和教学模式，不断丰富、完善和优化哈萨克族双语教育和教学的模式，使其更具系统性和实效性。另外，研究适合我国国情的、具有哈萨克族特色的、密切联系学科教育和生活实际的哈萨克族双语教学方法，理应成为今后研究者关注的一个重点。

第四节 结 语

语言使用变异是社会语言学的研究对象，更是微观社会语言学的研究重点。生活在多元文化及多元语言接触下的新疆少数民族的语言生活极其丰富多彩，语言变异纷繁复杂。在中国正处于文化大繁荣转型这个时期，新疆少数民族社会情况和观念意识也将发生着深刻的变化，这一大群体的语言变异也将会更为突出，而这些变异会表现在语音、词汇、语法、语义诸方面，乃至整个语言系统中。因此，作为新疆社会语言学工作者，我们应该对这些语言变异进行更多的调查研究，并探讨其规律，以取得更多的成果。

参考文献

阿达来提. 2012. 中国乌孜别克族语言使用现状研究. 中央民族大学博士学位论文.
艾尔肯·肉孜. 2003. 现代维吾尔语阿图什方言研究. 喀什师范学院学报, (1): 62-63.
安成山. 1997. 哈萨克语对锡伯语的影响. 语言翻译, (2): 17-18.
班弨, 肖荣钦. 2011. 连南八排瑶语使用状况与语言接触情况. 暨南学报, (2): 126-131.
包秀明. 2008. 蒙汉语码转换的结构特征研究. 湘潭大学硕士学位论文.
曹生龙. 2010. 新疆哈萨克族双语使用现状调查研究. 伊犁师范学院学报, (3): 30-33.
曹湘洪, 廖泽余, 张彩云. 2011. 维汉句内语码转换句法限制——以乌鲁木齐市为例. 新疆师范大学学报, (5): 86-94.
曹湘洪, 王丽. 2009. 多元文化背景下的语言选择——以乌鲁木齐城市居民为例. 云南师范大学学报, (6): 16-23.
陈保亚, 何方. 2007. 略说汉藏语系的基本谱系结构. 云南民族大学学报, (7): 98-101.
陈保亚. 1996. 论语言接触与语言联盟——汉越(侗台语)语源关系的解. 北京: 语文出版社.
陈保亚. 2005. 语言接触导致汉语方言分化的两种模式. 北京大学学报(哲学社会科学版), (3): 43-50.
陈荣泽. 2011. 藏汉语接触引发的语言演变. 西藏研究, (3): 50-57.
陈松岑. 1984. 北京市城区两代人对上一辈非亲属使用亲属称谓的变化. 语文研

究，（1）：43-49.

陈松岑. 1985. 社会语言学导论. 北京：北京大学出版社.

陈松岑. 1990. 绍兴市城区普通话的社会分布及其发展趋势. 语文建设，（1）：41-47.

陈松岑. 1997. 语言变异研究. 广州：广东教育出版社.

陈松岑. 1999a. 新加坡华人的语言态度及其对语言能力和语言使用的影响. 语言教学与研究，（2）：81-95.

陈松岑. 1999b. 语言变异研究. 广州：广东教育出版社.

陈原. 1988. 社会语言学. 北京：中央民族大学出版社.

陈原. 2004. 社会语言学. 北京：商务印书馆.

陈云龙. 2012. 粤西闽语音变研究. 上海师范大学博士学位论文.

陈章太. 1988. 语言变异与社会及社会心理. 厦门大学学报，（1）：44-50.

陈章太. 1990. 四代同堂的语言生活——陈延年一家语言使用的初步考察. 语文建设，（3）：17-19.

陈章太. 2002. 略论我国新时期的语言变异. 语言教学与研究，（6）：27-36.

陈章太. 2005. 语言规划研究. 北京：商务印书馆.

陈宗振. 2009. 中国现代突厥语族语言研究概况. 语言与翻译，（3）：3-14.

成燕燕. 2000. 现代哈萨克语词汇学研究. 北京：民族出版社.

程依荣. 2002. 法语词汇学导论. 北京：外语教学与研究出版社.

崔国鑫. 2009. 语用视野下的会话分析. 首都师范大学博士学位论文.

戴庆厦，成燕燕，博爱兰，等. 2000. 中国少数民族语言文字应用研究. 昆明：云南民族出版社.

戴庆厦，邓佑玲. 2001. 城市化：中国少数民族语言使用功能的变化. 陕西师范大学学报，（1）：72-76.

戴庆厦，王远新. 1991. 新疆伊宁市双语场的层次分析. 民族研究，（2）：33-37.

戴庆厦. 1984. 藏缅语族某些语言弱化音节探源. 民族语文，（2）：39-44.

戴庆厦. 1993. 社会语言学. 北京：中央民族大学出版社.

戴庆厦. 1994. 语言与民族. 北京：中央民族大学出版社.

戴庆厦. 2004. 社会语言学概论. 北京：商务印书馆.

戴庆厦. 2007. 基诺族语言使用现状及其演变. 北京：商务印书馆.
戴庆厦. 2008. 阿昌族语言使用现状及其演变. 北京：商务印书馆.
戴庆厦. 2009. 云南里山乡彝族语言使用现状及其演变. 北京：商务印书馆.
戴炜栋. 1998. 现代英语语言学概论. 上海：上海外语教育出版社.
邓安方. 2005. 哈萨克语的词重音研究. 新疆大学学报, (5)：141-144.
丁石庆. 1991. 哈萨克语对新疆达斡尔语语音的影响. 语言与翻译, (4)：60-62.
丁石庆. 1994. 新疆达斡尔族语言使用类型及相关因素. 语言与翻译, (3)：73-79.
丁石庆. 2009. 莫旗达斡尔族语言使用现状与发展趋势. 北京：商务印书馆.
杜秀丽. 2010. 汉朝时期汉族与哈萨克族先民乌孙接触的历史考察. 昌吉学院学报, (1)：27-31.
范道远. 1992. 哈汉语元音对比. 语言与翻译, (3)：66-69.
范祖奎, 易红. 2013. 基于新疆民汉语言接触的关联分析. 中南民族大学学报, (3)：164-168.
高莉琴. 2005. 以科学的态度对待维吾尔语中的汉语借词. 新疆大学学报, (9)：132-137.
高莉琴. 2008. 早期维吾尔语中汉语借词的文化透视. 西北民族研究, (2)：74-80.
高名凯, 刘正琰. 1958. 现代汉语外来词研究. 北京：文字改革出版社.
高一虹, 苏新春, 周雷. 1998. 回归前香港、北京、广州的语言态度. 外语教学与研究, (2)：21-28.
耿世民, 李增祥. 1985. 哈萨克语简志. 北京：民族出版社.
耿世民. 1989. 现代哈萨克语语法. 北京：中央民族学院出版社.
耿世民. 2001. 新疆文史论集. 北京：中央民族大学出版社.
关辛秋. 2001. 朝鲜族双语现象研究. 北京：民族出版社.
郭骏. 2010. 方言变异与变化：溧水街上话的调查研究. 北京：北京大学出版社.
郭林花. 2006. 大学校园英汉语码转换的形态句法特征. 现代外语, (2)：20-28.
郭熙. 1999. 中国社会语言学. 南京：南京大学出版社.
郭熙. 2004. 中国社会语言学. 杭州：浙江大学出版社.
何俊芳. 1999. 也论我国民族的语言转用问题. 民族研究, (3)：45-52.
贺群. 2012. 新疆突厥语族语言接触的定位与演变规律. 西北民族大学学报, (2)：

105-110.

洪勇明. 2007. 论语言影响的若干规律——以新疆语言接触为例. 中央民族大学学报（哲学社会科学版），34（3）：131-136.

洪勇明. 2008. 哈萨克语汉语借此的层级分析. 伊犁师范学院学报，(12)：11-15.

胡兆云. 2001. 语言接触与英汉借词研究. 济南：山东大学出版社.

胡壮麟. 2002. 语言学高级教程. 北京：北京大学出版社.

黄国文. 2006. 语码转换研究中分析单位的确定. 外语学刊，(1)：29-33.

黄中祥. 2001. 哈萨克语词汇文化. 北京：中国社会科学出版社.

黄中祥. 2002. 哈萨克语中的汉语词——兼谈文化接触和双语现象. 满语研究，(1)：82-86.

黄中祥. 2011. 哈萨克语词汇与文化. 奎屯：伊犁人民出版社.

江荻. 2010. 回辉语揭示的语言接触感染机制. 民族语文，(6)：19-26.

姜根兄. 2007. 从语言接触看蒙古语科尔沁土语的演变发展. 内蒙古民族大学报，(3)：48-51.

蒋宏军. 2010. 浅析哈萨克语中的波斯语借词. 新疆广播电视大学学报，(2)：62-65.

蒋宏军. 2011. 如何区分哈萨克语中的外来词. 伊犁师范学院学报，(6)：8-10.

金炳吉. 1980. 哈汉词典. 乌鲁木齐：新疆人民出版社.

金钟太. 1991. 朝汉语码转换句的附着语素和形态变化限制. 延边大学，(1)：152-156.

金钟太. 1998. 朝汉语码转换的多视角研究. 上海外国语大学博士学位论文.

劲松. 1999. 语言态度与双语现象. 双语教学与研究. 北京：中央民族大学出版社.

瞿霭堂. 2004. 语音演变的理论和类型. 语言研究，(2)：1-13.

觉罗·德林. 1995. 哈汉简明词典. 北京：民族出版社.

蓝庆元. 2011. 拉珈语研究. 桂林：广西师范大学出版社.

雷洪波. 2008. 上海新移民的语言社会学调查. 复旦大学博士学位论文.

李方桂. 1937. 李方桂全集1：汉藏语论文集. 北京：清华大学出版社.

李如龙. 1995. 福建双方言研究. 香港：汉学出版社.

李如龙. 2000. 东南亚华人语言研究. 北京：北京语言文化大学出版社.

李如龙. 2001. 汉语方言学. 北京：高等教育出版社.

李树辉. 2008. 维吾尔语独特语音现象成因探析. 语言与翻译，（2）：3-10.

李心释. 2010. 汉、壮接触诱发的语言变异的机制. 广西民族研究，（2）：104-111.

梁改萍. 2005. 关于英语中汉语借词问题的探讨. 西华大学学报，（10）：49-51.

梁云，秦燕. 1999. 浅析语言接触与双语教学. 语言与翻译，（1）：56-59.

梁云. 2009. 新疆语言教育双向性使用现状研究. 民族教育研究，（5）：84-89.

林焘，王理嘉. 1992. 语音学教程. 北京：北京大学出版社.

林杏光. 1990. 汉语多用词典. 北京：中国标准出版社.

刘大伟. 2012. 字母词：语码转换与外来词的角色冲突. 当代修辞学，（5）：90-92.

刘虹. 1993. 语言态度对语言使用和语言变化的影响. 语言文字应用，(1)：93-102.

龙正海. 2011. 浅论湘西勾良苗语的汉语借词. 学行堂语言文字论丛，（10）：54-57.

罗常培，傅懋勣. 1954. 国内少数民族语言文字概况. 中国语文，（3）：54-57.

马楠. 2013. 汉语方言语音变异过程的类型. 汉语学报，（1）：88-93.

马西尼. 1997. 现代汉语词汇的形成——十九世纪汉语外来词研究. 黄河清译. 上海：汉语大词典出版社.

马小玲. 2006. 新疆民汉语言接触模式探源. 语言与翻译，（4）：20-23.

马学良，戴庆厦. 1984. 我国民族地区双语研究中的几个问题. 民族研究，（4）：54-58.

麦凯，W. F. & 西格恩，M. 1989. 双语教育概论. 北京：光明日报出版社.

孟万春. 2011. 语言接触与汉语方言的变化. 华南农业大学学报（社会科学版），（2）：141-145.

孟毅. 2008. 哈萨克民族多元文化研究. 北京：中央民族大学出版社.

尼合迈德·蒙加尼. 2007. 中国哈萨克族//白兰·尼合买提. 中国哈萨克族传统文化研究. 乌鲁木齐：新疆人民出版社.

尼合迈德·蒙加尼. 2008. 伊斯兰教在哈萨克人中的传播及其影响. 新疆社会信息，(1)：57-122.

牛汝极. 2000. 西域语言接触概说. 中央民族大学学报，（4）：122-125.

石锋. 2008. 语音格局：语音学与音系学的交汇点. 北京：商务印书馆.

史有为. 1991. 外来词——异文化的使者. 长春：吉林教育出版社.

史有为. 2000. 汉语外来词——汉语知识丛书. 北京：商务印书馆.

史有为. 2003. 汉语外来词[M]. 北京：商务印书馆.

宋学东. 2004. 语音变异与阶层、性别、种族差异. 上海师范大学学报,（6）：117-120.

孙丽莉. 2009. 多元文化背景下新疆少数民族语言使用情况调查研究. 华中农业大学学报,（4）：108-111.

孙叶林. 2011. 从语言接触看常宁塔山汉语对塔山勉语的影响. 湖南师范大学学报,（1）：126-130.

陶媛. 2009. 中文电视谈话节目中中英语码转换现象探析——以《鲁豫有约》为例. 武汉理工大学硕士学位论文.

佟秋妹,李伟. 2011. 江苏三峡移民语言选择模式研究. 语言文字应用,（3）：38-47.

佟秋妹. 2008. 江苏三峡移民语言状况研究. 语言文字应用,（4）：1.

万红. 2007. 当代汉语的社会语言学观照——外来词进入汉语的第三次高潮和港台词语的北上. 天津：南开大学出版社.

王阿舒，孙明霞. 2009. 家庭语言环境对学前儿童双语教育的影响. 语言与翻译,（4）：52-56.

王斌华. 2003. 双语教育与双语教学. 上海：上海教育出版社.

王力. 1957. 汉语史稿. 北京：科学出版社.

王力. 1985. 中国现代语法. 济南：山东教育出版社.

王玲. 2012. 城市化进程中本地居民和外来移民的语言适应行为研究——以合肥、南京和北京三地为例. 语言文字应用,（1）：76-83.

王梦颖. 2010. 美国大学生对汉语借词的态度及使用动机调查. 北京交通大学.

王希杰. 2007. 语言接触和语言的演变及其规律——兼评《新疆的语言状况及推广普通话方略研究》. 语言与翻译,（4）：69-72.

王洋. 2004. 新疆维吾尔族语言态度探析. 新疆师范大学.

王远新，戴庆厦. 1988. 新疆伊宁市双语场的层次分析. 民族语文.

王远新. 1987. 突厥语言学界语言影响与语言关系研究综述. 喀什师范学院学报,（5）：66-74.

王远新. 1988. 论我国民族语言的转换及语言变异问题. 贵州民族研究,（4）：80-92.

王远新. 1989. 我国壮侗语言学界语言影响与语言系属问题研究综述. 广西民族研究,（4）：130-137.

王远新. 1998. 影响新疆哈密地区各民族语言使用特点的主要因素. 语言与翻译,（1）：8-14.

王远新. 1999. 影响云南禄劝县少数民族语言使用特点的几个因素. 民族教育研究,（2）：31-42.

王远新. 2000. 论我国民族杂居区的语言使用特点. 民族语文,（3）：1-7.

王远新. 2002. 中国民族语言学：理论与实践. 北京：民族出版社.

王远新. 2004. 广东博罗、增城畲族语言使用情况调查——保护濒危语言的重要途径. 中央民族大学学报（哲学社会科学版）,（1）：115-125.

王远新. 2005. 社会语言学的语言观与方法论. 中央民族大学学报,（3）：137-144.

王远新. 2007. 发展中的中国少数民族教育. 民族教育研究,（2）：5-10.

王远新. 2008. 吾屯人的语言使用和语言态度问题. 新疆师范大学学报（哲学社会科学版）,（4）：79-85.

王远新. 2009. 青海同仁土族的语言认同和民族认同. 中央民族大学学报（哲学社会科学版）,（5）：106-112.

王远新. 2010. 都市"城中村"的语言生活——乌鲁木齐市水磨沟区红山村居民语言使用、语言态度调查. 民族翻译,（3）：66-75.

王远新. 2011. 新疆锡伯族聚居区的语言生活——新疆察布查尔锡伯自治县乌珠牛录居民语言使用、语言态度调查. 语言与翻译,（2）：22-30.

王远新. 2012. 语言田野调查实录（七）. 北京：中央民族大学出版社.

王远新. 2013. 都市蒙古族社区的语言生活——新疆蒙古师范学校家属社区居民言使用和语言态度调查. 内蒙古师范大学学报,（2）：83-91.

王远新. 2013. 贵阳市"城中村"的语言生活——花溪村居民语言使用和语言态度调查, 民族语文,（5）：56-65.

王远新. 2013. 新疆喀什古城的语言生活——高台民居社区居民的语言使用和语言态度调查, 新建社会科学,（1）：140-156.

王远新. 1999. 双语教学与研究. 北京：中央民族大学出版社.

王远新. 2012. 语言田野调查实录七. 北京：中央民族大学出版社.

王泽民. 2005. 近代新疆维汉语言接触及其双语发展状况研究. 新疆大学硕士学位论文.

王振本，梁威. 2005. 新疆少数民族双语教学与研究. 北京：民族教育出版社.

乌买尔·达吾提，古丽巴哈尔·买托乎提. 2010. 现代维吾尔语种的借词新探. 语言与翻译，（3）：37-40.

邬美丽，熊南京. 2013. 台湾原住民语言能力及语言使用状况调查研究. 北华大学学报，（2）：22-26.

邬美丽. 2006. 在京少数民族大学生语言使用及语言态度调查. 中央民族大学硕士学位论文.

吴安其. 2004. 语言接触对语言演变的影响. 民族语文，（1）：1-9.

吴福祥. 2007. 关于语言接触引发的演变. 民族语文，（2）：3-23.

吴硕官. 1991. 领域、角色关系与语码转换//中国社会科学院语言文字应用研究所社会语言学研究室编. 首届社会语言学学术讨论会文集：语言·社会·文化. 北京：语文出版社.

吴曦. 2012. 哈萨克族语言态度及语言使用的相关性分析—以木垒哈萨克自治县语言调查为例. 淮海工学院学报（人文社会科学版），（9）：63-65.

吴正彪，李永皇. 2011. 试论语言接触对黔东方言苗语土语语言变化的影响. 贵州民族研究，（6）：175-180.

夏里甫罕·阿布达里. 2010. 新疆哈萨克族文化转型研究. 乌鲁木齐：新疆人民出版社.

夏历. 2007. 农民工语言状况. 长江学术，（3）：11-19.

熊文华. 1996. 汉语和英语中的借词. 语言教学与研究，（2）：126-141.

徐大明，陶红印，谢天蔚. 1997. 当代社会语言学. 北京：中国社会科学出版社.

徐大明. 2000. 新加坡华人语言使用和语言态度调查报告. 南京：南京大学徐大明. 2006. 语言变异与变化. 上海：上海教育出版社.

徐世璇. 2002. 哈尼语中汉语借词的历史层次. 中国语文，（1）：55-65.

徐思益. 1997. 语言的接触与影响. 乌鲁木齐：新疆人民出版社.

许小颖. 2007. 语言政策和社群语言——新加坡福建社群社会语言学研究. 北京：中华书局.
闫新红，欧阳伟. 2013. 语言接触对新疆南部地区汉语方言的影响. 新疆社会科学，（2）：136-139.
杨晋毅. 1997. 洛阳市现代语言形态的产生原因和理论意义. 语文研究，（3）：46-54.
杨晋毅. 1999. 试论中国新兴业区语言状态研究. 语言文字应用，（1）：8-10.
杨晋毅. 2002. 中国新兴工业区语言状态研究（中原区）. 语文研究，（2）：28-32.
杨凌. 2002. 现代哈萨克语结构研究. 乌鲁木齐：新疆大学出版社.
杨锡彭. 2007. 汉语外来词研究. 上海：上海人民出版社.
杨永林. 2004. 社会语言学研究：称谓性别篇. 上海：上海外语教育出版社.
伊犁师范学院学报（社会科学版），（1）：1-6.
游汝杰，邹嘉彦. 2009. 社会语言学教程. 上海：复旦大学出版社.
游汝杰. 2006. 方言和普通一话的社会功能与和谐发展. 修辞学习，（6）：1-8.
于国栋. 2000. 语码转换的语用学研究. 外国语，（6）：22-27.
于国栋. 2001. 英汉语码转换的语用学研究. 太原：山西人民出版社.
余志鸿. 2000. 语言接触与语言结构的变异. 民族语文，（4）：23-27.
袁焱. 2001. 语言接触与语言演变——阿昌语个案调查研究. 北京：民族出版社.
曾晓渝. 2004. 汉语水语关系论. 北京：商务印书馆.
曾晓渝. 2012. 语言接触的类型差距及语言质变现象的理论探讨——以中国境内几种特殊语言为例. 语言科学，（1）：1-8.
张定京. 2004. 现代哈萨克语使用语法. 北京：中央民族大学出版社.
张吉焕. 1999. 阿尔泰语系诸语言及其某些语音特点. 解放军外国语学院学报，（1）：57-61.
张利平. 2004. 大学校园语码转换动机研究. 华中师范大学硕士学位论文.
张荣建. 2005. 会话分析与批判会话分析. 四川外语学院学报，（2）：47-52.
张洋. 1998. 论新疆汉语方言的维吾尔语借词. 新疆师范大学学报，（2）：47-50.
赵江民. 2006. 城市化维吾尔族语言使用情况调查. 语言与翻译，（3）：28-31.
赵江民. 2012. 民族交往视域下的新疆民汉语言接触. 新疆社会科学，（6）：

157-162.

赵杰. 1996. 北京话的满语底层和"轻音"、"儿化"探源. 北京：北京燕山出版社.

赵蓉晖. 2003. 社会语言学. 上海：上海外语教育出版社.

赵升奎. 2001. 西部民族杂居区的语言使用特点. 青海民族学院学报（社会科学版），（4）：111-114.

赵元任. 1948. 湖北方言调查报告. 北京：商务印书馆.

赵元任. 1976. Aspects of Chinese Socio linguistics，Essays by Yuan Ren Zhao. Stanford：Stanford University Press.

郑武曦. 2009. 试论语言接触引发的羌语对当地汉语的干扰. 阿坝师范高等专科学校学报，（3）：82-84.

仲崇峰. 2009. 哈萨克语中的汉语借词研究. 中央民族大学硕士学位论文.

周国炎，谢娜. 2011. 黔西南州布依——汉双语消长的成因分析. 贵州民族学院学报，（1）：7-12.

周国炎. 2008. 贵阳市郊布依族语言使用现状及特征分析. 贵州民族学院学报，（5）：139-145.

周国炎. 2009. 布依族语言使用现状及其演变. 北京：商务印书馆.

周建华. 2000. 塔塔人的语言使用概况. 语言与翻译，（1）：16-19.

周磊. 2004. 乌鲁木齐方言借词研究. 方言，（4）：347-355.

周庆生. 2000. 语言与人类——中华民族社会语言透视. 北京：中央民族大学出版社.

周薇. 2011. 语言态度和语言使用的相关性分析——以2007年南京城市语言调查为例. 语言教学与研究，（1）：89-96.

周炜. 2003. 西藏的语言与社会. 北京：中国藏学出版社.

周小成. 2006. 词汇与语篇. 外语学刊，（6）：46-50.

周之南. 2007. 中国高校学生英语口语策略实证研究. 上海外国语大学.

朱莉. 2009. 英语专业课堂上的教师语码转换研究. 沈阳师范大学硕士学位论文.

朱学佳. 2002. 从移民家庭的语言变异透析社会及社会心理. 语言与翻译，（1）：40-43.

朱学佳. 2007. 维吾尔族汉语使用变异研究. 北京：中央民族大学出版社.

祝畹瑾. 1992. 社会语言学概论. 长沙：湖南教育出版社.

[美]戴维·波普诺. 1999. 社会学（第十版）. 北京：中国人民大学出版社.

[美]王士元. 2000. 语言的探索：王士元语言学论文选译. 石锋等译. 北京：北京语言大学出版社.

Amastae, J. 1979. Dominican English Creole Phonology：An Initial Sketch. *Anthropological Linguistics*, 21（4）：192-204.

Amsterdam:Benjamins.

Appel, R. & P. Muysken. 1987. *Language Contact and Bilingualism*. Netherlands：Amsterdam University Press.

Auer, P. 1984. *Bilingual Conversation*. Amsterdam：Benjamins.

Auer, P. 1990. *A Discussion Paper on Code-switching*. In Papers for the workshop on concepts, methodology and data.（Held in Basel, 12-13, January 1990）. Strasbourg：European Science Foundation.

Auer, P. 1990. The pragmatics of codeswitching：A sequential approach. In Milroy, L. & Muysken, P.（Eds.）, *One Speaker, Two Languages：CrossdiscipLinary Perspectives on Codeswitching*（pp.115-135）. Cambridge：Cambridge University Press.

Auer, P. 1998. *Code-switching in Conversation：Language, Interaction and Identity.*London：Routledge.

Azuma, S.1998. *Meaning and Form in Code-switching*. In R. Jacobson（Ed.）, *Code-switchingWorldwide.*Berlin：Mouton de Gruyter.

Beebe, L. & Giles, H. 1984. Speech accommodation theory：A discussion in terms of second language acquisition. *International Journal of the Sociology of Language*,（46）:5-32.

Benedict, P.K. 1972. *Sino-Tibetan：A Conspectus（Princeton-Cambridge Studies in Chinese Linguistics*II, **James** A. Matisoff, Contributing editor）. Cambridge：Cambridge University Press,（[美]本尼迪克特,《汉藏语概论》, 乐赛月、罗美珍译, 中国社会科学院民族研究所语言室, 1984）.

Blom, J. P. & Gumperz, J. J. 1972. Social Meaning in Linguistic Structure：Code-switching in Norway. In J. J.Gamperz&D. Hymes（Eds.）, *Directions in sociolinguistics.* New York: Holt, Rineheart and Winston.

Bloomfield, L. 1933. *Language.* New York: Holt, Rinehart and Winston.

Boas, F. 1933. Note on the Chinook Jordon. *Language*, (9): 208-213.

Boehm, K. K. 1997. *Language Use and Language Maintenance Among the Tharu of the Indo-Nepal Tarai.* Arlington: University of Texas.

Brown, R. & Gilman, A. 1960. The pronouns of power and solidarity.In *T. A. Sebeok* (Ed.), *Style in Language.* Cambridge: MTI Press.

Cannon, & Mendez, B. 1979. New borrowings in English. *American Speech*, (54): 23-37.

Cannon, 1978. Statistical etymologies of new words in American english. *Journal of English Linguistics*, (12):12-18.

Cannon, 1981. Japanese borrowings in English. *American Speech*, (56): 190-206.

Cannon, 1982. Japanese loanwords in English. *Verbatim*, 9 (1): 9-10.

Cannon, 1987. Dimensions of Chinese borrowings in English. *Journal of English Linguistics*, (20): 210-206.

Cannon, 1988. Chinese borrowings in English. *American Speech*, (63): 13-33.

Cannon, 1990. Sociolinguistic implications in Chinese-language borrowings in English. *International Journal of the Sociology of Language*, (2).

Cao, Xiang Hong. 2007. The effect of age and gender on the choice of address forms in Chinese person letter. *Sociolinguistics*, (11): 392-407.

Catford, J. C. 1965. *A Linguistic Theory of Translation.* London: Oxford University Press.

Chambers. J. K. 1995. *Sociolinguistic Theory: Linguistic Variation and its Social Significance.* Cambridge: Basil Blackwell.

Chomsky, N. 1957.*Syntactic Structures.*TheHague:Mouton.

Clark, J. & Yallop, C. 2000. *An introduction to phonetics and phonology.* FLTRP&Blackwell Publishers Ltd.

Clyne, M. 1967. *Transference and Triggering.* The Hague:Martinus Nijhoff. Clyne,

M. 1972. *Perspectives on Language Contact: Based on a Study of German in Australia.*Melbourne:Hawthorn.

Clyne, M. 1987. Constraints on code switching: How universal are they. *Papers in Linguistics*, (10):739-764.

Clyne, M. 1991. *Community Language: The Australian Experience.* Cambridge: Cambridge University Press.

Clyne, M. 1991. *Community Languages: The Australian Experience.*Cambridge: Cambridge University Press.

Coulmas, F. 1997. *The Handbook of Sociolinguistics.* Oxford: Blackwell Publishers Ltd.

Coulmas, F. 2001. Sociolinguistics1A2. In M. Aronoff & J, Rees- Miller (Eds.), *The Handbook of Linguistics*1C2. Oxford: Blackwell Publishers Ltd, PP563-581. Beijing: Foreign Language Teaching and Research Prees.

Coupland, N., Coupland, J., Giles, H., & Henwood, K. 1988. Accomodating the elderly: Invoking and extending a theory. *Language in Society*, (17):1-41.

Crystal, D. & Davy, D. 1969. *Investigating English Style.* London: Longman.

Deborah, C. 1990. *Feminism and Linguistic Theory.* London: Macmillan.

Di Sciullo, A., et al. 1986. Government and Code-mixing. *Journal of Linguistics*, (1): 1-24.

DiSciullo, A., et al. 1986. Government and code-mixing. *Journal of Linguistics*, (22):1-24.

Ervin-Tripp, S. M. 1969. Sociolinguistics. In L. Berkowitz (Ed.), *Advances* in *Experimental Social Psychology.* New York: Academic Press.

Fasold, R. 1984. *The Sociolinguistics of Society.* Oxford: Basil Blackwell.

Ferguson, C. 1966. *National sociolinguistics profile formulae.* In W. Bright Sociolinguis ties. (Ed.). The Hague: Mouton.

Firth, J.R. 1957. Modes of meaning.*Papersin Linguistics 1934-1951.*Oxford: OxfordUniversityPress.

Firth. J. R. 1957. *Papers in Linguistics 1934-1951.* London: Oxford University

Press.

Fishman, J. 1970. *Sociolinguistics: A Brief Introduction*. Rowley: Newbury House.

Fishman, J. A. 1972. *The Sociology of Language: An Interdisciplinary Social Science Approach to Language in Society*. Rowley: Newbury House.

Gal, S. 1978. Peasant Men Can't Get Wives: Language Change and Sex Roles in a Bilingual Community. *Language in society*, Oxford: (1):1-16

Gal, S. 1979. *Language Shift: Social Determinants of Linguistic Change in Bilingual Austria*. New York: Academic Press.

Giles, H. & Smith, P. 1979. Accommodation theory: Optimal levels of conergence. In H. Giles and R. St. Clair (Eds.), *Language and Social Psychology*. Oxford: Blackwell.

Graig, Colette G. 1997. Language Contact and Language Generation. In F.Coulmas (Ed.), *The Handbook of Sociolinguistics*. Oxford: Blackwell Publishers Ltd.

Grosjean, F. 1982. *Life with Two Languages: An Introduction to Bilingualism*. Cambridge: Harvard University Press.

Gumperz, J. J. 1968. The Speech Community. International Encyclopedia of the Social Sciences, 381-386. New York: Macmillan.

Gumperz, J. J. 1982. *Discourse Strategies*. Cambridge: Cambridge University Press.

Guy, Gregory R. 1988. Language and social class. In F. Newmeyer (Ed.), *Linguistics: The Cambridge Survey, vol. 4. (Language: The Socio-cultural context.)*, 37-63. Cambridge: Cambridge University Press.

Haugen, E. 1950. The analysis of linguistic borrowing. *Language*, 26(2):210-231.

Haugen, E. 1953. *The Norwegian Language in America: AStudy in Bilingual Behavior*. Philadelphia, PA: University of Pennsylvania Press.

Haugen, E. 1953. *The Norwegian Language in America: AStudy in Bilingual Behavior*. Philadelphia, PA: University of Pennsylvania Press.

Haugen, E. 1956. *Bilingualism in the Americas: A Bibliography and Research Guide*.

Tuscaloosa: University of Alabama press.

Haugen, E. 1977. Norm and Deviation in Bilingual Communities. In P. Hornby (Ed.), *Bilingualism: psychological, social and educational implications.* New York: Academic Press.

Heath, J. 2001. Borrowing. In R. Mesthrie (Ed.), *Concise Encyclopedia of Sociolinguistics,* 432-442. Oxford: Elsevier Science Ltd.

Heller, M. 1995. Language Choice, Social institution, and Symbolic Domination. *Language in Society,* 24 (3) :373-405.

Hockett, C. F. 1958. *A Course in Modern Linguistics.* New York: MacMillan.

Holmes, J. 1995. *Women, Men and Politeness.* London : Longman.

Huang, Guowen & Milroy, L. 1993. Language Preference and Structures of Code-switching. In D. Graddol & S. Thomas (Eds). *Language in a changing Europe.* New York: Multilingual Matter.

Hudson, R. A. 1980. *Sociolinguistics.* Cambridge: Cambridge University Press.

Hudson, R. A. 1996. *Sociolinguistics (2nd Edition).* Cambridge: Cambridge University Press.

Jakobson, R. 1952. *Preliminaries to Speech Analysis: The Distinctive Features and their Correlates.* Cambridge:The M I T Press.

Jaspaert, Fase, W. K. & Kroon, S. 1992. *Maintenance and Loss of Minority Languages.* Studies in Bilingualism. Philadelphia: John Benjamins Publishing Company.

K·M·穆沙耶夫. 1993. 突厥语和世界其它语言接触 [J]. 西北民族研究, (1): 255-266.

Labov, W. 1963. The social motivation of sound change. *Word,* (19): 273-309.

Labov, W. 1966. *The Social Stratification of English in New York City.* Washington: Center for Applied Linguistics.

Labov, W. 1966. *The Social Stratification of English in New York City.* Washington, DC: Centre for Applied Linguistics.

Labov, W. 1972. *Sociolinguistic Patterns.* Philadelphia: University of Pennsylvania Press.

Labov, W. 1972. *The Social Motivation of Sound Change*. Philadephia: University of Pennsylvania Press.

Labov, W. 1972.*Sociolinguistic Patterns*. Philadelphia:University of Pennsylvania Press.

Labov, W. 2001. *Principles of Linguistic Change: Social Factors*. Oxford: Blackwell Publishers.

Lakoff, R. 1975. *Language and Woman's Place*. New York: Peter Lang.

Lakoff, R.T. 1975.*Language and Women's Place*. New York: Harper and Row.

Lambert, W. E. 1972. *Language, Psychology and Culture*. New York: Stanford University Press.

Lambert, W. E. 1972. *Language, Psychology and Culture: Essays*. Stanford: Stanford University Press.

Le Page, R.B. & Tabouret-Keller, A. 1985. *Acts of Identity: Creole-based Approaches to Language and Ethnicity*. Cambridge: Cambridge University Press.

Lewis, E. G. 1972. *Multilingualism in the Soviet Union*. Netherlands: Mouton & Co. N. C. Publishers, The Hague: 25-44.

Li, P. 1996. Spoken world recognition of code- switched words by Chinese-English bilingual. *Journal of Memory and Language*, (2):757-774.

Li, W. & Milroy, L. 1995. Conversational Code-switching in a Chinese Community in Britain: A Sequential Analysis. *Journal of Pragmatics*, (32):281-299.

Li, W. 1994. *Three Generation, Two Languages, One Family: Language Choice and Language Shift in Chinese Community in Britain*. Clevedon: Multilingual Matters Ltd.

Li, D. C. S. 1996. *Issues in Bilingualism and Biculturalism: A Hong Kong Case Study*. New York: Peer Lang.

Low-Wiebach, D. A. V. 2005. *Language Attitudes and Language Use in Pitmedden*

(Aberdeenshire). VarioLingua24. Bern: Peter Lang.

Martinet, M. 1952. Function, structure and sound change. *Word*, (8): 1-32.

Mc Cormick, K. M. 2001. Code switching: Overview. In R. Mesthrie(Ed.), 447.

Meillet. 1922. *Introduction a L'étude Comparative des Langues Indo-Européennes*. Paris: Librairie Hachette.

Mesthrie, R. 2001. Code mixing. In R.Mesthrie (Ed.), *Concise Encyclopedia of sociolinguistics,* 475-481. Oxford: Elsevier Science Ltd.

Mesthrie, R. 2001. *Concise Encyclopedia of Sociolinguistics*. Oxford: Elsevier Science Ltd.

Meyerhoff, M. & Schleef, E. 2012. Variaion, contact and social indexically in the acquisition of(ing)by teenager migrants. *Sociolinguistics*, (2): 295-306.

Milroy, J. & Milroy, L. 1985. *Authority in Language: Investigating Language Prescription and Standardisation*. London: Routledge & Kegan Paul.

Muysken, P. &Milroy L. 1995. *Codeswitching and Grammatical Theory. One speaker, Two languages*. Cambridge: Cambridge University Press, 177-198.

Myers-Scotton, C. &Ury, W. 1977. Bilingual strategies: The social functions ofcode-switching. *International Journal of the Sociology of Language*, (1):5-20.

Myers-Scotton, C. 1988. Code-switching as Indexical of Social Negotiations. In M. Heller (Ed.), *Code-switching: Anthropological and Sociolinguistic Perspectives,* 151-186. Berlin: Mouton de Gruyter.

Myers-Scotton, C. 1993. *Dueling Languages : Grammatical Structure in Code-switching*. Oxford: Clarendon Press.

Myers-Scotton, C. 1993. *Duelling Languages: Grammatical Structure in Code-switching*. Oxford: Oxford University Press.

Myers-Scotton, C. 1993a. *Duelling Languages:Grammatical structure in code-switching*. Oxford: Clarendon Press.

Myers-Scotton, C. 2002. *Contact Linguistics: Bilingual Encounters and Grammatical Outcomes*. Oxford: Oxford University Press.

Myers-Scotton, C.1993b. *Social Motivation for Code-switching: Evidence from Africa*. Oxford: Clarendon Press.

Nicholas, P. 1965. *Introduction to Altaic Linguistics*. Wiesbaden: Otto Harrassowitz Verlag.

Obler, L. & Albert, M. 1978.*The Bilingual Brain: Neuroshychological and Neurolinguistic Aspects of Bilingualism*. New York: Academic Press.

Olah, B. 2007. English loanwords in japanese: effects, attitudes and usage as a means of improving spoken english ability.文京学院大学人間学院研究纪要, 9（1）: 177-188, 12.

Otheguy, R. & Zentella, A. C. 2012. *Spanish in New York: Language Contact, Dialect Leveling and Structure Continuity*. Oxford: Oxford University Press.

Papapavlou, A. & Pavlou, P. 2001. The interplay of language use and language maintenance and the cultural identity of Greek Cypriots in the UK. *International Journal of Applied Linguistics*, PP.92-113.

Parasher, S. V. 1980. Mother tongue-English diglossia: A case study of educated Indian bilinguals' language use. *Anthropological Linguistics*, （10）: 151-162.

Pfaff, C. W. 1976. Constraints on language mixing: Intrasentential code-switching and borrowing in Spanish/English. *Language*, （55）: 291-318.

Pfaff, C. W. 1979. Constraints on language mixing: Intrasentential code-switching and borrowing in Spanish/English . *Language*, （55）: 291-318.

Poplack, S. 1980. Sometimes I'll start a sentence in Spanish Y TERINO EN ESPANOL: Toward a typology of code-switching. *Linguistics*, （18）: 581-618.

Poplack, S. 1981. Syntactic structure and social function of code-switching. In R. P. Durian（Ed.）, *Latino Discourse and Communicative Behavior*. Norwood, NJ: Ablex Publishing Corporation.

Poplack, S. 1993. Variation theory and language contact. In D.Preston（Ed.）,

American Dialect Research:An Anthology Celebrating the 100th Anniversary of the American Dialect Society, 251-286.Poplack, S. 1993. Variation theory and language contact. In R. Dennis（Ed.）, *Preston American Dialect Research*. Amsterdam/Philadelphia: John Benjamin.

Poplack, S., Sankoff, D., et al. 1988. The social correlates and linguistic processes of lexical borrowing and assimilation. *Linguistics,* （2）:47-104.

Romaine, S. 1989. *Bilingualism*. Oxford: Basil Blackwell.

Sankoff , D., Poplack, S., et al.1990. The Case of the Nonce Loan in Tamil. *Language Variation and Change,* （2）:71-101.

Sankoff, D. & Poplack, S. 1981. A formal grammar for code-switching. *Papers in Linguistics,* （14）:3-45.

Sankoff, G. 1980. Language use in multilingual societies: Some alternate approaches. In G. Sankoff（Ed.）, *The Social Life of Language*. Philadelphia: University of Pennsylvania Press.

Sapir, E. 1921. *Language: An Introduction to Study of Speech*. NewYork: Harhcount, Brance & Company.

Schiffrin, D. 1988. Conversation analysis, In F. J. Newmeyer（Ed.）, *Linguistics: The Cambridge Survey, Vol. IV*. Language: The Sociocultural Context.

Shin, S. & Milroy, J. 2000. Conversational Code-switching among Korean-English bilingual children. *International Journal of Bilingualism,* （4）:351-383.

Sinor, D. 1963. The scope and importance of altaic studies. *JAOS,* （83）3: 193-197.

Srinarawat, D. 1994. Language use of the Chinese in Bangkok. Linguistic Department of Thammasat University.

Thomason, S. & Kaufman, T. 1988. *Language Contact, Creolization, and Genetic Linguistics*. Berkeley and Los Angeles: University of California Press.

Thomason, S. 2001. *Language Contact: An Introduction*. Edinburgh: Edinburgh University Press.

Trubetzkoy, N. S. 1939. Gedanken uber das Indogermanen Problem. *Acta Linguistica*, Vol. L, Fasc2, copenhague, 81-89.

Trudgill, P. 1974. *The Social Differentiation of English in Norwich*. Cambridge: Cambridge University Press.

Trudgill, P. *1972*. Sex, Covert Prestige and Linguistic Change in the Urban British English of Norwich.*Language in Society*, （1）:179-195.

Van Dell Berg. M. E. 1988. *Long Term Accommodation of Ethnolinguistic Groups Toward a Societal Language Norm*. Language & Community.

Van Dell Berg. M. E. 2005. Vitality, identity, and language spread: the case of Shanghainese. *Journal of Chinese sociolinguistics*, （12）.

Van Dell Berg. M. E. 2006. The study of bilingual language behavior in major chinese cities: sampling verbal interactions in public places. （Paper presented at the 1st International Conference on Chinese and European Sociolinguistics） Mannheim, Germany.

Van Dell Berg. M. E. 2007. Language and identity in shanghai: a study of xujiahui department stores. （Paper presented at the Leiden Conference on Industrialization, Language Contact, and Identity Formation in China and Europe） Leiden, Holland.

Van Hout, R. & Muysken, R. 1994. Modeling lexical borrowability. *Language Variation and Change*, （6）: 39-62.

Verschueren, J. 1999. *Understanding Pragmatics*. London: Edward Arnold limited.

Wang, W. S. Y. 1969. competing changes as a cause of residue. *Language*, （45）: 9-25.

Weinreich, U., Labov, W. & Herzog, M. 1983. Empirical foundations for theory of language change. In W. Lehman and Y. Malkiel（Eds.）, *Directions for Historical Linguistics*. Austin: University of Texas Press.

Weinreich, U. 1953.*Languages in Contact*. The Hague: Mouton de Gruyter.

Weinreich, U. 1963. *Language in Contact*. The Hague: Mounton.

Weinreich, U. 1953. *Language in Contact*. The Hague: Mouto.

Welmers, W. E. 1973. *African Language Structure*. Berkeley: University of California Press.

West, C. &Zimmerman, D. 1983. Small Insults: A Study of Interruptions in Cross-sex Conversations between Unacquainted Person. In B. Thorne, C. Kramarae & N. Henley (Eds.), *Language. Gender and society,* 102-117. Rowley, MA: Newbury House.

Wolfram, W. A. 1969. *A Sociolinguistic Description of Detroit Negro Speech*. Washington: Centre for Applied Linguistics.

Xu, D., Chew, C. H. & Chen, S. C. 1998. Language use and language attitudes in the singapore chinese community. In S. Gopinathan, et al. (Eds.), *Language, Society and Education in Singapore: Issues and Trends (Second Edition)*. Singapore: Times Academic Press.

Zimin, S. 1981. Sex and politeness: Factors in first- and second-language use. International Journal of Sociology of language.

Zimmerman, D. & West, C. 1975. Sex roles, interruptions and silences in Conversation. In B. Thorne & N. Henley (Eds.), *Language and Sex: Difference and Dominance*. Rowley, MA: Newbury House.

Zuckermann, G. 2000. *Camouflaged Borrowing: "Folk-Etymological Nativlization" in the Service of Puristic Language Engineering*. D. Phil. University of Oxford.

Zuckermann, G. 2003. *Language Contact and Lexical Enrichment in Israeli Hebrew*. London New York: Palgrave Macmillan.